イスラーム法の子ども観

CHILDREN AND CHILDHOOD IN ISLAMIC LAW

ジェンダーの視点でみる子育てと家族

慶應義塾大学出版会

イスラーム法の子ども観 ❖ 目次

凡例

1　アラビア語の片仮名表記について

大塚和夫ほか編『岩波イスラーム辞典』岩波書店（二〇〇二年）の方式に従うが、一部例外がある。

2　アラビア文字の転写について

母音は、a, i, u、長母音は、ā, ī, ū、二重母音は、ay, aw

子音は、ʾ, b, t, th, j, ḥ, kh, d, dh, r, z, s, sh, ṣ, ḍ, ṭ, ẓ, ʿ, gh, q, k, l, m, n, h, w, y

ただし、語頭のハムザは省略、語末のター・マルブータはh

3　クルアーンの訳出にあたっては、以下を参照した。

井筒俊彦訳『コーラン』全三巻、岩波文庫（一九九七年）、藤本勝次ほか訳『コーラン（世界の名著一五）』中央公論社（一九九七年）、日本ムスリム協会編訳『日亜対訳・注解　聖クルアーン』日本ムスリム協会（二〇〇二年）、中田考監修『日亜対訳クルアーン――「付」訳解と正統十読誦注解』作品社（二〇〇四年）。

4　ハディースの引用について

Mawsūʿat al-ḥadīth al-sharīf, CD-ROM version 3.0, Riyadh: Harf Information Technology, 2003 を使用し、［*Title* [chapter]］のように記載する。例［*Sunan Ibn Mājah* [al-ṭalāq]］

また、訳出にあたっては、磯崎定基ほか訳『日訳サヒーフムスリム』全三巻、日本ムスリム協会（二〇〇一年）、牧野信也訳『ハディース――イスラーム伝承集成』全六巻、中公文庫（二〇〇一年）なども参照した。

5　法学書等の一次資料について

［Author, *Title*, volume: page］のように文中に示す。

法学書の内容の日本語訳にあたっては、下記の文献を参考にしつつ訳語を決定した。

柳橋博之『イスラーム財産法』東京大学出版会（二〇一二年）、柳橋博之『イスラーム家族法――婚姻・親子・親族』創文社（二〇〇一年）、松山洋平（中田考監修）『イスラーム私法・公法概説　公法編』日本サウディアラビア協会（二〇〇八年）、中田考『イスラーム私法・公法概説　財産法編』日本サウディアラビア協会（二〇〇七年）、浜本一典ほか『イスラーム私法・公法概説　家族法編』日本サウディアラビア協会（二〇〇九年）。

序論

1　法学書を子ども観から読み解く——本書の目的

本書は、イスラームという宗教がもつ子ども観を、前近代に書かれたイスラーム法学書を通じて検討するものである。子どもをめぐる規範は、経済的、社会的、政治的、あるいは思想的な様々な要因が絡みあって変化する。宗教が人々の生活を律するムスリム（イスラーム教徒）の社会においては、神の教えを具体的な形で示したイスラーム法が、子どもたちと周囲の人々との関係を導く重要な要素となる。イスラーム法に示された子ども観には、ムスリムが理想とする家族像や教育の指針、あるべき社会の姿が反映されていると考えられるのである。本書は、前近代の法学者たちによって記された法学書を、子どもをキーワードとして読み解いていき、彼らが神の意に沿うと考えた子育てや家族のあり方を明らかにすることを目的とする。

日本語でイスラーム法といった場合、いくつかの意味を含む。天啓の規範であるシャリーア（sharīʿah）をイスラーム法と表現することもあるし、それを人間の生活における具体的規範として、法学者たちが導出したフィクフ（fiqh）のことをイスラーム法ということもある。現代においては、国家によって制定された法に含まれるイスラーム法由来の規定や、イスラームの教えに由来すると人々が考えている規範を、西洋由来の近代法との対比でシャリーアと呼ぶことが多いが、「シャリーア」の訳語として「イスラーム法」をあてるのは、正確さを欠くこともある。

本書では、前近代のイスラーム法学者たちによって構築されたフィクフの意味でイスラーム法の語を使用する。イスラーム法学者たちは、クルアーンに示された絶対不変の真理と、預言者ムハンマドの慣行（スンナ）を参照しながらも、様々な価値観を許容する法体系を創出し、維持してきた。イスラーム法は、一つの固定的な法典としてまとめられることはなく、複数の法学派が共存する形で継承された。そして、イスラーム法の具体的内容は、膨大な数のイスラーム法学書として今日にまで伝わり、現代ムスリム諸国の家族法にも影響を与えている。

イスラーム教徒のおよそ九割ほどを占めるとされるスンナ派では、四つの法学派がイスラーム史の中で発展した。それらのうち、イスラーム共同体が開始された町であるメディナの法学者、マーリク・イブン・アナスを学祖とするマーリク学派の法学書群を中心に、本書の検討を進めていく。

本書は、四つの章で構成されている。第一章では、イスラーム法における人間の成長段階と法的能力の変化を検討する。まず、身体的な成熟を基準とする成年の定義を確認したうえで、未成年期を二分する弁識能力という概念に着目し、法学書の記述が、法学的な伝統を継承しつつも社会的背景や他の思想の影響を受けて明確化された様子を明らかにする。第二章では、父子間の権利義務に関する法規定をみていく。イスラームという宗教が生まれる以前の社会では、男性父系血族単位の絆が重視されていたといわれるが、扶養や後見などのイスラーム法規定からは、子に対する父親の強大な権力が、かえってそうした絆を相対的に弱めていたことが明らかとなる。第三章では、イスラーム法における母親の位置づけを、授乳と監護に関する法規定から分析し、それらが女性と子ども双方の利益を考慮する側面をもつことを指摘する。「子に対する愛情」という表現が、父親と母親の双方にみられる点は、特筆すべきである。これについては、近代の子ども観との対比において考察を加えることにしたい。第四章では、マーリク派法学に特有のテーマであるクルアーン教育をめぐる言説を扱う。法学的議論に始まったこの問題が、子どもの教育論へと発展していく過程を追い、子ども期に相応しい教育のあり方についての議論が展開されていたことを示す。

本書の議論から浮かび上がるのは、イスラーム法から読み取ることのできる家族像であり、ムスリム社会の担い手となる子どもたちを育てるための教育論である。そして、イスラーム法が「子ども」を固有の時期を過ごす存在として認識していく様子が、歴史の中で次第に明確になったこと、そこでは父と子および母と子という親子の関係が重視され、その理由に愛情の深さがあげられていることが、法学書の記述から明らかとなる。これらの特徴を、ヨーロッパに由来する近代的な子ども観、さらには夫婦と子どもを単位とする近代家族の概念と比較するならば、そこにはある程度の共通点もみられる。イスラーム法学書に「家族」という概念が明示されることはないが、子どもと近親者との関係についての法規定は、父子関係の絆を強調しつつ母子関係も同時に重視する姿勢を示している。ただし、イスラーム法は、男性父系血族の絆を重視する価値観を、イスラーム以前の社会からある面においては継承しており、このことはイスラーム法の家族観を複雑なものにしている。男性父系血族による親族の構造を残しつつも、そこには夫婦の絆を軸として、「家族」の構成員として子どもを位置づける近代的な家族観の萌芽を見出すことができるのである。

子育てと教育においては、子どもが成年に達するまでに、ムスリムとしての習慣と知識を身につけることが目指された。とりわけマーリク派の法学者たちは、法学書のみでなく、子どもの教育に特化した教育専門書やその他の著作においても教育論を展開し、子どものあるべき姿を提示していた。クルアーンに始まる宗教教育以外にも、子どもが習得すべき知識とその教育のあり方が議論されており、私たちはそこに、未来ある子どもたちへのイスラーム法学者のまなざしを見ることができる。

2　本書の特徴と意義

(1)　世界の子ども観研究

イスラームの子ども観研究の先駆的業績としてあげられるのは、フランツ・ローゼンタールの論文である。ローゼンタールは、子どもが固有の時期を過ごす存在であると認識されるようになったのは近代以降であるとしつつも、中世イスラーム思想の文献を心理学的な要素から検討し、その子ども観を探った。彼は、社会が子どもをどのようなものとして捉えていたのかを知ることは、その社会を知るために有益であると述べて、子ども観に関する研究の重要性を主張した[1]。しかし、ローゼンタールを継承する研究は、すぐには現れなかった。

子ども観研究の流行は、欧米を対象としたものが先行した。フランスの歴史家フィリップ・アリエスは、その著書『〈子供〉の誕生――アンシャン・レジーム期の子供と家族生活』[2]において、中世の時代に子どもは存在せず、人間は生まれて七歳ぐらいまでの乳幼児期を過ごした後は、小さな大人として扱われたと主張し、近代の産物としての子ども観を、日誌や書簡など文献資料に加えて、絵画などの様々な資料を駆使して明らかにした。アリエスのテーゼは、世界中の子ども観研究に大きな影響を与えた。それらの研究成果をもとにして、ポーラ・ファスの編集による『世界の子ども学大事典』[3]が刊行されている。日本では、同事典のガイドブックシリーズ第一弾と位置づけられた論集『子ども観のグローバル・ヒストリー』[4]が発表され、その序章において、一九八〇年代以降の世界の子ども観研究の動向が整理されている。その序章で北本正章が指摘するように、ヨーロッパ起源の近代的子ども観の相対化は、これまでの豊かな蓄積の中で様々に試みられてきたが、やはり欧米を対象とした研究がその多くを占めている[5]。

イスラームを対象とした子ども観研究は、ドイツのイスラーム学者ハラルド・モツキによって本格的な着手がなされた。モツキは、クルアーンやハディースをはじめ、法学書、医学書、倫理書など様々な分野の古典文献の中から、中世イスラーム社会の子ども観の抽出を試みた。[6] 古典文献をさらに包括的に調査し、より広い立場からの研究を目指したのが、イスラエルの歴史学者アヴナー・ギラディである。彼は、『イスラームの子どもたち――中世ムスリム社会における子ども期の概念』[7] において、アリエスをはじめとする欧米の子ども史研究者による研究も取り込みつつ、イスラームの子ども観について探究した。ギラディは、クルアーンにすでにイスラームの子ども観を示す啓示がみられ、その後のイスラーム諸学およびギリシア思想の影響をうけた学問などからも、子ども観に関する豊富な情報が得られることを指摘し、今後の実りある研究課題として、イスラーム法学関連文献を資料とする余地が残されていることを示唆した。

その後、現代の子どもについての研究を集成した『中東ムスリムの子どもたち』[8] が編集されるなど、イスラームを対象とした子ども研究は広がりをみせるようになった。ギラディも、法学を含むイスラームの古典を資料として子育てや教育についての論考を続けて発表した。[9] ムスリムによってアラビア語で書かれた研究も刊行されるようになるが、それらはクルアーンとハディースを直接参照し、イスラーム法については二次資料からの引用にとどまるものが多い。[10]

本書においては、イスラーム法の扱う分野を広く網羅して、前近代に著された法学書の原典から、子どもに関連する法規定を検討していく。第一章で、儀礼行為、結婚や離婚、商取引、刑法などの幅広い分野をまず見渡し、イスラーム法に特有の思考や記述方法、そして社会との関係についても考慮しながら考察を進めたい。後述のように、イスラーム法は、現代の法律のような国家による強制力をもつものではなく、統一された法典があったわけでもない。そこには、神による絶対の規範とともに、それぞれの法学者の背景にある学識や社会的慣習が複雑に絡み合っている。法学書を丁寧に読み込んでいくことで、現代のフィルターで二次資料にまとめられた法規定を単純化してしまうことを避け、イスラーム法の内実に迫ることができると考えている。法学書以外の資料とも合わせて検討することで、社会とのつながりを考慮にいれた分析を心がけるつもりである。とくに第四章においては、法学者によって書かれた教育関連の文献から、当該社会の様子を探っていくことにしたい。

七世紀のアラビア半島に始まったイスラーム教は、百年ほどの間に、西アジアを中心に東は中央アジア、西はイベリア半島にまで影響力を拡大し、その後は南アジアや中国、東南アジア、アフリカ大陸などにも拡がった。それらの広大な地域には、それぞれ固有の文化があるのは当然であるし、イスラーム法がおおよその体系を整えた西暦一〇世紀から数えても千年以上が経過している。そのような中で、豊かな多様性を含みつつもゆるやかに統一されたイスラーム法は、広くムスリムの価値観に影響を与えていると考えられる。その子ども観を明らかにすることは、世界の子ども観研究における不足を補うことになるだろう。

(2) 家父長制的な家族観の再考

本書のもう一つの特徴は、イスラーム法をジェンダーの視点からアプローチする点にある。イスラーム圏を対象とした研究の中では、ムスリム社会は伝統的に、家父長制的な家族観を有していると強調されることが多い[11]。イスラーム法が男性父系血族の絆を重視し、それによって男性優位の価値観が強化されたと言われたりもする[12]。

イスラームの家父長制的なあり方が、イスラーム以前からの伝統ではなく、イスラームの確立とともに導入され発展したという見方は、一八八五年に刊行された宗教史学者ロバートソン・スミスの書『初期アラビアにおける親族と結婚』[13]によって示され、モンゴメリー・ワットによって検証されている[14]。イスラーム以前のアラビア半島においては、様々な婚姻形態が実践され、女性は結婚後も自分の部族のもとに留まり、男性がそこへ通ってくるか、もしくは彼女のもとに同居し、子どもは母方の部族に帰属するという母系の妻方居住婚も実践されていたという。そこにイスラームが確立し、父系の家父長制的婚姻が唯一の合法的婚姻形態として制度化された。これによって、男性の権利が飛躍的に増大し、女性の権利が縮小したと考える研究者は少なくない。イスラーム女性史研究家のライラ・アハメドは、スミスやワットの研究を紹介するほか、様々な証拠を提示して、イスラームの勃興時には存在していた女性への公正な権利や男女の平等といった観念が、イスラームの制度が整備されるにつれて消失していったことを論じている。[15] イスラーム圏にも母系制社会が存在することが紹介されることもあるが、そうした場合においても基本的には、「イスラームの志向する親族体系は、出自の認知における父性の重視、孤児・寡婦を除き財産権の男への付与、相続における娘に比して息子の優位、家族生活の維持における父親の権利・義務の強調など、父系的・父権的色彩が濃い」という説明が付され、父権的イスラーム法と母権的慣習法の共存する例外的な例として捉えられる。[16]

これらの先行研究に共通しているのは、イスラームの規範が、強大な父権による大家族を前提とし、男性が妻や子どもたちを絶対的に支配するという画一的なイメージではないだろうか。しかしながら、イスラーム法が示す家族のあり方や、そこでのジェンダーについては、これまで二次資料を中心とした断片的な検討がなされるにとどまっている。一次資料となる原典を、ジェンダーの視点から検討することによって、こうした家父長制的なイメージの一つ一つを検証してみる必要があると筆者は考える。

そこで、本書の第二章では、子にとっての父の存在という切り口から、イスラーム法規定を検討する。イスラーム法は養子を認めず、実子を確定する方法を精緻化させた。子にとっては、父は扶養や相続、そして後見や教育など、生きていくために必要なものを与えてくれる存在である。同時にそれは、父の絶大な権力を保証することにもつながるのであるが、それが決して一方的な抑圧ではないことも、個々の法規定から明らかにしたい。

イスラーム圏を対象としたジェンダー史研究においては、母としての女性に注目する研究も増えつつある。マーガレット・メリーウェザーは、一八―一九世紀のアレッポの史料を使って、原則として父の役割である未成年者の財産後見を、父の死後などに母が担ったいくつかの事例を紹介した。[17] またジュディス・タッカーは、一七―

一八世紀のシリアとパレスチナにおける女性の立場について研究した。タッカーは、「（イスラーム）法に示された規範は、多分に家父長制的価値観を含むものであるが、実際の法適用の場においてムフティーやカーディーたちは、子の福利という観点からの入念な法解釈によって、そうした価値観にもとづく結論を回避していた」と述べている。[18] イスラーム法は基本的には家父長制的価値観を有しているのだが、その適用の段階においては、より柔軟な解決が採られていたというのである。これらの研究は、法の実践の中での女性や子どもの姿を描き出した興味深いものであるが、主にオスマン朝（一二九九―一九二二年）において公式学派とされ、文書史料が多く蓄積されたハナフィー派の史料にもとづいている。イスラーム法の価値観を理解することを目指すのであれば、他の法学派についての検討も必要であろう。本書では、マーリク派を中心にスンナ派の他の法学派との比較もしながら、ジェンダーの生じる背景と要因についても考察を深めたい。

そして本書の第三章では、「母による子育て」というテーマを掘り下げて検討する。子育ての担い手は実の母親であるべきとする主張が、欧米を端緒とし、近代ナショナリズムとの深い関連において日本を含め世界に広がっていったある種の思想であることが、すでに明らかになっている。[19] 近代的子育て観の核心である「母性」論というテーマは、社会改革を目指す運動家たちの関心を集めたし、日本や東アジアでは良妻賢母思想として発展した。[20] また、母親は正しい科学的知識にもとづく育児をすべきであるという立場から、女性を啓蒙する活動も盛んになされるようになった。[21] 近代的子育て観という新しい潮流は、女性に対する価値観の変化として捉えられ、近代的ジェンダー規範であるという理解がなされるようになったのである。

中東・イスラーム地域についても同様に、一九世紀末から二〇世紀初頭、雑誌などを通じた女性の啓蒙という新しい潮流がみられた。しかしそこでは、前近代のステレオタイプ的な母親のイメージ――子の養育者ではなく子を産むだけがその役目――がムスリム社会の伝統であるとされた。たとえばイランの近現代女性史を研究するアフサーネ・ナジュマバーディーは、一三世紀のイランの学者トゥースィー（一二〇一―一二七四年）によって書かれた倫理書『ナースィルの倫理（Naṣīr al-dīn Ṭūsī, *Akhlāq-i nāṣirī*）』をもとに、前近代のムスリムの価値観においては、子どものしつけや教育は母親ではなく父親の役割であり、生物学的母親が必ずしも子どもを養育する必要がないばかりか、ときにそれが好まれなかったと述べている。[22] しかし、同書はギリシア思想に強く影響を受けた書物であり、[23] 同時代により広く社会に浸透していたイスラーム法を考慮せずにこれをムスリムの価値観と判断するのは早計である。また、エジプトを対象とした研究者たちも、一九世紀末から二〇世紀初頭にかけて、それまでの父親主体の家族観にかわって、母親を子育ての担い手として捉える言説が広まったことを論じている。[24] こうした価値観が、近代化とナショナリズムの高揚の中で広く共有されたことは重要である。だが、前近代の倫理書がどの程度実際の育児に影響していたのかについては、もう少し丁寧に検討されるべきであるし、特定の史料だけをもとにして導かれた結果を、前近代におけるイスラームの伝統として一括りにするのは適切でない。前近代のムスリム社会の様子やその価値観を知るための史料は限られているが、複数の史料を比較しつつ考察を加えることは重要であるし、前近代のジェンダーに対する評価は、イスラーム法の検討を加えてはじめて総合的な判断ができると考えられる。

イスラーム法文献を他の史料と組み合わせて検討した研究として、授乳について論じたギラディの『乳児、両親と乳母——中世ムスリムの授乳観とその社会的含意』がある。同書では、乳児を取り巻く人間関係——母、父、乳母など——を通じて前近代のムスリム社会のあり方が検討された。[25] 生まれた子への授乳を母親が行ったのか、あるいは乳母を雇うなどして第三者の女性が行ったのかという問題は、当該社会のあり方を移す重要なテーマの一つとして、歴史研究や文化人類学研究の分野でも関心をもたれてきたものである。[26] ギラディの研究においては、クルアーンやハディースに加え、法学文献や医学書なども利用されているが、これを踏まえて本書では、さらに広くイスラーム法資料にあたり、イスラーム法における母子関係のあり方を、相互の権利義務の観点、そして子に対する母の愛情という別の観点からも検討してみたい。

(3) 子どもをキーワードとしたイスラーム法研究

子どもに特化する形でイスラーム法を研究したものは少ない。一九七五年に、比較法研究の論集の中に収録されたファフドとムハンマドによる論考「イスラーム法における子ども」[27]が発表されたが、その後につづく同様の研究はみられなかった。ただし、家族法全般を扱った研究の中で、子どもに関わる規定が解説される研究には多くの蓄積がある。とくに二〇世紀中期以降、ムスリム諸国の家族法立法が相次ぎ、イスラーム法の影響が比較的明確に法典として残された現代家族法についての研究が進んだ[28]。イスラーム法の古典法学書についても、一九五〇年代頃より、家族法関連の研究書がつづけて発表されている[29]。日本においては、柳橋博之がスンナ派各法学派を詳細に検討した包括的な研究である『イスラーム家族法――婚姻・親子・親族』を刊行した[30]。柳橋は同書の冒頭で、「(イスラーム世界の)家族法の領域に関する限りは、多くの国において、イスラーム法が比較的忠実に踏襲されている」と述べ、同書が前近代のムスリム社会を理解するためだけでなく、その現代における影響を知るためにも有益であることを示唆している。イスラーム法学書に示された規範は、必ずしも現実を反映するものではないが、社会に浸透する価値観を理解するために重要である。

前近代の歴史において、子どもに関する法学書の記述が、実際にどの程度適用されていたのかを知るための史料は非常に少ない。アフマド・フィクリー・イブラーヒームによる『イスラーム法における子の監護――一六世紀以降のエジプトの理論と実践』[31]は、オスマン朝下のカイロにおいて作成された法廷文書を使用して、夫婦の離婚後の子の監護をめぐる係争について検討した貴重な研究である。

これらの研究成果を踏まえて、「子ども」という一つの観点から、イスラーム法を包括的に考察するというのが、本書のもう一つの特徴である。イスラーム法は、その対象とする分野が多岐にわたり、学説の複雑さもあって理解することが難しい。法学書の全体に関わる「子ども」という存在に焦点を絞り、イスラーム法のもつ特性を考察していく方法は、イスラーム法をわかり易く伝えるためにも有効であると思われる。

本書では、マーリク派を中心として、法学者間の学説の相違（イフティラーフ）にも目配りすることで、それぞれの学説の根拠をより明確にすることを目指す。イスラーム法が啓示を根幹に据えつつも、多様な展開をみせたことを、具体的な法規定を検討することで示していきたい。本書で扱う前近代のイスラーム法は、近代以降は各国の家族法典の中に取捨選択されて影響を及ぼしている。二〇一九年現在、世界のムスリム人口は一七億人を超えるとも推計され、今後ますます増加することが予想されている。本書は、現代世界のイスラーム理解を深めるための有益な情報を提供することにもなるだろう。

3　イスラーム法学書の歴史と概要

本書で資料として使用するのは、九世紀から一九世紀の間に各地域で著されたイスラーム法学の古典文献である。マーリク派を中心にスンナ派四法学派（ハナフィー派、マーリク派、シャーフィイー派、ハンバル派）の法学書を中心に検討を行う[32]。イスラーム法は、学派ごとの枠組みで法学書が書かれ、後世に継承されていったのであるが、一つの「イスラーム法」に統一されることはなかった。そもそもイスラーム法は、現代の私たちが想定するような「法律」とは性格が異なっている。本節では、イスラーム法学書がどのような書物であるのかを説明したうえで、マーリク派法学の歴史とともに、本書で検討対象とする法学書を紹介していきたい[33]。

(1)　イスラーム法学書とは

本書で扱う資料のタイトルや作者名を紹介する前に、イスラーム法学書とはどのような書物なのか、簡単に述べておきたい。

イスラーム法学書は、イスラーム法学という学問を記録した書物である。イスラーム法学者（faqīh）と呼ばれる人々が、神が人間に与えた道であるシャリーアを、具体的な行為規範として導き出す作業を行い、その成果を法学書に記した。法学書には、礼拝や断食などの儀礼行為や、商取引の方法、裁判の仕方、犯罪の種類と刑罰、そして結婚や離婚、子どもの養育などの家族法関連の規定などが書かれた。

イスラーム法規定は、神と人間との関係を既定するイバーダート（ʿibādāt）と、人間同士の関係を既定するムアーマラート（muʿāmalāt）に大別される。それらを遵守することで得られる報酬も、違反することで課される懲罰も、来世での処遇に関わると考えられている。来世とは、やがて来るはずの終末の時にはじまり永遠に続くとされ、人間は最後の審判によって天国と地獄のどちらかに振り分けられる。審判の際の判断材料となるのが、イスラーム法の遵守の度合いなのである。ムアーマラートに関しては、商取引や結婚・離婚など人間同士の行為に関わるものであるから、裁判規範として運用されて「法律」の役目を果たすことも想定されてはいるが、礼拝などのイバーダートの規定を怠ったとしても、それを人間が裁いたりはしないのが普通である。法を定め、それによって裁くのは、あくまでも神であるとムスリムは考えるからである。

神は、天使ジブリール（ガブリエル）を介して、預言者ムハンマドに数々の啓示を授け、それらの言葉が聖典クルアーンとして記録されたとされている。クルアーンには、シャリーアについてつぎのように述べられている。「われ（神）はあなたを、命令によって道《シャリーア》の上に置いた。それ（シャリーア）に従いなさい」と語った（クルアーン第四五章第一八節）。シャリーアを理解するためのイスラーム法学は、聖典クルアーンを第一の法源、預言者ムハンマドの言行録を第二の法源として、その法理論を確立していった。

イスラーム法は、一〇世紀頃までにおおよその法規定が確定し、その後は法学派ごとの権威ある学説が継承されていった。各学派の学説は、師から弟子へ、そのまた弟子へと伝えられたが、著名な法学者やその弟子が書き留めた法学書は、より広いイスラーム圏へ後世にわたるまで影響を与え続けた。そうしたイスラーム法学の著作群の総数は知られておらず、数万あるいは数十万タイトルを超えるのではないだろうか。

現存する最も古いイスラーム法学書は、西暦八世紀頃のものである。その後、千年以上にわたって書かれ続け、読まれ続けたそれらの書物は、実はその目次立てが驚くほど似通っている。たとえば、ハンバル派の法学者フジャーウィー（九六〇年没）の『満足を求める者の糧』は、日本語の全訳が刊行されている唯一の法学書であるが、儀礼行為に関わる各章（浄化の章、礼拝の章、葬儀の章、浄財の章、斎戒の章、巡礼の章、聖戦の章）から始まる。[34] 法学書がまず儀礼行為について述べる構成は、いずれの学派にも共通している。その後につづく内容は、学派によって前後はあるものの、扱われる分野は共通している。『満足を求める者の糧』では、つぎに売買の章、寄進の章、遺贈の章などの財産関連の章、結婚の章、離婚の章、扶養の章などの家族関連の章がくる。その後に傷害殺人応報刑の章や法定刑など刑法の章、そして誓言や証言など訴訟関連の章となっている。これに対してマーリク派の基本書であるサフヌーンの『ムダウワナ』（後述）は、儀礼行為関連の章のつぎには、結婚や離婚などの家族関連の章がつづき、その後に売買や貸借などの財産関連の章、そして裁判や訴訟関連の章、最後に刑法関連の章という構成をとるが、ほとんどの項目が他の法学書にもみられるものである。

(2) 法学者間の見解の相違（イフティラーフ）

では、イスラーム法は固定的で法学者による独自の見解をもつことが許されないかといえば、そうではない。イスラーム法には無数の見解の相違（イフティラーフ ikhtilāf）が生まれ、現代においても生まれ続けている。しかしそれらはたんに相互に相違しているというだけではない。とくに古典期にあっては、多様性は無限ではなく、正統なイフティラーフのみが許容され、後代に継承された。確立された法理論のもとで、権威あるとみなされた法学者たちの見解が、多くの場合においては受け継がれ、しかし新しい事象においては柔軟な変更が加えられたりしながら、ゆるやかなまとまりを保ったのである。

スンナ派の法理論によれば、まずは聖典クルアーン、そして預言者ムハンマドの慣行（スンナ）の伝承であるハディースを参照したうえで、それらに見出せない事象については、信者を代表するイスラーム法学者たちの合意（ijmāʿ）が第三の法源とされた。それでも解決できない問題について、第四の法源である類推（qiyās）をイスラーム法学者が行うことになるが、そこには複数の見解が生じる可能性がある。[35]

イスラーム法の歴史は、イフティラーフの共存の歴史でもある。それは同時に、シャリーアの統一性を保全しようとする営為の歴史でもあった。シャリーアは包括的かつ絶対的であるが、人間がそこからつかみ得るのは一部であり、誤謬を含む恐れもある。実際に、同一の項目について、法学者による異なる見解すなわちイフティラーフが提示されることがしばしば起こった。しかし、その源が神の言葉であるクルアーンおよび預言者ムハンマドのスンナに遡れる限りにおいて、あるいは法学者たちが定めたしかるべき手続きに則って導き出されることによって、まぎれもなくシャリーアの一部として認識されるのである。[36] 法学者たちは、イフティラーフが神によって許されたものであることを、「ウンマ（イスラーム共同体）におけるイフティラーフは、神の慈悲である」というハディースを根拠として示した。[37]

イフティラーフには様々なレベルがある。教友（預言者ムハンマドと接した人々）間のイフティラーフ、初期の法学者間のイフティラーフ、学派成立後の学派間のイフティラーフ、そして学派としての学説が確立した後にも、学派内のイフティラーフの一部は記述され続けた。さらにそれぞれのイフティラーフには、依拠する典拠の異なるもの、典拠は同一であるが解釈が異なるもの、典拠が不明確なものなどいくつものパターンがある。しかしながら、イスラーム法の多様性は無制限ではなく、学派という枠組みにまとめられていった。

イスラーム法の歴史においては、いくつもの法学派が生まれたが、各学派の名祖の活動時期である八―九世紀頃には、まだ学派というまとまりとしては認知されていなかった。スンナ派の四法学派であるハナフィー派、マーリク派、シャーフィイー派、ハンバル派が、ある一定のまとまりと権威をもつ学派として広く認知されるようになったのは、およそ一〇―一一世紀であるとされている[38]。法学者間のイフティラーフはイスラーム法形成初期から存在し、容認されていたが、それらが次第に各学派の学説として収斂されていった。その後、各学派の法学者たちは、各学派の学説を連綿と継承し続け、イスラーム法には複数学派が共存した[39]。

イスラーム法学者たちが、常に法学者間のイフティラーフの問題に意識的であったことは、「イフティラーフの書」として分類できる多数の古典法学書の存在からも明らかである[40]。「イフティラーフの書」は、法学者が自身の学説（あるいは学派）を正当化するためのものであったが、法学者たちが互いの法学派の相違する学説に知悉していたことを示すものでもあった[41]。そしてそのことは、イスラーム法がその統一性を保持しつつ、様々な社会環境へ対応する柔軟性をもちえた証左として捉えることもできるのである[42]。

法学者間のイフティラーフは、同一学派内にも存在し、これらもまたイスラーム法の柔軟な発展を支えた。マーリク派内のイフティラーフを集成した著作として最も古くかつ有名なのは、一〇世紀のカイラワーン（チュニジア中部の都市）の法学者イブン・アビー・ザイドによる『ナワーディル』［Ibn Abī Zayd, *al-Nawādir wa-al-ziyādāt*］[43]である。同書は、マーリク派の始祖であるマーリクが弟子に伝えた学説のうち、マーリク派の基本書である『ムダウワナ』には採用されていないものを網羅的に収録した大部の法学書である。マーリク派におけるイフティラーフは、同書と『ムダウワナ』を対照することで主要なものは把握することができる。また一一世紀のコルドバの法学者イブン・アブドルバッルもまた、マーリクから伝えられた複数の学説を収録した法学書を著している［Ibn ʿAbd al-Barr, *Kitāb ikhtilāf*］。裁判官のための手引書の類も、学派内のイフティラーフを豊富に収録している。このことは、裁判官が学派の学説を堅持しつつ、現実に起こる多様な事象に柔軟に対処するために、いくつかの異なる見解を参照していたことを示唆する。一二世紀マラケシュ（モロッコの都市）のカーディー・イヤード（一〇八三―一一四九年）によって書かれた手引書［Qāḍī ʿIyāḍ, *Madhāhib al-ḥukkām*］[44]や、一四世紀チュニスのカーディー・アル＝ジャマーアを務めたイブン・アブドルラフィーウ（一二四一―一三三二年）の著作［Ibn ʿAbd al-Rafīʿ, *Muʿīn al-*

ḥukkām］が有名である。また、マーリク派の法学者によるファトワーを広範に収集し編纂したことで知られる一五一一六世紀のフェスの法学者ワンシャリースィーも、イフティラーフの書を残している［Wansharīsī, *'Uddat al-burūq*］。

本書においては、イスラーム法におけるイフティラーフを前提に、法学派ごとに共有される価値観の相違とともに、学派内に存在する相違にも着目し法学書の検討を行う。法学書の選定にあたっては、学派内における権威、地域および時代のバリエーション、記述スタイルの特徴、現代の研究における参照頻度などを勘案した。マーリク派以外の学派については、その権威が広く認められているものの中から、情報量の豊富な包括的なタイプの法学書を選んだ。以下に、それらの法学書を、マーリク派法学の歴史とともに紹介する。

(3)　マーリク派法学の歴史[45]と権威ある法学書

マーリク派は、メディナの法学者マーリク・イブン・アナス（生年は七〇八から七一五年まで諸説あり一七九五年没）による学説を中心に形成された法学派であり、イスラーム最初期の価値観を反映するメディナの学説を踏襲した。[46]アラビア半島のメディナは、イスラームの開祖である預言者ムハンマドが、イスラーム共同体を形成した土地である。その後、マーリク派の発展を担ったのは、主に北アフリカのイフリーキヤ地方（現在のチュニジアの辺り）とアンダルス地方（イベリア半島、現在のスペイン）、マグリブ地方[47]（現在のモロッコの辺り）の法学者たちであったが、エジプトのカイロでも影響力をもったほか、さらにアフリカ大陸を南下して拡大するなど、中世期において多くの信奉者をもった法学派であると推定される。[48]

❖マーリク派初期の法学書（西暦八一九世紀頃）

マーリク派の学祖として知られるマーリクは、西暦八世紀当時のメディナの法学権威であった。彼の学説は、

地図　本書に登場する地名と王朝名

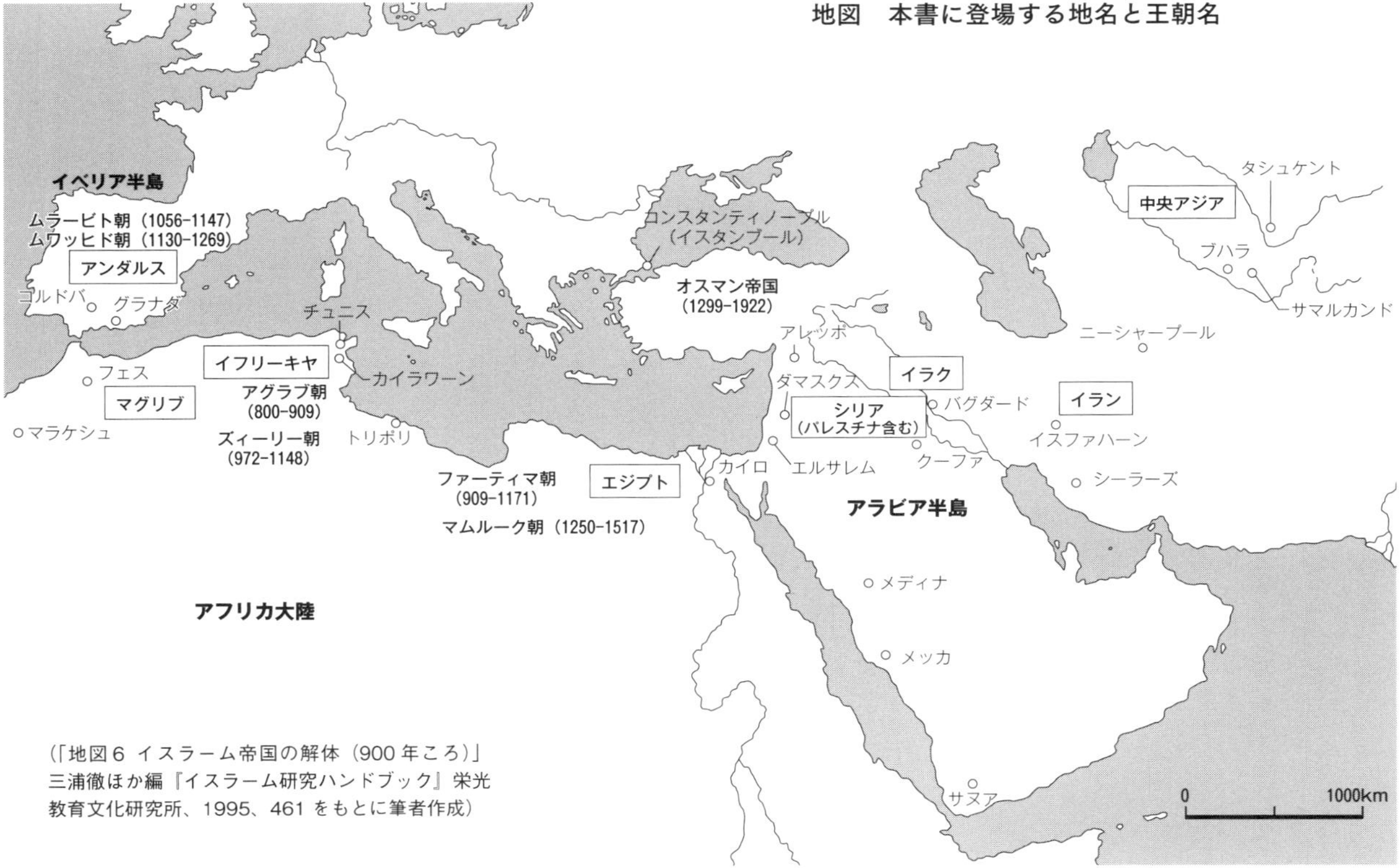

（「地図 6　イスラーム帝国の解体（900 年ころ）」三浦徹ほか編『イスラーム研究ハンドブック』栄光教育文化研究所、1995、461 をもとに筆者作成）

数多くの弟子たちによって各地に伝えられ、マーリク派の学説として形成されていった。マーリク自身は、「法学書」として分類されるような著作を残してはいないが、当時のメディナの学説やハディースを収集・編纂した『ムワッター』[49]［Mālik ibn Anas, *al-Muwaṭṭaʾ*］は、マーリク派法学の重要文献の一つである。

九世紀末頃までにマーリク派は、アンダルスとイフリーキヤ（なかでも主にカイラワーン）で主流となり、基本となる学説を確立する。[50] アンダルスにおいて権威ある法学書とされたのは、イブン・ハビーブ（七九〇―八五二または三年）の『ワーディハ』[51] とウトゥビー（八六九年没）の『ムスタフラジャ』[52] である。そしてマーリク派の学説をほぼ確定し、現代にいたるまで最も高い権威を有する基本書とされるのが、カイラワーンのサフヌーン（七七七―八五四年）とその師でありマーリクの一番弟子でもあったイブン・アル＝カースィム（七四六または七四九―八〇六年）との問答によって生まれた『ムダウワナ』［Saḥnūn, *al-Mudawwanah*］である。『ムダウワナ』は、本書においてもとくに重視する資料となる。この時代には他にもサフヌーンの息子イブン・サフヌーン（八一七―八七〇年）や、イブン・マウワーズ（七九六―八八二または八九四年）など重要な法学者がいる。

本書では、マーリク派以外の学派についても、ほぼ同時代に確立していたと考えられる学説を収録した学派の基本書となる法学書を、比較のために参照する。ハナフィー派では、名祖アブー・ハニーファ（六九九頃―七六七年、クーファ）およびアブー・ユースフ（七三一？―七九八年、クーファ）、シャイバーニー（七四九―八〇五年、クーファ）の三人の法学者が始祖とみなされているが、学派確立初期の学説を伝えるシャイバーニーの『アスル』［Shaybānī, *Kitāb al-aṣl*］は、ハナフィー派で最も重要な基本書の一つである。シャーフィイー派の基本書としては、名祖シャーフィイー（七六七―八二〇年、エジプトなど）の『ウンム』［Shāfiʿī, *al-Umm*］を参照する。ハンバル派の名祖イブン・ハンバル（七八〇―八五五年、バグダード）は、自説が書き留められることを嫌い、自ら法学書を残すこともなかったが、弟子たちによってその学説が継承された。ハンバル派については、後述する後世の著作を参照することとする。

❖マーリク派の発展期の主要な法学書（西暦九―一二世紀頃）

マーリク派の発展と定着もまた、イフリーキヤとアンダルスの両地域を中心として進んだ。アグラブ朝（八〇〇―九〇九年）の首都であったカイラワーンは、東西から多くの知識人たちが集うイスラームの学問センターであり、マーリク派の最も重要な拠点となった。やがてシーア派の一分派であるイスマーイール派によってファーティマ朝（九〇九―一一七一年）が興ると、カイラワーンは衰退の危機にさらされ、ズィーリー朝（九七二―一一四八年）によって再び首都として復活することとなるが[53]、激動の時代となったこの時期に、重要な著作が数多く著された。「小マーリク」と称され、同時期の最も権威ある法学者であったイブン・アビー・ザイド（九二二―九九六年）は、『ムダウワナ』の系統を継ぐ著作をいくつも遺した。なかでもマーリク派法学の提要『リサーラ』[Ibn Abī Zayd, *al-Risālah*] は、現代にいたるまでマーリク派で最も人口に膾炙した法学書として認識され、多数の注釈書が著されている。また、すでにイフティラーフの書として言及したイブン・アビー・ザイドによる大部の法学書『ナワーディル』[Ibn Abī Zayd, *al-Nawādir*] は、『ムダウワナ』には収録されていないマーリクの学説を網羅的に集成した著作であり、イブン・ハビーブの『ワーディハ』やウトゥビーの『ムスタフラジャ』に示された学説も数多く収録している。マーリク派の基本書として確固たる位置を占めた『ムダウワナ』には、多くの法学者たちが要約や注釈の書を著した。バラーズィイー（九八二または三年没）による『タフズィーブ――ムダウワナの要約』[Barādhiʿī, *al-Tahdhīb*] は、教科書としてもよく利用されたという[54]。

アンダルスにおいても、ムラービト朝（一〇五六―一一四七年）およびムワッヒド朝（一一三〇―一二六九年）の下で、マーリク派の重要な著作が多数書かれた。それらのうち、イブン・アブドルバッル（九七八―一〇七〇または一年）による『カーフィー』[Ibn ʿAbd al-Barr, *al-Kāfī*]、バージー（一〇八一年没）による『ムンタカー（『ムワッター』の注釈書）』[Bājī, *al-Muntaqā*]、イブン・ルシュド（祖父）（一〇六三―一一二六年）による『イブン・ルシュドのファトワー集』[Ibn Rushd al-Jadd, *Fatāwā Ibn Rushd*] および『ムカッダマート』[Ibn Rushd al-Jadd, *al-Muqaddamāt*]、イブン・

ルシュド（孫）（一一二六―一一九八年）による『ビダーヤ』［Ibn Rushd al-Ḥafīd, *Bidāyat al-mujtahid*］を、本書では検討対象とする。『ビダーヤ』はイフティラーフの書の代表的著作でもある。わずかながらイラクのマーリク派法学者も重要な著作を残している。イラクのマーリク派法学については、アブドルワッハーブ（九七四―一〇三〇年）による『タルキーン』［Baghdādī, *al-Talqīn*］がある。

また、契約文書のひな型集（シュルート文献）には、より現実に即したと考えられる記述がみられ、法学書と実社会との関係を探る際に有用である。[55] 本書では、トゥライトゥリー（一〇六七年没）による『ムクニウ』［Ṭulayṭulī, *al-Muqniʿ*］およびジャズィーリー（一一八九年没）による『マクサド』［Jazīrī, *al-Maqṣad*］を参照する。

この時期は他の学派でもマーリク派同様に、参照すべき著作が数多く残されている。そのような中から本書においては、以下の文献をマーリク派との比較対照の目的で使用する。ハナフィー派においてはまず、タハーウィー（八五三―九三三年）による『法学者たちのイフティラーフの書』に対するジャッサース（九一七―九八一年）の『「法学者たちのイフティラーフの書」の要約』［Jaṣṣāṣ, *Mukhtaṣar Ikhtilāf al-ʿulamāʾ*］および同じくジャッサースによる『クルアーンの諸規則』［Jaṣṣāṣ, *Aḥkām al-Qurʾān*］を参照する。『クルアーンの諸規則』は、法学的観点から書かれたクルアーン注釈の書であるが、各学派のイフティラーフについても多くの言及がある。また、ハナフィー派の文献として現代にいたるまで最も参照頻度の高い法学書として、中央アジアの法学者サラフスィー（没年は一〇四六から一〇九六年までの諸説あり）による『マブスート』［Sarakhsī, *Kitāb al-Mabsūṭ*］は、ハナフィー派を検討する際の中心的な参照文献となる。カーサーニー（一一九一年没）による『バダーイウ』［Kāsānī, *Badāʾiʿ ṣanāʾiʿ*］は、しばしばハナフィー派の通説と異なる学説をあげているともいわれるため参照対象とした。同じく中央アジア出身の法学者マルギーナーニー（一一九六または七年没）による『ヒダーヤ』［Marghīnānī, *al-Hidāyah*］は、後続の多くの注釈書でも知られ、その影響の範囲はインドや中国にまで及ぶ重要文献であるため参照対象として加える。

シャーフィイー派については、バスラで生まれバグダードなどで活動したマーワルディー（九七四―一〇五八年）

による『ハーウィー』〔Māwardī, *al-Ḥāwī al-kabīr*〕を参照する。同書は、シャーフィイー派の学説を網羅的に扱うのみならず、学派間のイフティラーフにも言及している。マーワルディーはイスラーム国法学の祖ともいわれ、名著『統治の諸規則』の著者として有名であるが、この『ハーウィー』は、刊本にして全一九巻という大部な包括的著作である。また、神学者・神秘思想家・哲学者として著名なガザーリー（一〇五八―一一一一年）は、シャーフィイー派法学の著作としても重要な著作をいくつも残しているが、それらのうち『ワジーズ』〔Ghazālī, *al-Wajīz*〕、『ワシート』〔Ghazālī, *al-Wasīt.*〕および法理論の書『ムスタスファー』〔Ghazālī, *al-Mustaṣfā*〕を参照する。

❖マーリク派主要書の注釈書の時代（西暦一三―一九世紀頃）

マーリク派の学説は、イフリーキヤとアンダルスの主要な両地域にて大きく発展した後、それらの二系統がエジプトにおいて統合されていくことになる。イブン・アル＝ハージブ（一一七五―一二四九年）が、各地で発展したそれまでの学説を取捨選択し簡潔にまとめた法学書『ジャーミウ』〔Ibn al-Ḥājib, *Jāmiʿ*〕を著して以降、マーリク派の重要な著作の創作拠点はエジプトに移った。イブン・アル＝ハージブは、法理論学者・文法学者としても有名であるが、『ジャーミウ』はイフリーキヤなど西方においても教科書として参照され、多くの注釈書が書かれた重要文献である。エジプトではその後マムルーク朝（一二五〇―一五一七年）において、スンナ派四法学派が対等の立場として公認される。そのような中で活躍し法理論学者としても有名なのがカラーフィー（一二八五年没）である。カラーフィーによってまとめられた大著『ザヒーラ』〔Qarāfī, *al-Dhakhīrah*〕は、それまでのマーリク派学説を網羅的に収録した著作として価値の高いものである。カラーフィーの著作には他に、スンナ派四法学派のイフティラーフについて記した法学書『フルーク』〔Qarāfī, *al-Furūq*〕がある。

イブン・アル＝ハージブの『ジャーミウ』にその著述スタイルの影響を受けたとも言われ、やはり多くの注釈書や語釈書をひきつけたのがハリール・イブン・イスハーク（一三六六年没）による『ムフタサル』〔Khalīl,

Mukhtaṣar〕である。[56] 同書は、マーリク派内のイフティラーフから、通説（mashhūr）[57] とみなされる学説をまとめた著作であり、近代に至るまで、広い地域において多数の注釈書が残されている。それらの中からは、グラナダの法学者マウワーク（一四九一年没）による『タージュ』〔Mawwāq, *al-Tāj*〕、メディナのハッターブ（一五四七年没）による『マワーヒブ』〔Ḥaṭṭāb, *Kitāb mawāhib al-jalīl*〕、エジプトのフラシー（一六九〇年没）による『フラシー』〔Khurashī, *al-Khurashī*〕、エジプト近代のダスーキー（一八一五年没）による『ダスーキー』〔Dasūqī, *Ḥāshiyat al-Dasūqī*〕、同じくエジプトのイライシュ（一八〇二―一八八二年）による『マンフ注釈』〔ʿIllaysh, *Sharḥ manḥ*〕を参照する。

この時代にはまた、前述のイブン・アビー・ザイドの『リサーラ』に対する重要な注釈書も多く著された。それらのうちエジプトのナフラーウィー（一六三三―一七一三年）による『ファワーキフ』〔Nafrāwī, *al-Fawākih al-dawānī*〕、同じくエジプトのアダウィー（一七〇〇―一七七五年）による『アダウィー』〔ʿAdawī, *Ḥāshiyat al-ʿAdawī*〕を、本書では参照する。

イフリーキヤやアンダルス、マグリブにおいては、それ以前と比較すれば重要な著作は目立たなくなるものの、依然マーリク派はほとんど唯一の法学派として確固たる地位を保持した。この時期を代表する著作としては以下を参照する。イフティラーフの書として先述したチュニスのイブン・アブドルラフィーウによる『ムイーン』〔Ibn ʿAbd al-Rafīʿ, *Muʿīn al-ḥukkām*〕、同じくチュニスの法学者カフスィー（一三三五または六年没）による『ルバーブ』〔Qafṣī, *Lubāb al-lubāb*〕、アンダルスやフェスで活動した法学者イブン・ジュザイイ（一二九四―一三四〇年）による『カワーニーン』〔Ibn Juzayy, *al-Qawānīn*〕、当時のイフリーキヤを代表する高名な法学者であったイブン・アラファ（一三一六―一四〇一年）による『フドゥード』に、同じくチュニスのラッサーウ（一四八八年没）が注釈を施した『イブン・アラファの『フドゥード』の注釈』〔Raṣṣāʿ, *Sharḥ Ḥudūd*〕、グラナダのイブン・アースィム（一三五九―一四二六年）による『トゥフファ（裁判官の手引き）』とフェスの法学者マイヤーラ・アル＝ファーシー（一五九一―一六六二年）によるその注釈書『マイヤーラ』〔Mayyārah, *Sharḥ Mayyārah*〕などである。

以上にあげた標準的法学書に加えて、この時期のマーリク派においては、重要かつ大部のファトワー集[58]がいくつも編纂された。これらに収録されたファトワーには、個々の問題についてのより詳細な解説が加えられることも少なくない。チュニスの法学者ブルズリー（一三四〇—一四三八年）の『ファトワー集』［Burzulī, *Fatāwā al-Burzulī*］、同じくチュニスのイブン・アッズーム（一五九九年没）による『回答集』［Ibn Azzūm, *Kitāb al-ajwibah*］、フェスのワンシャリースィーによる著名なファトワー集『ミウヤール』［Wansharīsī, *al-Miʿyār*］、そして『ミウヤール』を継承して編纂され、一五世紀以降のファトワーを収録したワッザーニー（一九二三年没）による『ナワーズィル』［Wazzānī, *al-Nawāzil al-jadīdah*］などがある。

ハンバル派を除くスンナ派の三学派については、いずれの学派においても基本学説および細則を含めた各学派の学説を網羅的に収録した著作が、すでに一一世紀頃までには完成し現在にまで伝わっており、それらを活用することができる。ハンバル派については、一三世紀に活動したダマスクスのイブン・クダーマ（一一四七—一二二三年）による『ムグニー』［Ibn Qudāmah, *al-Mughnī*］が、学派学説のみならず、法学者間のイフティラーフについても有用な情報を多く提供してくれる著作となっており、主にこれを参照する。ハナフィー派においては、一三世紀に入り未成年者についての規定のみを収集した興味深い著作が現れた。中央アジアのアスルーシニー（一二三五年没）による『未成年者についての諸規則』［Asrūshinī, *Jāmiʿ aḥkām al-ṣighār*］は、個別の規定についてだけでなく、子ども関連規定の全体像を把握する目的でも使用する。また同じく中央アジアのブハーリー（一三二九年没）によるパズダーウィーの法理論書に対する注釈書『カシュフ』［Bukhārī, *Kashf al-asrār*］は、未成年者の法的能力変化についての記述を参照する。シャーフィイー派については、ハディース学者としても有名なシリアのナワウィー（一二三三—一二七七年）による数多くの権威ある法学書のうち、『ミンハージュ』［Nawawī, *Minhāj al-ṭālibīn*］および『マジュムーウ』［Nawawī, *al-Majmūʿ*］を参照する。

(4) イスラーム法の周辺にあった諸学問

イスラーム法は、多くの法学者たちによって議論され、継承されて世界へ拡がっていった。それは、裁判規範という意味での法として機能しながらも、道徳でもあり、また何よりも学問であった。[59] また、たしかに法学書に記された法規定の一部は、法律として機能もしていたが、それはムスリム社会の唯一の法ではなかったことも重要である。イスラーム法の他に、国家による制定法や慣習法が行われていた。[60] ところが、前近代におけるそうした他の法とその運用については、オスマン帝国におけるイスラーム法と制定法の関係が明らかになりつつあるものの、文献として残る資料が少ないためそれほど多くのことはわかっていない。[61] しかも、本書が検討対象とする「子ども」に関連する事項については、他の法からのアプローチは難しい。

本書においては、イスラーム法の背景にあった社会状況などを考察するために、法学書以外の著作も参照する。イスラーム法学をはじめとするイスラーム諸学が発展した八—一〇世紀の頃、ギリシア語などで書かれた哲学や科学関連の書物が大量にアラビア語に翻訳され、そうしたいわゆる外来の学問もまた大きく発展した。[62]

とくに医学の分野においては、一〇世紀頃にはすでに妊産婦や新生児のための医学書がいくつも書かれていた。九—一〇世紀のカイラワーンで活動した医師イブン・ジャッザール（八九五—九八〇年）による『子どもの扱い方』[Ibn Jazzār, *Siyāsat al-ṣibyān*]、一〇世紀のアンダルスの学者アリーブ・イブン・サイード（九七九または八〇年没）による『胎児の形成の書』[Qurṭubī, *Kitāb al-khalq al-janīn*]、一〇世紀のエジプトの学者バラディー（九九〇年没）による『妊婦と小児の管理』[Baladī, *Tadbīr al-ḥabālā*] などは、イスラーム法とは別の観点から、ムスリム社会における子ども観や母親観を知るために有益である。

また、同じくギリシア思想の影響を受けた倫理書も書かれており、イスラーム法学者の著作にその影響がみられるものもある。[63] 本書では、ローマ時代の思想家ブライソンによる『家政の管理』[Brūsin, "Tadbīr al-manzil"] の影響を受けて書かれたとされるミスカワイヒ（一〇三〇年没）の『倫理の鍛錬』［Miskawaihi, *Tahdhīb al-akhlāq*］とも比較し、イスラーム法規定の時代による変化について考察したい。

第一章　人間の成長段階と法的能力

1　イスラーム法における子どもの概念

(1)　法学書の中の子どもを示す語

アラビア語には、子どもを示す語彙が豊富である。クルアーンにおいても、ティフル（ṭifl）、サビー（ṣabī）、サギール（ṣaghīr）、ワラド（walad）、グラーム（ghulām）、イブン（息子 ibn）、イブナ（娘 ibnah）、ヤティーム（孤児 yatīm）などの語が使用されている。ただし、それらの違いは必ずしも厳密には明確にされていない。ではイスラーム法学書において子どもを示す語はどのように記述されているのだろうか。人間の成長段階において「子ども」がどのような状態を示すのかについては後に検討を行うが、ここではまず、法学書に現れる子どもを示すと考えられる単語を拾い出してみることにする。

法学書に現れる子どもを示すと考えられる単語の中で、最も多くみられたのが、サギール（ṣaghīr, f. ṣaghīrah, pl. aṣāghir）とサビー（ṣabī, f. ṣabīyah, pl. ṣibyān）である。一つ一つの語が法学書で定義されることはないが、それらはカビール（成年者 kabīr）と対比されていることが多く、未成年者を示す語であると考えられる。未成年者であることを明確にするために、「成年に達していない子ども（ṣabī lam yaḥtalim, ṣabī lam yablugh）」などと書かれる場合もある。ただし、サビー・サギール（ṣabī ṣaghīr）と表記されている場合には、未成年者の中でも六、七歳ぐらいまでの小さな子を示すこともある［Ibn Abī Zayd, *al-Risālah*, 158］。他に乳幼児を示す語としてはティフル（ṭifl, pl. aṭfāl）、生後すぐの新生児としてマンフース（manfūs）、マウルード（mawlūd）、授乳期間中の乳児としてラディーウ（raḍīʿ）がある。[1] また成年間近の者をとくに示す語としてムラーヒク（murāhiq）、ムナーヒズ（munāhiz）がある。続柄としての子を示すものには、ワラド（息子あるいは性別を問わず子 walad, pl. awlād）やイブン（息子 ibn, pl. abnāʾ）、ビント（娘 bint, pl. banāt）などがある。それらは成年に達しても子であることに変わりはないが、ヤティーム（孤児、母親の有無にかかわらず父親を失った子 yatīm, f. yatīma, pl. yatāmā）、ラキート（拾い子、棄児 laqīṭ）などは、とくに断りがなければ未成年者である。

また、グラーム（ghulām）、ジャーリヤ（jāriyah）は普通、それぞれ「男性の奴隷」「女性の奴隷」を示す語であるが、学派を問わず、九世紀頃までの初期の法学書においては、「男児」と「女児」を分ける意味で使用される場合がある。[2] 後世の法学書において男女を分ける際には、ザカル（男 dhakar）とウンサー（女 unthā）の語が使用されるのが普通である。なお、本書においては、原則として検討対象を自由人に限定し、奴隷については必要に応じて言及することとしたい。[3]

(2) 未義務賦課者としての未成年者

イスラーム法においては、ムカッラフ（義務賦課者 mukallaf）という概念がある。ムカッラフとは、成年に達しかつ理性を備えた者であり、イスラーム法を遵守する義務が賦課された者のことである。[4] 義務賦課者の行為に対する法判断は、義務行為（wājib）、推奨行為（mandūb）、許容行為（mubāḥ）、避忌行為（makrūh）、禁止行為（muḥarram）の五つの範疇に分類される。[5] 成年に達していても理性を欠く心神喪失者（majnūn）や、義務賦課

(taklīf) の根拠を理解するための理性 (ʿaql) が欠如していると擬制される未成年者には義務は賦課されない。[6] したがって未成年者というのは、「ムカッラフでない者 (ghayr mukallaf)」であり、神の命令によって人間が課された義務を負担するに至っていない状態にあることになる。

標準的な古典法学書には、未成年者についてまとめた章は設けられていないのが普通である。[7] 後世になると、一二―一三世紀のハナフィー派法学者アスルーシニーによる『未成年者についての諸規定』[Asrūshinī, *Jāmiʿ aḥkām al-ṣighār*] や、一五―一六世紀のシャーフィイー派法学者スユーティーによる未成年者を扱う独立した章を設けた法学書 [Suyūṭī, *al-Ashbāh*, 279] がみられるようになるが、これらは珍しい例である。ただし、法学書における未成年者に関する記述は決して少なくない。未成年者に関する記述は、法学書が扱うすべての領域に確認することができる。各々の項目について、未成年者が同様の行為を行った場合（あるいは行わなかった場合）、どのような判断が下されるのかについての記述が加えられるためである。さらに、周囲の成年者が、未成年者に対してどのように振舞うべきであるのか、という観点からの規定も多く存在し、本書のテーマである子どもに関わる項目はその重要な部分を占めている。では、イスラーム法における未成年者とはどのような存在なのだろうか。

未成年者が当該規定の対象とはならないことを示す根拠として、しばしば引用される以下のようなハディースがある。

> つぎの三つについて筆は上げられる。眠っている者については覚醒するまで、未成年者については成年に達するまで、心神喪失者については理性をもつまで。[8]

ここでいう「筆」とは、人間の所業を、最後の審判まで細大もらさず記録するもので、未成年者は記録を保留され、罪を問われることはないという意味である [Ābādī, "ʿAwn al-Maʿbūd," 243]。

法学書において、シャリーアによる義務が賦課される存在としてのムカッラフという概念が明確に記述されるようになったのがいつからなのか、正確な時期は不明である。少なくとも、比較的初期の法学書においては、ムカッラフないしはタクリーフという用語が使用されることはなかった。ムカッラフという概念は、神学における議論の発展[9]や法理論の確立[10]と連動して、法学書に定着していったものと考えられるが、これについては別途、検証の必要があろう。しかしいずれにせよ、未成年者がムカッラフでないことについては、学派間の相違はない。

後世になると、いずれの学派においてもイスラーム法を遵守すべき存在としてのムカッラフについて言及されるようになる。たとえば、イブン・ルシュド（孫）は、「マーリクは、未成年者が清浄でない状態においてクルアーンに触れることを許容した。というのは未成年者はムカッラフではないからである」「傷害者あるいは殺人者となるのはムカッラフであり、それは成年者かつ理性を有する者である」［Ibn Rushd al-Ḥafīd, *Bidāyat al-mujtahid*, 45, 776］、ナフラーウィーは、「ムカッラフでない者の行為は、禁止あるいは許容のいずれにも属さない」［Nafrāwī, *al-Fawāqih al-dawānī*, 2: 72］（以上マーリク派）、サラフスィーは、「ムカッラフでない未成年者は、現世における法的諸事項の対象とはならない」［Sarakhsī, *Kitāb al-Mabsūṭ*, 2: 54］（ハナフィー派）、ガザーリーは、「証言が有効となるための六つの要件のうちの一つは、タクリーフである」［Ghazālī, *al-Wajīz*, 4: 325］（シャーフィイー派）、イブン・クダーマは、「夫婦のうち一人がムカッラフでなければ、両者の間の呪詛〔本書七一頁参照〕は成立しない」［Ibn Qudāmah, *al-Mughnī*, 6: 284］（ハンバル派）などのように、ムカッラフについては各学派においてほぼ同様の言及がある。

2　身体的成熟と法的能力の変化

(1)　成年の定義

では、ムカッラフの条件となる成年とは、具体的にどのように定義づけられているのだろうか。法学書が未成年者を明示的に定義することはほとんどなく、通常はブルーグ（成年に達すること bulūgh）の定義が述べられ、バーリグ（成年者 bāligh）あるいはカビール（kabīr）にまだ至っていない者が未成年者とみなされる[11]。クルアーンの言葉「あなたがたの子どもたちが成年に達したときは」（第二四章第五九節）などが典拠とされる［Māwardī, *al-Ḥāwī al-kabīr*, 6: 343］。成年の定義が、基本的には身体的成熟（第二次性徴）によって規定されることについては、各学派が一致している[12]。男子については精通など、女子については初潮あるいは妊娠などの徴候がみられた時点で、成年に達したとみなされるのである。

ところが、身体的成熟というのは個人差が大きく生じるものであり、また客観的な判断が困難なものである。そこで成年の定義には、精通と初潮という大原則に加えて、他の身体的徴表や、一定の具体的年齢という二次的な基準が設けられている。成年の基準についてはクルアーンやハディースの明文が明確な定義を与えておらず、個々の規定において、様々な典拠からの引用がなされることになり、学派によって、あるいは学派内においてもいくつものイフティラーフが生まれた。それらの規定の相互の差異は、比較的些少なものではあるが、成年の定義が多くの領域に関連する重要事項であることから、そのイフティラーフはたびたび言及される問題である。

たとえば、代表的なイフティラーフの書の一つであるハンバル派の法学者イブン・クダーマの『ムグニー』は、成年の定義について以下のように記している。

〔法学者たちは〕諸義務や諸規定が、成年に達し理性を有する男性および月経のみられる女性に課されるものであることで一致している。〔中略〕年齢については、男女ともに一五歳を成年とする。これはアウザーイー、シャーフィイー、アブー・ユースフ、シャイバーニーの説である。ダーウード[13]は、成年に年齢の基準はない、預言者は「未成年者は精通するまで」と述べているのだからそれ以外の基準に従うのはこれに反することになるからだと言っている。マーリクおよびその弟子たちによって伝えられている説には一七歳説と一八歳説があり、アブー・ハニーファによれば男児には一七歳と一八歳の二つの説があり、女児は一七歳である。〔Ibn Qudāmah, *al-Mughnī*, 4: 5-6〕

同箇所は、「禁治産の章」に含まれ、契約締結を有効に行うことのできる法的能力を得るための条件として、成年に達することをあげ、その定義を述べたものである。イブン・クダーマは、各学派内にもイフティラーフが生じていることを明記している。では各学派のイフティラーフは、具体的にどのように相違し、それぞれ何を根拠としているのであろうか。

古典法学書においては、成年の定義は、様々な章で言及されている。各法規定に説明を与える過程において、その条件となる成年について述べられているのである。成年の定義が影響する規定は広範囲にわたり、礼拝、巡礼などの儀礼行為を扱う章から、婚姻、離婚などの家族法関連を扱う章、財産法関連を扱う章、刑法関連を扱う章まで、法学書が含むあらゆる分野であるといってよい。以下においては、各学派の成年の定義が、具体的にどのように説明されているのかをみておきたい。

❖ハナフィー派における成年の定義

ハナフィー派では、成年は身体的成熟による。ただし身体的成熟がみられない場合は、男児は一八歳（一九歳という説もある）、女児は一七歳（男女ともに一五歳という説もある）に達することで成年に達したとみなす。ただし男児は一二歳、女児は九歳になるまでは、身体的成熟がみられても成年に達したとはみなされない。

たとえば、一一世紀の法学者サラフスィーは、「月経の章」、「離婚の章」、「委任の章」、「窃盗罪の章」などにおいて、成年の定義を詳しく解説している。ハナフィー派において成年は、いくつかの徴表と年齢によって規定される。「離婚の章」においてサラフスィーは以下のように述べている。

〔成年の〕徴表とはすなわち、〔男児であれば〕射精（inzāl）、夢精（iḥtilām）、妊娠させること（iḥbāl）、女児であれば月経（ḥayḍ）、夢精（iḥtilām）、妊娠（ḥabal）である。成年の最低年齢は男児の場合一二歳、女児の場合九歳であるとされている。これについては月経の章ですでに述べた。年齢による成年については、アブー・ハニーファは、委任の章において、女児は一七歳、男児は一八歳としているが、我々の先達たちからは、一八歳説と一九歳説の二つが伝えられている。〔中略〕アブー・ユースフとシャイバーニー、シャーフィイーによれば、イブン・ウマルが伝えた以下のハディースにしたがって、一五歳説が唱えられている。「私が一四歳のとき、ウフドの戦いに志願したが、預言者はこれを拒否した。一五歳のときハンダクの戦いに志願したときには、彼は許した。ウマル・イブン・アブドルアズィーズがこのことを聞き、これを成年者と未成年者を区別する指標であるとして各地の総督に書き送った」。すなわち一五歳になれば成年者とみなされるということである。〔Sarakhsī, *Kitāb al-Mabsūṭ*, 6: 53–54〕

❖シャーフィイー派における成年の定義

シャーフィイー派では、成年は男女とも一五歳に達することと規定されている。ただしそれ以前に身体的成熟がみられた場合には、男児は一〇歳、女児は九歳以上であれば成年に達したとみなす。

シャーフィイー派の学祖シャーフィイー（八―九世紀）は、同学派の最も基本となる法学書で、「礼拝の章」、「巡礼の章」、「婚姻の章」などにおいて成年の定義を述べている。礼拝や巡礼については、男児なら精通したら、女児なら月経がみられたら、一五歳に達していなくとも、あるいは身体的な成熟がみられなくとも一五歳になったら、彼らはもう理性において劣ってはいないのだから、それらが義務づけられるとする。その根拠として、以下のクルアーンの言葉が示されている。

あなたがたの子どもたちが成年（ḥulm）に達する時は、許しを求めさせなさい。（第二四章第五九節）

そして一五歳という年齢については、先に引用したものと同じくウフドの戦いにおけるイブン・ウマルにまつわる伝承が収録されている。シャーフィイーはまた、父親による婚姻後見について述べた箇所において、「預言者はジハード（聖戦）について一五歳の者に義務づけ、ムスリムたちはこの年齢をハッド刑の基準とした。孤児について至高なる神は『子どもたちが婚姻に達し、熟慮を備えたら』と述べたが、もし彼自身あるいは彼女自身に徴表がない場合には、一五歳になれば〔成年者とみなされる〕。ただし一五歳になる前に男児が精通したり、女児が月経をみたりすれば、それが成年の徴表となる」と述べている〔Shāfiʿī, *al-Umm*, 1: 146, 2: 152, 5: 28〕。

シャーフィイー派においては、一一世紀の法学者マーワルディーが、成年の定義について、さらに詳細な解説を行っている。マーワルディーは、シャーフィイーの言葉「成年に達する（bulūgh）とは一五歳である。ただしその前に男児が精通したり、女児が初潮をみたりすれば別である」をまず引用し、その後に、シャーフィイーによる五つの定義を説明する。そのうち三つは男女共通で、精通（iḥtilām）、陰毛、年齢であり、残り二つは女児の初潮と妊娠であると述べ、それぞれの具体的な徴表を記している。たとえば、精通とは男女ともに、夢精あるいは性交あるいはそれ以外による最初の射精をさし、その下限年齢は男児では一〇歳、女児では九歳である、というようにである［Māwardī, *al-Ḥāwī al-kabīr*, 6: 342］。

❖ハンバル派における成年の定義

ハンバル派においても、成年の基本的な基準は、すでに述べた二つの学派とほぼ同様である。成年は、身体的成熟あるいは一五歳に達した者であると規定されている。

ハンバル派の最も重要な法学者の一人であるイブン・クダーマ（一二―一三世紀）は、ジハードやハッド刑、禁治産などを論じる際に、成年の定義を詳細に解説している。ハンバル派においては、成年はつぎの三つの理由によって達せられるという。第一に精通（iḥtilām）であり、それは男女ともに覚醒時であれ就寝中であれ、精液が性器から出ることであるというのが法学者たちの一致した見解である。二つめは陰毛が生えることである。三つめは一五歳に達することである。これら三つの徴表は男女ともに共通し、女児についてはさらに月経と妊娠という二つの徴表が加えられる。これらのうち、陰毛が生えたことについては、ハナフィー派とシャーフィイー派には徴表としない説がある。マーリク派においても、学派内において意見の対立がある（後述）。ハンバル派のみがこれを明確に成年の徴表としているのであるが、これについてイブン・クダーマは概略以下のように述べている。

陰毛というのは、男性および女性の性器の周りに生える毛であり、成年者はそれをかみそりで剃り落とすことが要求される。マーリクとシャーフィイーは陰毛を成年の徴表とする説をとったが、これは多神教徒の習慣であるという反論もあり、ムスリムの場合はどうかという問題については意見が分かれている。アブー・ハニーファによれば、それは成年の徴表とは認められないという。ハンバル派が、これを成年の徴表とする根拠は以下のハディースである。「クライザ族についてサアド・イブン・ムアーズが、戦闘員は殺害し、彼らの子孫は捕虜にせよという判断を下したとき、預言者は彼らのうち陰毛が生えている者は戦闘員とみなし、まだ生えていない者は捕虜にせよと命じた」。年齢については、男女ともに一五歳をもって成年者とする。これはアウザーイー、シャーフィイー、アブー・ユースフ、シャイバーニーの説である。ダーウドは、成年に年齢の基準はない、預言者は「未成年者は精通するまで」と述べているのだからそれ以外の基準に従うのはこれに反するのだと述べる。マーリクおよびその弟子たちによって伝えられている説には一七歳説と一八歳説があり、アブー・ハニーファによれば男児には一七歳と一八歳の二つの説で、女児は一七歳である。我々（ハンバル派）においては、シャーフィイーの伝えるイブン・ウマルのウフドの戦いにおける伝承にもとづき、男女ともに一五歳である［Ibn Qudāmah, *al-Mughnī*, 4: 7］。

このように、マーリク派以外の三つの学派においては、イブン・ウマルにまつわる伝承にもとづく一五歳説が最も優勢である。ただしアブー・ハニーファには、これと異なる一七歳説、一八歳説、一九歳説（男児のみ）がある。なお、一九歳説については、成年の下限年齢一二歳に、礼拝の開始が推奨される年齢である七歳を足したものであるという説明［Sarakhsī, *Kitāb al-Mabsūṭ*, 6: 54］や、一九歳というのは一八歳が満了した後を示すという説明［Jaṣṣāṣ, *al-Aḥkām al-Qur'ān*, 3: 481-482］などが伝えられているが、その根拠はあまり明確ではない。そしてマーリク派においても同様に、マーリクに帰せられる説として、一五歳から一八歳までの諸説が伝えられ、後世にいたるまでいずれもマーリク派では等しく正統な学説として継承された（表1−1）。

❖マーリク派内の成年の定義におけるイフティラーフ

マーリク派においても、成年は、基本的に、精通や月経などの身体的成熟による。身体的成熟がみられない場合の成年は、一五歳から一八歳までの諸説ある、というのが後世マーリク派の法学書に一般にみられる記述であ

表 1-1　成年の定義

	ハナフィー派	マーリク派	シャーフィイー派	ハンバル派
身体的成熟（生殖能力）	男：射精、夢精、妊娠させる 女：月経、夢精、妊娠	男：精通、（陰毛） 女：月経、（陰毛）	男：精通、陰毛 女：精通、陰毛、月経、妊娠	男：精通、陰毛 女：精通、陰毛、月経、妊娠
（年齢の目安）	男 17、18、19 歳 女 17 歳 （男女共 15 歳説も）	15 歳～ 18 歳まで諸説	男女共 15 歳	男女共 15 歳
（下限年齢）	男 12 歳、女 9 歳		男 10 歳、女 9 歳	

＊ただし、学派内にも細かいイフティラーフがある

る。また陰毛の有無による成年の判定についても相違した見解があることが知られている [Ibn Rushd al-Jadd, *Fatāwā*, 1: 357]。ハナフィー派と同様にマーリク派においても、学派内における成年の定義についての相違が生じているのであるが、ではこうしたイフティラーフは、どのように生まれ、伝承されていったのであろうか。

マーリク派の学祖マーリク（七―八世紀）によって編纂されたハディース集『ムワッター』、および同学派で最も権威ある法学者の一人であるサフヌーン（八―九世紀）による『ムダウワナ』においては、成年の定義についての具体的年齢の言及はない。『ムダウワナ』における成年の定義については次節で詳述するが、精通などの身体的成熟がみられるか、そうでなければ「精通せずにその年齢を超えることは誰もないと人々に知られている年齢」、すなわち個々の社会において常識的に成年者とみなされる年齢に達することが、成年の定義とされている [Saḥnūn, *al-Mudawwanah*, 6: 2808]。つまり、具体的年齢については統一見解がなく、したがって相違も生じていないということになる。しかしその後の法学書においては、具体的年齢にいくつかのバリエーションがある。

後世の法学書によれば、ほとんどの者が成年を迎えているはずである年齢として、一五―一八歳の諸説がマーリク派では唱えられている。その中で、マーリクの弟子でありサフヌーンの師でもあったイブン・アル＝カースィムなどが唱える一八歳説が通説となっている [Ibn al-Ḥājib, *Jāmiʿ al-*

ummahāt, 256; Ibn Rushd al-Jadd, *Fatāwā*, 1: 359; Ibn Abī Zayd, *al-Nawādir*, 14: 354］。ただし、一八歳説がなぜ通説となったのかについての根拠は不明である。イブン・ワフブが伝える一五歳説は、他の学派と同様にイブン・ウマルの戦闘参加にまつわる伝承を根拠としている。しかし、これについてイブン・アブドルハカムなどの人々は、それは戦闘能力についての許しであって、年齢を問うたものではなく、したがって、成年の定義の根拠とはならないとして反論を述べている［Ibn Abī Zayd, *al-Nawādir*, 14: 354］。また、一六歳説を紹介する法学書もいくつか存在する［ʿAdawī, *Ḥāshiyat al-ʿAdawī*, 1: 450-451; Khurashī, *al-Khurashī*, 5: 291-292］。

『ムダウワナ』が書かれた時点においてすでに明らかであったのは、マーリクとイブン・アル＝カースィムの間での、陰毛を成年の徴表とするか否かについての相違である。マーリクが、「陰毛が生えていればハッド刑の対象となる、すなわち成年とみなされる」と説いたのに対し、イブン・アル＝カースィムは、「私の考えでは、陰毛が生えただけではハッド刑の対象とならず、精通があるか、彼と同年齢の者であればたいがい精通すると知られている年齢に達するまでは、ハッド刑とならない」と言ったと書かれている［Saḥnūn, *al-Mudawwanah*, 6: 2808］。ただし、イブン・アル＝カースィムがマーリクから伝えられた説は、陰毛を成年の徴表とみなすという見解であったとする法学書もある［Ibn Abī Zayd, *al-Nawādir*, 14: 353］。

成年の定義に関わる異なる見解は、後世の法学書において繰り返し言及された［Ibn Rusud al-Jadd, *Fatāwā b. Rushd*, 1: 359-360］。マーリク派内においてのイフティラーフは、マーリクないしはマーリクの弟子の世代の時点で生じている。それらの複数の見解が、後世に伝えられる過程において取捨選択されていったと考えられるのである。前述のように、成年の定義については、具体的年齢の規定をはじめとする細かいイフティラーフがあるが、成年が第一義的には身体的成熟をもって定義されていることにかわりはない。イスラーム法において、成年者と未成年者がその法的能力を明確に区別されることは、各学派に共通しているのである。

では、成年に達することはどのような意義をもち、どのような法的効果をもたらすのだろうか。学派によってその具体的規定の詳細におけるイフティラーフは数多く存在するが、成年の本質的な意義においては、各学派に共通した価値観があるものと考えられる。未成年者から成年者への移行による法的能力の変化は、法律行為の種類や、また行為者の性別によって異なる。一方でその根底には、身体的成熟を基準とした成年者と未成年者との区別が明確に存在している。

以下においては、成年に達することによって法的能力がどのように変化するのかという観点から、主にマーリク派における各分野の規定を検討し、成年の意義を考察してみたい。

(2)　儀礼行為における成年の意義

礼拝、斎戒、喜捨などイスラームの五行として知られる儀礼行為が、理性をもつムスリム成年男女にのみ義務づけられるという基本原則において、学派による相違はみられない [Ibn Rushd al-Ḥafīd, *Bidāyat al-mujtahid*, 88, 229, 262]。未成年者がこれらの行為を怠っても、罰則が予定されてはいない。こうした儀礼行為は、ムカッラフたる成年者が遵守すべき規範なのである。もっとも、ここでいう罰則とは、来世での処遇、すなわち天国に行くか地獄に行くかを念頭においた考え方であって、成年者であってもこれらの儀礼行為について刑罰や制裁が定められているわけではない[14]。

礼拝については、マーリク派の初期の法学書において、礼拝の義務が七歳あるいは一〇歳から生じるとするイフティラーフが伝えられている。サフヌーンは、イブン・アル＝カースィムの伝えるマーリクの説として、子どもは乳歯が抜け始めたら、礼拝が命じられると言ったことを紹介し、神の使徒が、「子どもたちには、七歳になったら礼拝を命ぜよ、一〇歳になったら打て、そして寝床を別にせよ」と言ったとするハディースを付している [Saḥnūn, *al-Mudawwanah*, 1: 132]。ただし、礼拝の義務が七歳から始まるのか、それとも一〇歳からなのかは判然としないとし、少なくとも成年よりは前であると述べるにとどまっている。後世になって法学書の記述がある程度整理されるようになると、七歳になったら子どもに礼拝を命じよというのは、礼拝についての教育を開始せよという意味であり、それは保護者にとっての義務であるとするのが、いずれの学派においても一般的となる。[15]

一方、斎戒についてサフヌーンは、「〔斎戒を義務づけられるのは〕女児は月経から、男児は精通からである。斎戒は礼拝とは同じでない」とマーリクが述べたことを記している〔同前 1: 215〕。つまり、礼拝の義務は、成年に達すると同時に義務づけられる斎戒とは違うというのである。一〇世紀のマーリク派法学者イブン・アビー・ザイドによれば、『ムダウワナ』で述べられたマーリクの説と同様のものを収録する法学書もあれば、マーリクは「礼拝が命じられるのは、成年に達してからである」と言ったとする法学書もあるという。マーリクの説として伝わる異なる複数の学説が存在することがわかる〔Ibn Abī Zayd, *al-Nawādir*, 1: 268-269〕。

儀礼行為の中でも、巡礼については、あらゆる成年者に義務づけられるのではなく、その能力のある者にのみ義務であるとされているから、成年と同時にその義務が課されることはない。未成年者を巡礼に伴うことはかまわないが、未成年者が巡礼を完遂したとしても、その巡礼は有効ではないとされる。では、巡礼の途中で成年に達したらどうなるのか。巡礼における一連の行為を行うには、必ずイフラームの状態でなければならない。イフラームとは、巡礼中の禁忌状態であり、香水をつけたり、髪や爪を切ったり、結婚をしたり、殺生したりという特定の行為が禁じられる。巡礼中に精通や月経が起こった場合、イフラームの状態が中断されてしまうため、最初からやり直さなければ有効とならないとされる〔Saḥnūn, *al-Mudawwanah*, 1: 347〕。このように、神と人間との関係において義務の生じる儀礼行為において、成年に達することがその行為を有効とするという考え方がイスラーム法にはある。

(3) 結婚・離婚における法的能力の変化

婚姻に関する規定については、成年の定義が身体的成熟、すなわち生殖能力によって規定されていることが直接大きな意味をもつのは自然なことである。したがって成年の意義が学派によって異なることはない。婚姻契約は出生直後から可能であるが、婚姻締結だけではその後の様々な権利義務は発生せず、原則として床入り（交接が完了すること）してはじめて、夫の妻に対する扶養義務が生じ、妻の夫に対する服従義務が生じる。夫はたとえ交接可能年齢に達していても実際に精通するまでは、言い換えれば成年に達するまでは、妻に対する扶養義務は負わないし、婚資支払い義務も生じない［Ibn Rushd al-Ḥafīd, *Bidāyat al-mujtahid*, 478］。つまり、子を設ける能力と、婚姻における権利義務とは密接な関係があるということである。

女性については、婚姻規定において成年の意義はあまり大きくない。女性は、成年に達したか否かではなく、交接可能年齢に達しているか否かが問題となる。妻が交接可能年齢に達していれば、床入り完了によって扶養を請求できるが、そうでなければ請求権はなく、夫の家に入る義務もない［Saḥnūn, *al-Mudawwanah*, 2: 969-971］[16]。

また、未成年者は男女を問わず、自分自身で婚姻を締結することはできず、男児であれば父または父が指定した遺言指定管財人（waṣī）、女児であれば父のみが婚姻締結の権利をもつ［同前 2: 910］。男児については身体的成熟による成年をもって婚姻後見が解除されるための必要条件が満たされたことになり、自身による単独での契約締結が可能となる［同前 5: 2285］。一方、女児は生涯にわたって婚姻後見に服する［同前 2: 902］[17]。つまり婚姻に関する規定については、男女ともに身体的成熟が成年の基準となることについては同様だが、成年の意義が男児と女児とでは異なるのである。このことは、イスラーム法が予定する婚姻の目的と関連する。すなわち妻にとって、婚資や扶養は、婚姻生活における性交の対価である。これに対して、夫にとって婚姻とは、自分の子を得るための権原であり、精通してその権利を享受することができるようになってはじめて、婚資支払いや扶養の義務を負うようになると考えられるのである。

(4) 財産行為における法的能力の変化

売買などの財産行為に関しては、熟慮（rushd）という能力が認定されることによって、その行為能力は完全なものとなる。[18] 熟慮を備えるための必要条件は、成年に達し理性を備えていることである。この熟慮とは、特別な才覚というわけではなく、常識的な財産管理能力を備えていることを意味するのであって、通常であれば成年と同時に確認されるものとして認識されている。このため、成年に達しても熟慮を有しない者は浅慮者（safīh）と呼ばれ、未成年者や心神喪失者（majnūn, maʿtūh）と同様に、禁治産者（maḥjūr ʿalayhi, muwallā ʿalayhi）として財産行為上の保護や制限を受けるのである。孤児の場合、遺言指定管財人が熟慮の有無を試し、成年時点で熟慮が備わっていれば、財産が引渡される［Saḥnūn, *al-Mudawwanah*, 5: 2285, 2287, 6: 2703］。また、父のいる女児の場合、婚姻し婚家入り後、熟慮の有無を試し、これが認められれば財産が引渡されるとされる［同前 5: 2544-2545］。

イスラーム法においては、未成年者であっても、財産を有する個人として明確に規定されている。[19] そのうえで財産の処分については、成年の条件となる身体的成熟とあわせて財産管理能力が判断され、しかるべき手続きによってその行為能力が認定されるのである。ただし、学派によっては未成年者にも商業許可という形で限定的な許可が与えられる場合もある。また、熟慮の認定についても、学派によってその意義が異なると考えられる。この問題については、本書の第二章において、改めて詳しく論じることにしよう。

(5) 未成年者への刑罰

刑法関連の規定については、未成年者は成年者に比べて、その制裁などが軽く設定されている。刑法上の責任能力が、成年に達することによってはじめて完全なものとなることについては、学派を問わず共通している。[20] イスラーム法における刑罰は、同害報復刑（qiṣāṣ）、ハッド刑（ḥadd）、タアズィール刑（taʿzīr）に大別することができる。[21] それぞれにおいて、成年者と未成年者の扱いは、以下のように異なっている。

同害報復刑とは、故意による殺人あるいは傷害について、加害者に対し被害者と同程度の報復を科す刑罰である。未成年者による傷害・殺人は、それが故意であれ過失であれ、過失と同等の扱いを受け、その制裁が軽く設定されている。また、被害者の「血の代理人」は、成年者には同害報復の請求をなしうるが、未成年者に対しては、たとえその殺害が故意であっても血の代償金（diyah）の支払いを請求するにとどまる［同前 6: 2981］。[22]

ハッド刑とは、クルアーンまたはハディースに言及されており、その量刑が固定されている身体刑である。ハッド刑の対象となるのは、姦通罪、姦通中傷罪、飲酒罪、窃盗罪、追剥罪の五つの犯罪である。ハッド刑の対象となるのが、正常な成年男女であることもまた、学派を問わず共通している。未成年者は、ハッド刑の対象とはならない［Wizārat al-awqāf, *Mawsūʿah fiqhīyah* [Ḥudūd]］。

未成年者は、ハッド刑のかわりに、タアズィール刑によって罰せられる場合がある。タアズィール刑とは、裁判官の裁量によって科される刑罰である。構成要件や刑罰の内容や上限は、学派によってそれぞれ大まかなガイドラインが示されているが、基本的には裁判官の判断に任されている［同前 [Taʿzīr]］。未成年者については、タアズィールではなく、しつけ（taʾdīb）と表現されることもあり、この場合は刑罰というよりも、教育と考えた方がよいのかもしれない。しつけについては、本書の第四章で改めて述べることにしたい。

刑法上の責任能力の有無については、被疑者が成年かどうかを判定することが重要となる。ではそれはどのように判断されるのだろうか。いずれの学派においても、成年が第一に身体的成熟によって定義されることは先述のとおりであるが、それは本人の申告によって認定されるという。[23] ただし、このことはすべての法学書に記載されているわけではないし、明確な規定として合意されてはいないようである。慣習にもとづいて判断されているということなのかもしれない。

すでに述べたように、身体的成熟がみられない場合に基準となる成年年齢は、シャーフィイー派とハンバル派では一五歳、ハナフィー派では男児一八歳、女児一七歳説のほか、男女とも一五歳という説もある。マーリク派では、一五歳から一八歳までの諸説がある。しかしながら前近代においては、時代や地域にもよるが、誰もが自身の年齢を意識して暮らしていたわけではないだろう。年齢による基準の根拠もそれぞれが明確ではないし、やはり地域の慣行にその判断が委ねられていたと考えてよさそうである。

マーリク派の初期の学説としては、サフヌーンが以下のような説明を行っている。「経験則上、その年齢に達して精通などが起こらないということはありえないような年齢」に達していれば——すなわち未成年者の上限年齢に達していれば——ハッド刑が科される。一方で、「同年齢の者が、精通したりまだだったりするような年齢の者」については、自身が精通したと申告するのでない限りは、ハッド刑の対象とはならないとする。つまり、ハッド刑を科すことについては極力慎重な態度が要請され、間違いなく成年者であると人々にみなされるような年齢となってはじめて成年者と認定されるということである。

ただし、「およそ男児であれば精通せずに超すことはないと人々が考えている年齢」に達した未成年男児については、もし彼が姦通(zinā)を行った場合にはハッド刑の一つである姦通罪の対象となる[Saḥnūn, *al-Mudawwanah*, 6: 2808, 2841-2842, 2881]。「人々が考えている」というのはおそらくメディナの慣習のことであるが、サフヌーンは具体的年齢を示していない。その年齢は、地域の慣行によって判断されるということなのだろう。

女性については、性交が可能だということと成年に達したということは別だと考えられている。「性交が可能な状態に達した未成年女児」という表現をサフヌーンが示すことがあるが、これは未成年者なので、ハッド刑の対象とはならない。たとえば、ある男性が「性交が可能な状態に達した未成年女児」と姦通した場合、男性には姦通罪とサダーク[24]の支払義務が科されるという。未成年者女性は、理性をもたない心神喪失者や眠っている女性と同様に、ハッド刑の対象とはならないので姦通罪は課されない[同前 6: 2830]。一方、未成年女児が性交可能な状態であって実際に違法な性交を行った場合であっても、これを告発した者にハッド刑の一つである姦通中傷罪（qadhf）が成立する［同前 6: 2841-2842］。姦通中傷罪とは、姦通が立証できない場合に告発者に対して科されるものであるが、未成年女児はそもそも姦通罪の対象とはならないから、これを立証することはあり得ない[25]。したがって、その姦通を告発することは、ただちに姦通中傷罪を成立させてしまう。つまり女児の場合は、成年に達せずとも性交が可能ではあるが、それによって自身が姦通罪を適用されることは決してないが、相手の男性は成年者であれ未成年者であれ、姦通罪の対象となり得るということになる。

(6)　未成年者は戦争に参加できるか

未成年者が戦闘（ḥarb）に参加することを許可されないことについては、学派による相違はない。ウンマのための戦闘への参加を義務づけられるのは、成年に達した自由人男性のみである［Ibn Rushd al-Ḥafīd, *Bidāyat al-mujtahid*, 347］。すでに述べたように、「私が一四歳のとき、ウフドの戦いに志願したが、預言者はこれを拒否した。一五歳のときハンダクの戦いに志願したときには、彼は許した」というイブン・ウマルの伝えるハディースが、その根拠となっている。

戦闘への参加が許可される一五歳が、成年年齢の目安になり、これを他の規定にも適用したと考える法学者もいる。たとえばシャーフィイーは、預言者はジハードを一五歳の者に義務づけたが、ムスリムたちはこれをハッド刑の基準としたとしている［Shāfiʿī, *al-Umm*, 5: 28］。このハディースを成年の定義の根拠とすることについて、マーリク派の一部において反論があることはすでに述べたとおりである。しかしいずれにせよ、未成年者が戦闘に参加できないことについて異論はない。そして法学書には、未成年者が兵士となることを禁ずると同時に、未成年者への攻撃を禁ずる規定もみられる。戦闘において、敵方の未成年者や女性を殺害してはならないことについて、法学者たちの相違はみられない［Ibn Rushd al-Ḥafīd, *Bidāyat al-mujtahid*, 350; Ibn Qudāmah, *al-Mughnī*, 5: 566］。

3　弁識能力という指標

(1)　成長段階区分と法的能力

現代のイスラーム法学者ザルカーは、法的能力の観点からみた人間の成長段階を、胎児期、乳幼児期、弁識能力期、成年期、熟慮期の五つに分けている。人間は出生とともに、胎児期から乳幼児期に移行し、成年に達するとともに、弁識能力期から成年期へ移行すると考える。イスラーム法における成長段階区分と法的能力については、一四世紀のハナフィー派の法理論学者ブハーリーによる詳細な説明［Bukhārī, *Kashf al-asrār*, 4: 393-431］が有名で、ザルカーをはじめ、現代の多くの研究者が参照している[26]。以下にその概略を示す。

イスラーム法が規定する法的能力には、義務能力（ahlīyat al-wujūb）と行為能力（ahlīyat al-adāʾ）の二種類があり、前者は、権利義務の帰属主体となることのできる能力で、出生時より備わる。他方の後者は、契約締結などの法的行為を行う能力で、成長段階に応じて変化する。人間には出生と同時にある種の法的能力は備わるが、行為能力としては、乳幼児は無能力者であり、弁識能力期に入ると一定の行為能力を有するようになる。そして身体的成熟を基準として成年期へ移行するが、これと同時に精神的成熟が認められれば熟慮期へ移行し、ここで行為能力は完全となる。つまり法的能力が完全なものとなるとされている。人間の成長時期区分を示す五つの段階のうち、未成年者は乳幼児期と弁識能力期に二分される。乳幼児期と弁識能力期の最も大きな違いは、行為能力の有無である。そして弁識能力期への移行は、弁識能力の獲得をもって判断される。

弁識能力とは、「区別すること、識別すること」を意味するタムイーズ（tamyīz）の訳語であるが、イスラーム法の用語としては、いくつかの研究書では「利益と損失の区別をする能力」あるいは「売買の意味を理解する能力」と説明されている[27]。またこれに加えて「善悪の判断ができる能力」という定義が与えられることもある[28]。いずれにせよ未成年者は、乳幼児期に属する「弁識能力を有しない者（ghayr mumayyiz）」と、弁識能力期に属する「弁識能力を有する者（mumayyiz）」との二つに区別されると考えられている[29]。法学書において通常は、ムマイイズ（mumayyiz）と男性形で記述されるが、弁識能力には男女による区別はない。

弁識能力を備える具体的年齢については、「七歳ぐらいになると備わる」とする研究[30]と、年齢についての言及がされないもの[31]、「個人差があるので、年齢は特定されない」とする研究[32]などがあるが、この違いは典拠となる法学書の説明の相違にもとづくものである。弁識能力獲得の年齢が七歳であるという説は、「子が七歳になったら礼拝を命ぜよ」というハディースとともに、参照頻度が高い[33]。

法的能力は、成年に達することによってのみでなく弁識能力の獲得によっても変化するとされ、弁識能力期は、未成年者の法的能力変化を論じるにあたって重要な時期として設定されている[34]。こうした見解を示す先行研究は、主にハナフィー派の法学書を典拠としているのだが、各学派の法学書を点検してみると、弁識能力の定義およびその有無による法的能力は、学派によって異なることがわかる。では、各学派の具体的規定において、弁識能力はどのように定義され、またどのように法的能力を変化させるのだろうか。

(2)　弁識能力の有無による法的能力の変化

まず、先行研究における弁識能力の定義である「利益と損失の区別をする能力」あるいは「売買の意味を理解する能力」と直接的に関わる商業許可の問題を取り上げる。未成年者による売買契約が有効であるか否かについては、学派間の相違が大きい。ハナフィー派とマーリク派とハンバル派は商業許可を与えられた未成年者であれば、彼による取引は有効であるとし、シャーフィイー派はたとえ許可があったとしても無効であるとしている。この問題に関する各学派のイフティラーフを示した法学書をみてみよう。マーリク派のカラーフィーは、四法学派を比較してつぎのように述べている。

われわれ〔マーリク派〕において、弁識能力を有する未成年者は、その売買が有効であるが、後見人によってその履行は停止されうる。シャーフィイーは、〔弁識能力を有する未成年者は〕たとえ後見人の許可があったとしても、そもそも契約ができないとする。アブー・ハニーファは、後見人の許可があればそれは有効であるが、後見人の許可なしに契約をした場合は、取り消すことができるとする。イブン・ハンバルは、許可のもとに契約したのであればそれは有効であるとし、許可がなければ有効ではないとした。［Qarāfī, *al-Furūq*, 3: 227］

カラーフィーは、各学派の学説を、それぞれの学派の名祖の見解として紹介している。では各学派の法学書では、どのような説明がなされているだろうか。

ハナフィー派は、未成年者への商業許可を完全に認めている。そして許可されていない未成年者による契約も、後見人による取り消しが可能であって損失から保護されてはいるものの、無効ではない。ハナフィー派の法学者サラフスィーは、売買について理解している（理性を有している）未成年者に商業許可を与えることができると述べ、理性を有する者すなわち弁識能力者には、財産処分の能力が備わっていると説明している［Sarakhsī, *Kitāb al-mabsūṭ*, 25: 20-22］。サラフスィーは、弁識能力について他の法学書に比して詳細な説明を加えているのであるが、未成年者が禁治産の対象となることについては、「乳幼児期においては理性の欠如が、弁識能力者となった後には理性の不足がその理由となる」とする。また、禁治産が確実に解除される二五歳という年齢については、「成年を定義する一八歳に、弁識能力期の始まりである七歳を足したものである」と述べている［同前 24: 162][35]。

これに対してシャーフィイー派では、未成年者は、売買の意味を理解しているか否かにかかわらず、成年に達するまでは売買契約が有効とされない。したがって、未成年者に対する商業許可も有効とされない［Shāfiʿī, *al-Umm*, 3: 269］。シャーフィイー派では、未成年であるうちは、たとえ弁識能力を備えていたとしても、売買契約は無効となる。

ハンバル派の法学者イブン・クダーマは、クルアーンの言葉を引用してつぎのような説明をしている。

「婚期に達するまでは、孤児を試しなさい。もし、立派な分別（rushd）があると認められたならば、その財産を彼らに渡しなさい」。（クルアーン第四章第六節）

その意味するところは、未成年者に熟慮があるのかを知るために、彼らを試せということである、彼らが損をしないかどうかを知るために売買による財産処分を委託することで試験を行うのである、彼らは禁治産下にあるが、理性ある弁識能力者である。奴隷と同様に、後見人の許可のもとでなら取引は有効である。非弁識能力者とは違う。［Ibn Qudāmah, *al-Mughnī*, 4: 9］

イブン・クダーマは、アブー・ハニーファとシャーフィイーの見解についても説明し、両学派においては初期の段階ですでにそれぞれの学説が確定していたことを示している。

このように、商業許可についての規定からは、ハナフィー派がたしかに弁識能力の有無による法的能力の変化を示していることがわかる。サラフスィーはまた、「未成年者には、理性が欠如している状態、弁識能力は備えたが理性が不足している状態の二つがある」という説明もしていて、弁識能力の有無を指標とした未成年期の区分を明確にしている［Sarakhsī, *Kitāb al-mabsūṭ*, 25: 158］。一方、ハナフィー派とは逆にシャーフィイー派では、商取引における弁識能力は、まったく考慮されていない。ただし、未成年者に商業許可が与えられないことをもって、シャーフィイー派が弁識能力の概念を軽視しているとはいえない。むしろ法学書全体を眺めてみると、シャーフィイー派が、弁識能力についての言及を、四法学派中で最も幅広く行っている。

たとえば、両親が離別した場合の子の監護（本書の第三章を参照）をめぐるシャーフィイー派の規定では、以下のように言及されている。両親が離婚した場合、子は七、八歳になると両親のどちらか（と生活を共にすること）を選択できる［Shāfiʿī, *al-Umm*, 5: 134］が、シャーフィイー派の法学者マーワルディーはその理由として、「七、八歳になれば善と悪を弁識できるようになるからである」としている［Māwardī, *al-Ḥāwī al-kabīr*, 11: 498, 501］。さらにこの規定については、やはりシャーフィイー派の法学者であるガザーリーは、「両親の選択は、七歳という年齢ではなく、弁識能力の有無を基準とする」と述べて、弁識能力の有無をより重視している［Ghazālī, *al-Wasīṭ*, 4: 22］。

また、シャーフィイー派では、遺言の規定においても、弁識能力の有無が重視されている。マーワルディーによれば、遺言者の条件は、弁識能力を備えていることと自由人であることであって、弁識能力を備えていない小児（ṭifl）による遺言は無効であるが、弁識能力を備えている成年間近の未成年者（murāhiq）による遺言については、法学者間に見解の相違があるという。これを無効であるとするのがアブー・ハニーファやムザニーの説であり、有効であるとするのがマーリクの説であるとする［Māwardī, *al-Ḥāwī al-kabīr*, 8: 189-190］。

前述のようにシャーフィイー派では、弁識能力が、商取引に関わるような行為能力には影響することはない。しかしながら、ハナフィー派とは異なる意味において弁識能力を重視していることがわかる。ここにあげたわずかな例からも、弁識能力の有無を基準とした法的能力の変化には、学派によるイフティラーフが大きいことがうかがえ、弁識能力というのは、一律の基準というよりも、個々の項目に応じた流動的な概念であるといえる。

(3) マーリク派における弁識能力者

マーリク派においては、弁識能力はどのような意義をもつのだろうか。先述のカラーフィーの言葉によれば、弁識能力を備えた者による売買は有効であるが、後見人による取り消しが可能であることにおいて、ハナフィー派やハンバル派と同じようにみえる。ところが、マーリク派における弁識能力者は、他の学派が目安とする七、八歳よりもかなり遅いことが想定されている。以下に、具体的内容とともに、その理由を検討していく。

比較的初期の法学書には、弁識能力という表現はみられない。これはマーリク派に限ったことではなく、他の法学派でも同様である。ハナフィー派の法学書において弁識能力という表現は、シャイバーニーや、クドゥーリー、タハーウィーなどの初期の著作にはみられないが、一一世紀中央アジアの法学者サラフスィーの『マブスート』では明確に定義され、使用されるようになっていったとする研究がある[36]。そこで他の学派も調べてみると、シャーフィイー派においては、学祖シャーフィイー（九世紀）の著作にはみられないが、一一世紀の法学者マーワルディーの法学書にはしばしば現れるようになる。では、それ以前の法学書において、未成年者の法的能力変化は、どのように規定されていたのだろうか。少し長くなるが、マーリク派の法学書を詳しくみておこう。

初期の法学書では、弁識能力ではなく、「理性」の有無という表現で、同様の規定が説明されている。「理性を備えた未成年者（ṣabī yaʿqilu）」という表現が、様々な項目にみられ、その法的能力の変化が記述されている。では、「弁識能力を備えた未成年者」と「理性を備えた未成年者」は、同じものを指すのだろうか。

サフヌーンの『ムダウワナ』においては、「未成年者」と「心神喪失者」が、理性の欠如という点で共通するものとして、しばしば列挙されている。たとえば、扶養についての箇所では、「未成年者は、理性や労働能力において弱いので、父に彼を扶養する義務がある。心神喪失者はより弱いのだから、成年に達した後であっても父のもとにいるのであれば、父に扶養義務がある」とされている［Saḥnūn, *al-Mudawwanah*, 3: 1057］。離婚についての箇所では、「未成年者による離婚宣言は有効ではない。一時的心神喪失者（majnūn）による一方的離婚宣言は、彼が心神喪失状態にあれば無効、そうでなければ有効である。また心神喪失者（maʿtūh）による離婚宣言は無効である。なぜならば完全な心神喪失者は理性がなくなっているからである」とされている［同前 2: 883］[37]。奴隷解放についての箇所では、「心神喪失者による奴隷解放は、彼が理性を備えていない完全心神喪失者（maʿtūh muṭbiq lā yaʿqilu）であれば有効ではない。一方、未成年者については、彼による解放は有効ではない」と述べられている［同前 3: 1205］。

また『ムダウワナ』で、未成年者に yaʿqilu という表現が使用される例として、以下のような箇所がある。ただしこれらの例においては、yaʿqilu... を、「…について理解している」と訳したほうが適当な場合が多い。

（a）未成年者が他の者たちと一緒に礼拝を行ったとき、もしその未成年者が礼拝について理解していれば（yaʿqilu al-ṣalāh）、そこにとどめてよい。［同前 1: 120］

（b）雨乞いの礼拝について、未成年者は礼拝について理解する（yaʿqilu al-ṣalāh）ようになるまで、（雨乞いの礼拝に）出かけることは義務ではない。［同前 1: 182］

（c）背中離婚の贖罪としての奴隷解放について、その奴隷が未成年者であっても、扶養料の不足が理由であれば有効ではあるが、できればイスラームや礼拝や斎戒について理解している者のほうが好ましい。［同前 3: 1114］

（d）父に伴われて巡礼中の未成年の子（ṣabī）がイフラームの状態にあるとき、その子が禁を破った場合の贖罪義務は父にある。もしその子が理性を備えていない（lā yaʿqilu）未成年者（ṣaghīr）であるなら、父が巡礼をさせたのだから。［同前 1: 413］

（e）キリスト教徒が所有する未成年の奴隷（キリスト教徒）がイスラームに入信した場合、その未成年の奴隷がイスラームについて理解している（yaʿqil al-Islām）のであれば、主人は彼を売却しなければならない。［同前 4: 1730］

（f）未成年の子が成年に近い（murāhiq）か、一三歳ぐらいで宗教について理解している（ʿaqala dīn）ときに、父がイスラームに入信し、その子が入信を表明しなかった場合、その子は自分で入信しないかぎりは、成年に達したときに自分の奉じていた宗教が彼の宗教である。［同前 2: 1008］

（g）隣人を保護することはムスリムにとっての義務であるから、未成年者であっても安全保障とは何かを理解している（yaʿqilu al-amān）のであれば、その安全保障は有効である。［同前 1: 477］

（h）未成年者が、たとえ商業について理解していた（yaʿqilu al-tijārah）としても、父や遺言指定管財人は彼に商業許可を与えるのは有効ではない。［同前 5: 2287］

これらを総合すると、たしかに理性が確実に備わっていると判断されるのは成年に達したときであるが、「…を理解する（ʿaqala）」の語が使用されている例には、未成年時のものも多いことがわかる。『ムダウワナ』の記述からは、「理性」の獲得時期は、その内容によって異なり、多くの場合、理性は成年間近の未成年者に獲得されるものと想定されていることが明らかである。

おおむね一〇世紀以降のマーリク派法学書においては、初期の法学書が「理性を備えた（ないしは…を理解した）未成年者」と表記していた箇所に、「弁識能力を備えた未成年者（ṣabī mumayyiz）」という表現が使用されるようになる。さらには、初期の法学書では能力の違いに言及されることのなかった箇所にも、弁識能力の有無が考慮される例が出てくるようになる。このことは何を意味するのであろうか。マーリク派においても、弁識能力の獲得というある時点をもって、乳幼児期と弁識能力期を分ける発想が採用されるようになったのだろうか。

以下においては、初期の法学書で「理性を備えた未成年者」と表現されている箇所と、後世の法学書で「弁識能力を備えた未成年者」と表現されている箇所の関係を検証していきたい。なお、各法学書の記述については、煩雑さを避けるため、用語はなるべく原文に忠実な形を残し、内容は要約を提示したうえで比較を試みる。

まず未成年者によるイスラームへの入信に関する規定を取り上げたい。初期と後世の法学書ではつぎのような記述の変化がみられる。

『ムダウワナ』（九世紀）

一三歳に達した子が、成年に近い状態（murāhiq）か、自分の宗教について理解している場合、その父がイスラームに入信し、その子自身は入信しなかったとき、成年時には元々奉じていた宗教が彼の宗教である。もしその子が宗教について理性を備えていない五歳ぐらいだった場合には、父に準じてムスリムとなる。［同前 2: 1008-1009］

『ジャーミウ』（一三世紀）

（未成年の）弁識能力者の入信は有効である。非弁識能力者の場合は〔その宗教は〕父に準じる。母に準じるという説もある。弁識能力者が一二歳ぐらいの成年間近であったらそのままにしておかれる〔仮に父が入信してもそれに準じて入信したとはみなされない〕。［Ibn al-Ḥājib, *Jāmiʿ al-ummahāt*, 514］

ここでは、「自分の宗教について理解している」未成年者は、「弁識能力者」に置き換えられていることがわかる。そして、五歳ぐらいの子どもは、非弁識能力者とされている。

つぎは、未成年者による遺言が有効であるか否かについての規定である。

『ムダウワナ』（九世紀）

マーリクは、一〇歳か一一歳か一二歳の未成年者による遺言は有効であると言った。イブン・アル＝カースィムは一〇歳以下について問われて、一〇歳より少し下でも可であると答えた。またそれはその遺言に混乱がなければであると付け加えた。伝承によると、八歳か九歳の娘の遺言が議論の末、有効とされた。また別の伝承では一三歳の未成年者の遺言が有効とされた。[Saḥnūn, *al-Mudawwanah*, 6: 2632]

『ナワーディル』（一〇世紀）

『イブン・アル＝マウワーズの書』に引用されたマーリクの別説によれば、遺言の内容を理解することのできる未成年者とは、おおよそ九歳を超えた者である、イブン・シハーブ（ズフリー、七四一年没、メディナの法学者）によれば、礼拝について理解しているのであれば、〔その遺言は〕有効である、アスバグ（八四〇年没）によれば、その行為について理解しているのであれば、〔その遺言は〕有効である、『マジュムーア』で引用されたマーリクの説によれば、近く成年に達する者であれば有効である、九歳か一〇歳であれば有効である、などである。[Ibn Abī Zayd, *al-Nawādir*, 11: 261]

『ジャーミウ』（一三世紀）

弁識能力を有する未成年者〔による遺言〕は、敬虔行為についての理解があり（ʿaqala al-qurba）、〔その遺言に〕混乱がなければ〔その遺言は有効である〕[38]。[Ibn al-Ḥājib, *Jāmiʿ al-ummahāt*, 541]

ほぼ同様の記述は、イブン・ジュザイイ（一四世紀）、ハリール（一四世紀）などの著作にもみられる［Ibn Juzayy, *al-Qawānīn*, 299; Khalīl, *Mukhtaṣar*, 277］。初期の法学書では、「遺言について理解している」と表現されていた箇所が、後世の法学書では「弁識能力を有する」という表現に置き換えられているのである。さらにイブン・アースィム（一五世紀）以降は、同様の記述に加えて、弁識能力を有する未成年者を、およそ一〇歳以上と限定するようになり、マイヤーラ（一七世紀）、フラシー（一七世紀）、ナフラーウィー（一七世紀）などによる著作はほぼ同様に、「弁識能力を有する未成年者による遺言は有効である」としたうえで、『ムダウワナ』に示されている「およそ一〇歳以上」「その遺言に混乱がないこと」の条件を加え、さらに「遺言に混乱がないこと」の解釈として「神への慈善について理解していること」という説明を行っている［Mayyārah, *Sharḥ Mayyārah*, 8: 168; Nafrāwī, *al-Fawākih al-dawānī*, 2: 217-218］。このようにいくつかの規定においては、初期の法学書の「理性を備えた未成年者」と、後世の法学書の「弁識能力を備えた未成年者」がほぼ一致する。つまり用語が置き換えられただけにすぎないようにもみえる。

ところが、「弁識能力を備えた未成年者」が、「理性を備えた未成年者」を単純に置き換えたものではない例もある。たとえばつぎのような、未成年者による巡礼についての規定である。

『ムダウワナ』（九世紀）

私（サフヌーン）は言った。「まだ発話しない（lā yatakallamu）未成年者を、父親が巡礼に伴った場合、イフラームの最初に父親がその子の代わりにタルビヤを唱えてやるべきであるとマーリクは言ったか」。イブン・アル＝カースィムは言った。「タルビヤを代わりに唱えることはしないが、縫い目のある服を脱がせてやる」。マーリクはつぎのように言っていた。「未成年者の中にはすでに成年に近い大きい者（kabīr）と、七、八歳で〔巡礼の手順として〕命ぜられたことを行わなかったからといって義務を怠ったことにはならない小さい者（ṣaghīr）があり、小さい者は聖域に近づいてからイフラームに入ればよく、成年に近い者は起点（mīqāt）から〔イフラームに入らなければならない〕。というのは〔巡礼の手順として〕命ぜられたことを怠った場合には、義務を放擲したことになるからである」。マーリクは言った。「まだ発話しない未成年者について、父親がイフラームを望んで縫い目のある服を脱がせたのであれば、その子どもはムフリムであり、父親がその子に避けるべきことを避けさせてやらなければならない」。［Saḥnūn, *al-Mudawwanah*, 1: 337］

『フラシー』（一七世紀）
弁識能力を有する未成年者とは、発話を理解し、しかるべき返答ができる者である。理解力は人それぞれ異なるため年齢は特定されない。〔中略〕弁識能力を有する未成年者は、後見人の許可のもとに、起点から自分自身でムフリムになる。［Khurashī, *al-Khurashī*, 2: 282］

つまり、フラシーの言う「弁識能力者」とは、『ムダウワナ』で、自分自身で起点からムフリムになるべきとされている者、つまりマーリクの言葉の「未成年者の中でも成年に近い大きい者」と同じである。また『ムダウワナ』の規定からは、もともとマーリクの時点ですでに、「発話しない未成年者」は意思を示す能力のない者、すなわち後世でいう非弁識能力者として意識されていたのではないか、とも考えられる。

ただしここでの「発話しない未成年者」は、タルビヤを代わりに唱えてやるべきか否かというサフヌーンの質問から考えれば、単純に「まだ話すことができない乳児」の意味にとることも可能である。たとえば一六世紀の法学者ハッターブによる『マワーヒブ』では、実際にそのような解釈をもって、未成年者を「まだ話せない乳幼児」、「話せるが表意能力を有さない者（＝弁識能力を有さない者）」それに「表意を有する未成年者（＝弁識能力を有する未成年者）」の三段階に分ける説が唱えられている［Ḥaṭṭāb, *Kitāb mawāhib al-jalīl*, 3: 427］。

一方、マーリクの時代の用法を考えれば、「発話しない未成年者」とは、表意能力（後世でいう弁識能力）を有しない未成年者を指しているとも考えられる。ハナフィー派始祖の一人とされるようになったシャイバーニーは、一時マーリクのもとで学んでいたことがあるが、シャイバーニーの著作では、「まだ発話しない小さい未成年者」と「大きくなり交接年齢に達しているような未成年者」が対比されていて、ここでの「発話しない未成年者」は乳児ではなく「表意能力のない未成年者」の意味ととって間違いない［Shaybānī, *Kitāb al-aṣl*, 1: 392］。後世のマーリク派法学者たちの中にも、三段階説ではなく、「発話しない者＝表意能力のない者（＝弁識能力を有さない者）」と「表意能力者（＝弁識能力を有する未成年者）」の二段階に分ける説を唱える者もいる［Ḥaṭṭāb, *Kitāb mawāhib al-jalīl*, 3: 428］。

ところで、サフヌーンは、成年に近い大きい未成年者のことを、七、八歳よりは大きいとしているのに対し、フラシーは「年齢は特定されない」としている。『マワーヒブ』（一六世紀）によれば、この説明はシャーフィイー派の法学者イブン・ジャマーア（一三三三年没）からの引用であり、弁識能力の定義についてはシャーフィイー派の影響がみられることがわかる。[39] このことは、弁識能力というマーリク派にとって外来の概念を定義づけるにあたっては、シャーフィイー派の影響があったことを示唆している。

これらの諸規定からは、後世のマーリク派法学者たちが、『ムダウワナ』の学説をなるべく変更することなく、弁識能力の概念を導入しようとした痕跡がみてとれるが、一方で時代が下ると、他の学派の影響も受けつつ、法学書の記述が錯綜してくる様子もみられることがわかる。

つぎに、規範学説においては未成年者が一括されて区別のなかった規定に、後世になって弁識能力獲得という要件が加わった例として、未成年者による証言についての規定を取り上げたい。未成年者は原則として証言能力を認められていない［Saḥnūn, *al-Mudawwanah*, 5: 2232-2233］。しかし未成年者同士の傷害・殺人にのみ例外が設けられている。まず、サフヌーンによる言及をみてみたい。

『ムダウワナ』〔九世紀〕

私〔サフヌーン〕は言った。「未成年者同士による傷害・殺人についての証言は、マーリクによれば有効であるとあなたは考えるか」。彼〔イブン・アル＝カースィム〕は言った。「そうである。それが彼ら同士の間のことであり、すべての当事者が現場にいる場合は有効であるが、成年者に対しては有効でない」。私〔サフヌーン〕は言った。「もし三人〔の未成年者〕がいて、そのうちの一人が、やはりそのうちのもう一人を傷つけ、残りの一人がそれについて証言した場合、すべての当事者がその場を立ち去る前であれば、彼の証言は受け入れられるか」。彼〔イブン・アル＝カースィム〕は言った。「それについて私はマーリクの説を記憶していない。私の考えでは、未成年者一人の証言は受け入れられない」。私〔サフヌーン〕は言った。「未成年者の集団に一人の成年男性がいて、彼らのうちの未成年者一人がその成年男性を殺害したとき、残りの未成年者たちがその未成年者について証言した場合、すべての当事者が現場を離れる前であれば、彼らの証言は受け入れられるか否か、マーリクの説はどう言っているのか」。彼〔イブン・アル＝カースィム〕は言った。「マーリクは言った。「彼らの証言は有効ではない」」。彼〔イブン・アル＝カースィム〕は言った。「未成年者たち〔の証言〕においては、それが彼ら〔未成年者たち〕同士の間の場合にのみ、マーリクは有効としたのである」。〔同前 6: 3011-3012〕

これらの諸条件については異説もあるが、後世のマーリク派法学書は、おおむねこの『ムダウワナ』に収録された説を規範学説として採用している［Ibn Abī Zayd, *al-Nawādir*, 8: 426-433; Qarāfī, *al-Dhakhīrah*, 10: 209-211; Ibn Juzayy, *al-Qawānīn*, 229］。このように『ムダウワナ』など初期の法学書では、マーリクの付した条件には、遺言の場合のような年齢の制限もなければ、証言に関する能力の有無などの注記もない。ただそれが複数の未成年者による証言であって、そこに成年者を含まず、現場を離れる前であることのみが条件となっているのである。ところが後世になると、未成年者による証言については、上記の諸条件に加え、弁識能力者であることを条件とするのが主流になってくる。たとえば一三世紀エジプトのイブン・アル＝ハージブは、以下のように述べている。

『ジャーミウ』（一三世紀）

> 互いに弁識能力者である未成年者同士による証言は、傷害・殺人においてのみ、受け入れられる。これについてはメディナの人々のイジュマーが成立している。[40] ［Ibn al-Ḥājib, *Jāmiʿ al-ummahāt*, 469］

では後世のマーリク派法学者たちは、何を根拠としてここに弁識能力の概念を導入したのだろうか。一一世紀イラクのマーリク派法学者カーディー・アブドルワッハーブは、傷害・殺人における未成年者同士の証言について九つの条件をあげ、その第一に「証言について理解していること」としている［ʿAbd al-Wahhāb, *al-Talqīn*, 214］。この説明は、やはり一三世紀エジプトの法学者であるカラーフィーが引用している［Qarāfī, *al-Dhakhīrah*, 11: 211］。イブン・アル＝ハージブが何を典拠としたのかについては確認がとれなかったが、いずれにせよ『ジャーミウ』に記された「弁識能力者であること」という条件は、「証言について理解していること」とほぼ同義であろう。

この弁識能力者であることを条件とする説は、ハリールの『ムフタサル』（一四世紀）が継承し、ハリールの注釈者たちは、さらに「弁識能力者とは、遺言が有効とされる一〇歳以上の者を示す」ことを付け加えた。たとえばマウワーク（一四九一年没）は以下のように記述している。「イブン・アラファによれば、複数の未成年者男子による傷害についての証言は、学派の通説はこれを有効としている。カーディー〔おそらくアブドルワッハーブ〕は、彼らが証言について理解していることを条件とした」［Mawwāq, *al-Tāj wa-al-iklīl*, 8: 203］。またフラシーはそこに弁識能力者の定義を明記した。「条件のうちの一つは弁識能力者であること、それは一〇歳かその近くに達している者である。なぜなら弁識能力者でない者は、発言を明確に限定したりその行為を確定したりできないため、その条件〔一〇歳以上であること〕が満たされたか否かは本人自身の言葉からはわからないからである」［Khurashī, *al-Khurashī*, 7: 197］。

このように、未成年者による証言に関する規定には、後世になって規範学説にはなかった条件が付加され、さらにそれは「弁識能力」の定義を導くことになった。後世の法学書の中には、他の項目では弁識能力者の語を使用していても、証言については弁識能力を条件に加えていないものもあるし［Nafrāwī, *al-Fawāqih al-dawānī*, 2: 371］、弁識能力者の語は使用しているが、一〇歳以上という条件の付加は行っていない法学書もある［Mayyārah, *Sharḥ Mayyārah*, 2: 115］。そうした状況は、マーリク派における弁識能力の概念の浸透を示すと同時に、規範学説の変更を嫌う法学者の心性をよく表しているといえよう。

マーリク派においては、未成年期において法的能力が変化する時期（ないしは年齢）が他の学派に比して遅いものが多い。言い換えれば、弁識能力期なるものが設定されてはいるものの、その期間はごく短いものと考えられる。ハナフィー派やシャーフィイー派などのように、未成年期がはっきりと二分されることはなく、成年に達するまでの間に徐々に能力が発展していくイメージとして捉えることができる。他の学派に比して、未成年者が保護の対象となる時期が相対的に長いと考えることもできる。

しかし一方で、弁識能力の概念は、後世のマーリク派に、未成年期を二段階に分ける視点を導入することとなったとみることも可能である。たしかに法規定の内容をみる限りにおいては、初期の学説が後世に大きく修正されたものはあまりない。後世において発展がみられた規定についても、規範学説からの大きな逸脱はみられず、むしろ初期の学説を極力保持することが目指されているという印象を受ける。それでも、「弁識能力者」あるいは「非弁識能力者」という用語が定着していくにつれて、未成年期の間のある一定の期間を、「弁識能力期」と捉えるような記述が増えている。このことは、より広い観点からマーリク派の子ども観を分析する際には、見逃してはならないだろう。

4 未成年者としての「子ども」と法的能力

本章では、人間の成長段階による法的能力の変化という観点からイスラーム法規定をみてきた。「子ども」を示すアラビア語はイスラーム法学書に複数あるが、多くの法規定において、大人（kabīr 大きい者）と小人（ṣaghīr 小さい者）が対比されている。二つを区切るのは、法的能力が大きく変化する成年に達したとき（bulūgh）であり、それ以前の未成年者を「子ども」と捉えることができる。成年者であることの原則的な基準は、身体的に成熟し生殖能力を備えること、つまり自身の子をもつ能力を備えることである。イスラーム法の規範は、男女の関係を詳細に規定し、子どもをもつことへの責任を明確にして、家族の形成へと影響を及ぼしている。

未成年期の間は、イスラーム法を遵守する義務をまだ負わない。成年に達してはじめて、来世での報酬と懲罰の対象となり、イスラーム法に照らしてその判断がなされるのである。とはいえ、現世においても、人間同士の間の関係における様々なルールをイスラーム法は定めている。未成年期において、子どもは成長に応じて段階的に法的能力を獲得していく。次章で検討するように、子どもは出生と同時に相続権を有するし、その財産は成年に達するまでは財産後見人の管理下にあるものの、子ども自身のものである。やがて、善悪の判断ができるなどの能力が身につく年頃になると、限定的ではあるけれど、法的行為を行うことができるようになるのである。

一一世期頃を境に、いずれの学派においても、弁識能力者（mumayyiz）という表現を用いた説明を行う法学書が多くなる点が注目される。ハナフィー派においては、弁識能力者に商売を行う能力が認められれば、商業許可を与えることが許されてもいる。また、シャーフィイー派では、弁識能力を有する子どもには、両親の離婚後の監護者を誰にするのかを選択する権利がある。

マーリク派においては、弁識能力を備えた未成年者による取引は有効であるが、後見人による取り消しが可能であるとしている。この点においては、ハナフィー派やハンバル派と同様である。しかし、そうした弁識能力者である期間は非常に短く、まもなく成年に達する者が想定されているのである。したがって、マーリク派においては、弁識能力者による売買の実質的な意義は少ないということになる。しかしながら、弁識能力者という表現が登場することによって、マーリク派においても、弁識能力を備えた未成年者が売買行為などを行いうることが示唆される。実質的な法規定に変更を加えることはせずに、マーリク派法学者の意識の中に、未成年期を二分する概念がしだいに導入されていった様子をそこにみることができるのである。

では、マーリク派はいかなる経緯によって「弁識能力」の概念を導入したのだろうか。その要因については、学派間の交流による影響、実務上の必要性、思想上の変化という三つの可能性を考えることができる。

まず、学派間の交流による影響という側面であるが、マーリク派の法学書に本格的に「弁識能力」の概念を導入し始めた法学者であるイブン・アル＝ハージブおよびイブン・シャース（一二一九年没）は、シャーフィイー派の法学者ガザーリーの影響を強く受けていると言われる。[41] イブン・アル＝ハージブやイブン・シャースが活動していた時代のエジプトでは、シャーフィイー派が圧倒的優位を誇っていた。マムルーク朝の司法制度改革によって一二五六年にスンナ派四法学派が公認されたのは、その少し後のことである。[42]

チュニジアの法学者イブン・アラファ（一四〇一年没）は、しばしば「イブン・アル＝ハージブとイブン・シャースはガザーリーに依拠し、〔マーリク派の〕伝統的学説にないものをもち込んだ」と批判的な記述をしている[Raṣṣāʿ, *Sharḥ Ḥudūd*, 1: 39]。後述のように、シャーフィイー派の法学者であるガザーリーは、標準的な法学書だけでなく、他の著作においても「弁識能力」を人間の成長の一つの段階として重視した論考を行っている。「弁識能力」の概念の導入がガザーリーの影響である可能性は十分に考えられる。

また一方で、売買契約の要件にみられるように、規定の発展の上では、ハナフィー派の影響も考えられる。マーリク派では「未成年者」による売買契約は、後見人の追認があれば成立しうるものの、規範学説においては、そこに弁識能力者であるという条件は明示的には付されていなかった。ハナフィー派の規範学説には、未成年者について、商業を理解している者としていない者を区別した規定があった。弁識能力者の定義はこれに対応している。マーリク派の法学者たちが、ハナフィー派の影響を受けていたと推察できる証拠はいまのところ見当たらない。しかし少なくとも、規定の類似がみられるということは指摘しておきたい。

「弁識能力」の概念が定着していった理由として、実務上の必要性が増し、より客観的で合理的な判断基準となる概念が好まれたのではないかという見方も可能かもしれない。たとえば、一四世紀に出されたあるファトワーには、ある未成年者が弁識能力を備えていることを示す証書に、複数の証人が証言した旨の記載がある［Wansharīshī, *al-Mi'yār*, 9: 247］。近親者以外の者による客観的判断が求められたということは、その未成年者が個別の内容について理解しているか否かという判断よりも、日常的な世間の評判において、弁識能力者とみなされているか否かという判断のほうが重要だったということであろう。

あるいは、未成年者による法的行為そのものが増した結果、ある未成年者が弁識能力者であるか否かが日頃から意識されるようになっていたということも考えられる。シャーフィイー派の法学者ジュワイニー（一〇八五年没）は、シャーフィイー派では無効とされる未成年者による売買契約について、時代の要請によりこれを有効とすべきであるという見解を述べていたと言われる。[43] シャーフィイー派の影響を強く受けていた一三世紀頃のエジプトのマーリク派法学者たちが、同じような意識をもっていたと推察することもできるのである。

さらに「弁識能力」の概念の定着の意義として、もう一つ別の可能性を提示してみたい。思想的な変化という側面である。すでに述べたように、ガザーリーは、「弁識能力」の概念を、法学とは別の観点から重視し、人間の成長と教育の問題を論じる際に「弁識能力」の概念を用いている。[44] たとえば、最晩年の著作である『誤りから救うもの』では、人間にはまず感覚が備わり、七歳ぐらいになると識別力（tamyīz）が備わり、最後に理性が備わる、と記述している［Ghazālī, *al-Munqidh*, 145］。また『宗教諸学の再興』では、人間は出生後、まず感覚（触覚、視覚、聴覚、味覚など）を得て、つぎに弁識能力（tamyīz）、そして理性（ʿaql）を順に獲得していく。したがってそれぞれの段階に必要なしつけや教育をすべきである、と述べている［Ghazālī, *Iḥyāʾ ʿulūm al-dīn*, 3: 62-64］。同書のこの箇所は、倫理学者ミスカワイヒ（一〇三〇年没）の影響を受けているとされ、その著作にも同様の記述がみられる。[45] さらに同箇所については、ミスカワイヒが、ギリシア思想の影響を受けて論述を行ったと指摘されている。[46]

ミスカワイヒは、一〇世紀末から一一世紀初頭にかけてバグダードで活動した思想家である。この時代にはすでに、大量のギリシア思想の著作がアラビア語に翻訳され、利用されていた。[47] また、先に述べたように、ハナフィー派やシャーフィイー派で最も早い段階に「弁識能力」の概念を法学書に導入したジャッサースやマーワルディーも、ほぼ同時代に、バグダードで活動した経歴をもつ。「弁識能力」の概念が、ギリシア思想の影響から導入され、イスラーム法学の概念として発展していった可能性は考えられる。そしてもしもマーリク派への導入が、ガザーリーの著作からの影響下に行われたとすれば、法学上の問題だけではなく、こうした思想上の問題としても、考察するに値するのではないだろうか。つまり、未成年期をいくつかの段階に区分するという、近代的「子ども観」にも通じるような思想的な変化の可能性が考えられるのである。

第二章　父の権限と子への義務

アラブ的家族においては、家長たる父親の権力は絶対であるといわれている。そして、それがしばしばイスラームの伝統と関連づけられる。その伝統がイスラーム法に由来するとみなされるとき、女性に対する男性の優位を示す規定が参照されることが多い[1]。では、子に対する父親の権限は、どのように規定されているだろうか。現代のイスラーム法研究者ルイ・ミリオは、イスラーム以前には、父親はいわば支配者であり生殺与奪の権利さえ認められていたが、イスラームはこれを制限し、子にとって父親は、その身分と財産の監督責任を有する保護者としての権限をもつ者として規定されるようになったと評価し、古典イスラーム法学書における諸規定を概説している[2]。また、柳橋は、すでに日本語でイスラーム家族法の父子関係について詳細な解説を試みている［柳橋『イスラーム家族法』2001, 467-558, 592-677］。本章では、これらの先行研究を踏まえつつ、ジェンダーの視点から、イスラーム法学書に示された家族像を探ってみたい。

1　実子の確定

家系あるいは血縁を示すナサブ（nasab）の語は、法学書では父子関係を指すのが普通である。このことは、父子関係の確立が、後述のように、扶養、相続、後見などに関わる重要事項であるため、子にとって大きな意味をもつことと関係している。また孤児を示すヤティーム（yatīm）の語が、母親の有無にかかわらず父親を亡くした子のことを指すことからも、子にとっての父親の意義は重大であることがわかる。父子関係の認定の方法や条件などは、法学書において詳細に論じられている。以下、父子関係の認定とそれに関連する諸規定を概観し、父子関係が具体的にどのように確立されるのかを確認していきたい。

(1)　養子の禁止について

イスラームが養子を認めていないことは、クルアーンの明文によるものとされる。

また彼はあなたがたの養子を、あなたがたの実子（adʿiyāʾ）ともされなかった。（第三三章第四節）

しかし法学書には、直接的に養子を禁止する文言が書かれることはあまりない。クルアーンの明文があるため、法学者たちはあえて養子について議論する必要がなかったとも考えられる。

これに比して、子を実子として確定する方法は、非常に複雑多岐にわたっている。養子が容認されないのであれば、男性が子をもつためには実子を作らなくてはならない。生まれた子が特定の男性の子であることを明確にするためには、性交渉の機会に何らかの規制が必要である。そこでイスラーム法は、婚姻制度を詳細に整備した[3]。ところが性交渉時すなわち妊娠時と出産の間にはかなりの時間差があり、男性が自身の子を確定するのはそれほど単純なことではない。離婚や復縁の頻繁な社会においてはなおさらであろう。さらに、子にとっての利益という側面からは、父のない子をなるべく作らないような配慮がなされていたとも言われている。以下でみていくように、父子関係の認定については、厳密な法規定が定められつつも、生物学的な意味ではありえないような規定も作られたのである。

(2)　婚姻制度の整備

かつてのアラビア半島では、男女の関わりはかなり多様だったようである。預言者ムハンマドの妻アーイシャ（六一四頃―六七八年）による伝承は、ジャーヒリーヤ時代（イスラーム以前の時代）の四つの性交渉の形態であるニカーフ（nikāḥ）をつぎのように伝えている。

（a）男性Aの権限下にある女性〔自由人の場合と奴隷の場合がある〕を、男性Bに託して妊娠させる受託受精（istibḍā'）。このとき男性Aは彼女との性交を断って、生まれた子が男性Bの子であることを明確にしたうえで、男性Aが望めばその子を男性Aの子とする。

（b）一人の女性が複数の男性（一〇人以内）と性交渉を行い、生まれた子の父親を女性がその中から指名する。

（c）売春。娼婦が子を産んだときに、交渉をもった男たちが集まり人相見に父親を探し当ててもらうもの。

（d）女性の産んだ子が、夫（または奴隷であれば主人）の子であることが明確となるようないくつかの規則にもとづく婚姻。［Bājī, *al-Muntaqā*, 7: 333］

イスラーム法は、（d）のみを有効なニカーフすなわち婚姻とした。つまり合法な婚姻というのは、そこから生まれる子の父親が明確になるようなしくみをもっているということである。[4] 女性が性交渉を行う相手を、一人に限定するための規則と言い換えることもできる。

イスラーム法において、結婚は契約である。夫となる男性と、妻となる女性の間で、公正な成年男性の証人二人（男性一人に女性二人でもよいという説もある）の前で契約を結ぶ。女性は成年者であれ未成年者であれほとんどの場合に、男性は未成年者であれば、後見人が必要となる。後世になると、婚姻登録が必須となる地域も出てくるようになるが、イスラーム法そのものにおいては、登録の制度はない。その代わりに、複数の人たちがその婚姻契約に立ち会う。そうすることで、夫婦の関係が人々に知られることとなり、姦通の疑いがかけられることがなくなるのである。

婚姻契約は、夫による離婚宣言（talāq）または妻による身請け離婚請求（khluʿ）などによって、解消することが可能である。婚姻解消後、男性はすぐにでも、女性は一定の待婚期間（ʿiddah）を経て、再婚することもできる。待婚期間とは、まさに父性の混乱を防ぐための制度であり、後述のように、詳細な規定がある。

なお、女奴隷とその所有者との性交渉については、婚姻契約を結ぶ必要はないが、そのかわりイスティブラー（istibrāʾ）とよばれる制度によって、その女奴隷が妊娠していないことを購入前に確認し、父子関係の推定における混乱を防いでいる。[5]

(3) 姦通の子、呪詛の子

先述のように、イスラーム法は婚姻外の男女関係を姦通（zinā）と呼び、ハッド刑において厳しく戒めている。姦通は、男女ともに未婚者であれば鞭打ち刑、既婚者であれば石打ち刑というほぼ死刑に相当する重い刑罰の対象となる。[6] 姦通罪が成立するためには、公正な成人男性四人が現場を目撃したことを証言するか、本人による自白が必要であるため、その立証は非常に困難であるが、生まれた子の父親が確定できない場合、それが姦通によるものとされる場合がある。

姦通によって生まれた子は、「姦通の子（walad al-zinā）」とよばれ、扶養や後見、相続などの面において著しく不利な立場におかれることになる。[7] とくにマーリク派においては、強姦による妊娠であっても、妊娠した女性がその強制を立証できなければ、姦通罪が成立してしまう［Ibn Rushd al-Ḥafīd, *Bidāyat al-mujtahid*, 506-507］。姦通罪が確定すれば、その女性は出産あるいは一定期間の授乳後、刑罰が科されて死に至る可能性もある。生まれた子は、父親がないうえに、母親まで生後まもなく失うことになる。[8]

父子関係否認の手続きである呪詛（liʿān）によって否認された「呪詛の子（walad al-mulāʿanah）」もまた、姦通の子と同様に、不利な社会生活を送ることになる。呪詛とは、夫が妻の姦通を、立証はできないが主張するための手続きであり、妻が妊娠している場合に、生まれた子との父子関係を否認するためのものである。法学書においては、クルアーン第二四章第六―九節にもとづいて、呪詛についての複雑かつ膨大な規定が収録されているのが普通である。学派による若干のイフティラーフがあるものの、いずれの学派においても、呪詛によって男性が、妻の産んだ子との父子関係を否認できることになっている。呪詛が成立すると、婚姻は解消され、父子関係は否認される。子と父親の間には、扶養、後見、相続の権利義務は発生しないことになる。一方で妻の方は、反呪詛という手続きによって姦通罪は免れることができるが、この場合にも父子関係の否認は成立してしまう。子は、母親の子として養育されることになる。

現実の社会において、呪詛の手続きが行われることはほとんどなかったという指摘もなされているし、[9]姦通罪の立証も困難であるから、「姦通の子」や「呪詛の子」が実際に存在したかどうかはわからない。[10]しかし、このような厳しい規定があることは、生まれた子の父を特定すべきであるとの強い観念と表裏一体であろう。

(4)　父子関係の確定方法

では、父子関係は、具体的にどのように確認できるのだろうか。父子関係が成立するのは、その子が合法な婚姻によって生まれたか、あるいは女性が奴隷であれば、婚姻でなくとも合法な性交によって生まれたかのいずれかの場合である。

女奴隷の産んだ子については後述するので、ここでは自由人同士の婚姻によって生まれた子について述べる。

婚姻期間と妊娠期間は必ずしも一致するとは限らないため、婚姻期間内に生まれた子、婚姻解消後に生まれた子、待婚期間中に生まれた子に分けて説明する。

❖婚姻期間内に生まれた子（妊娠の最短期間）

婚姻期間内に生まれた子は、子が婚姻契約締結後六カ月後以降に生まれ、かつ夫が婚姻の成立時に成年者であるかそれに近い者（murāhiq）であった場合、現夫の子であるとみなされる。この原則は、学派を問わず共通である。人間の妊娠期間は、通常であれば九―一〇カ月であり、婚姻契約締結後六カ月という数字は、経験則上は短すぎる。イスラーム法学者たちもそのことは理解していたと思われる。つぎのハディースは、イスラーム初期においてすでに、それが認識されていたことを明らかにしている。

マーリクは、以下のことを聞いたと伝えている。ウスマーン・イブン・アッファーン（第三代正統カリフ）のところに、ある男性が妊娠六カ月で子を産んだ妻を連れてきたため、彼女を石打刑にする判決を下した。するとこれについてアリー・イブン・アビー・ターリブ（第四代正統カリフ）が、彼女には罪は科されないと述べた。その理由として以下の二つのクルアーンの言葉を引用した。「懐胎してから離乳させるまで三〇カ月かかる」（第四六章第一五節）、「母親は、乳児に満二年間授乳する。これは授乳を全うしようと望む者の期間である」（第二章第二三三節）。（アリーは）これらにしたがって、妊娠期間が六カ月ということはあり得るので、彼女は石打刑とはならないとした。そこでウスマーンは、それを彼女に申し送りしたが、すでに刑は執行されていた。［Bājī, *al-Muntaqā*, 9: 148］

このハディースは、クルアーンの二つの章句を根拠にして、妊娠の最短期間を六カ月とみなす規定が導き出されることを示している。ここには、クルアーンを最大限に尊重し、矛盾する章句があった場合にも、可能な限りそれらを整合的に解釈しようとする立場が表れている。しかし同時にそれは、姦通罪および姦通から生まれた子を極力避けようとする意向でもある。では、婚姻解消後に生まれた子についてはどうであろうか。

❖婚姻解消後に生まれた子（妊娠の最長期間）

ハンバル派の法学者イブン・クダーマによる『ムグニー』は、夫と離別あるいは死別した女性が、再婚しないまま四年経った後に出産した場合、その子は前夫の子とみなされるというハンバル派の規定について述べる中で、法学者間のイフティラーフを紹介している。

ハンバル派では、妊娠の最長期間は四年間である。それはシャーフィイーがマーリクから伝えられたマシュフール説である。またアフマドは二年間と伝えている。それはアーイシャの伝える伝承で、これにもとづくのはサウリーとアブー・ハニーファである。ジャミーラ・ビント・サアドがアーイシャから、妊娠の最長期間は二年であると伝えられたことに由来している。〔中略〕またライスは三年としているが、これはウマル・イブン・アブド・アッラーの奴隷が三年間妊娠したことにもとづいている。またアッバード・イブン・アッワームは五年とし、ズフリーはある女性が六―七年間妊娠したと伝えている。またアブー・ウバイドは、期間の上限はないと述べた。［Ibn Qudāmah, *al-Mughnī*, 6: 352-353］

その依拠する法学者によって年数は違うものの、およそ経験則からは考えられないほどの長期間を、各学派は設定している。マーリク自身も、母親の胎内に三年間いた後に出生したと伝えられている。妊娠の最短期間と同様に最長期間の設定においても、父子関係の成立を、必ずしも厳密に生物学的に捉えるのではなかったことがわかる。では、離婚した夫婦の間に生まれた子について、父性の混乱を防ぐために設けられたと考えられる待婚期間においてはどうなのだろうか。

❖待婚期間中に生まれた子

待婚期間中に生まれた子は、当然に、前夫の子であるとみなされる。女性の再婚を禁じる期間である待婚期間は、離別の場合と死別の場合で異なり、以下のように定められている。

離別の待婚期間は、婚姻解消の時点から三回の月経が終了するまでである。これは、クルアーンに示された「離婚された女は、そのまま三回の充血（qurū'）を待たなければならない」（第二章第二二八節）の文言を根拠としており、学派による相違はない。しかしながら月経そのものの回数を三回と数えるハナフィー派とハンバル派に対し、月経の休止期を三回と数えるマーリク派とシャーフィイー派では、実質的な期間は異なる。後者は四回目の月経が始まるまでを待婚期間とするため、前者より少し長いことになる。

月経のない閉経期の女性や未成年の女性については、婚姻解消後三カ月の待婚期間が定められている。閉経期の開始時期は、学派によって五〇歳から七〇歳までの諸説がある。

死別の待婚期間は、妊娠していない場合は、四カ月と一〇日である。クルアーンの「お前たちが後に妻を残して召された場合、彼女たちは四カ月と一〇日のあいだ待たなければならない」（第二章第二三四節）に定められているとおりである。これについては、学派による相違はなく、閉経期の女性でも未成年の女性でも同様である。

妊娠している女性の待婚期間は、離別であれ死別であれ、お腹の子を出産するまでである。これはクルアーンの「懐胎している者の期間は、お荷物を生み出すまでとする」（第六五章第四節）に拠っている。

待婚期間中の女性は一切の性交渉を禁止されるのであるから、待婚規定を順守するのであれば、この間に生まれた子は必ず前夫の子である。ところが、待婚期間の基準となる月経の始期や終了は、その女性自身にしかわからない。待婚期間が満了するためには、その女性による申告が必要であるが、虚偽の申告をしたり、申告を怠ったまま長期間が経過したりしてしまう可能性もある。あるいは、月経がなかなか訪れないとか、他の出血と区別できないこともあるだろう。つまり、三回の月経による待婚期間というのは、客観的判断が困難なのである。したがって、普通はあり得ないほどの長い妊娠期間を経て生まれる子が生ずる可能性が出てくる。それは本来であれば、姦通による子であると疑われてもおかしくない。しかしながら法学者たちは、イスラーム法の法源に反しない範囲で、父親のない子を回避するための配慮を行ったのではないだろうか。

❖曖昧性を含む性交から生まれた子

父のいない子をなるべく作らないようにするという傾向は、曖昧性の法理による無効な婚姻の回避という判断にも表れている。曖昧性の法理とは、本来であれば違法であり、その結果姦通罪が成立するはずである性交について、本人たちが合法であると誤信していた場合や、その違法性が客観的にみて曖昧であった場合には、できる限り合法とみなすという原則である。曖昧性の法理が適用されて合法とされた婚姻によって生まれた子は、父子関係を成立させることができ、扶養や相続などの利益を受けることができるのである。

❖ハディース「子はフィラーシュの主に属する」

父子関係成立の原則を根拠づけるハディースとして、「子はフィラーシュ（寝床 firāsh）の主に属する」[11]という預言者の言葉が引用されることがある。このハディースは、ある女奴隷の産んだ子について、その父親が誰であるかをめぐって争いが生じたとき、フィラーシュの主すなわち彼女と性交を行う権利を合法にもっていた者が、子の父親とみなされることを示したものである。ハディース六書のいずれにも収録されており、妻にとっての夫や、女奴隷にとっての主人が、生まれた子の父親とみなされるという基本原則については、各学派に共通している。

たとえば、父子関係の成立の原則を示すシャーフィイーの説明には、以下のように引用されている。「『子はフィラーシュの主に属する』という預言者の言葉の意味するところはつぎの二つである。一つめは、フィラーシュの主が呪詛によってその子〔が自身の子であることを〕を否認しない限りは、その子は彼に属するというもので、二つめは、もし子についてフィラーシュの主と姦通者が争った場合、その子はフィラーシュの主に属するというものである」[Shāfiʿī, *al-Umm*, 9: 623]。

(5) 奴隷の子

法学書の記述は、自由人成年男性を基準として諸規定が述べられ、それをもとに、女性の場合、未成年者の場合、あるいは奴隷の場合について相違があれば言及がなされるのが普通である。本書においても、とくに断りのないかぎり、自由人を対象とした規定を検討対象としている。奴隷については、その使役の内容や、解放の方法などの違いによっていくつもの種類が存在するため、各々の奴隷そのものを説明する独立した章が設けられている法学書も多い。では、生まれた子の身分は、どのように確定されるのだろうか。

自由人同士の婚姻によって生まれた子が自由人、奴隷同士の婚姻によって生まれた子が奴隷となることには説明を要さないだろう。また、母が自由人であれば子は必ず自由人であるという原則があり、自由人女性と男奴隷との婚姻によって生まれた子は自由人となるが、この組み合わせはあまり法学書で扱われることはない。

子の身分が問題となるのは、自由人男性と女奴隷との婚姻、自由人男性と女奴隷との婚姻外の性交、自由人女性と男奴隷との婚姻のいずれかによって生まれた子の場合である。自由人と奴隷との間の婚姻は、どちらが自由人であっても可能であるが、普通想定されているのは、自由人男性と女奴隷との婚姻である。ただし、自由人男性は、自身の所有する女奴隷と婚姻することはできない[12]。したがって、自由人男性と女奴隷が婚姻する場合、彼女は彼以外の者に所有されていることになる。なお、自由人男性は、自身の所有する女奴隷との性交は、婚姻外であっても合法である。

母親が奴隷であった場合の子の身分は、それが婚姻によるものか婚姻外によるものかによって異なってくる。女奴隷と自由人男性（主人以外）の婚姻によって生まれた子は奴隷となる。主人である自由人男性と、彼の所有する女奴隷との間の性交は必ず婚姻外であるが、それによって子が生まれた場合は、主人が自身の子であると主張すれば、父子関係が成立し、子の身分は自由人となる。ただしその女奴隷が婚姻していて、夫と子との間に父子関係が成立する場合には、主人はその子を自身の子とすることはできない。また、女奴隷が婚姻しておらず、主人も自身の子であると主張しなかった場合には、子は奴隷であり、父をもたないことになる。この場合、子も母親と同様に主人の所有物となる。[13]

子の身分を決定するこうした規定は、学派による相違はあまりみられない。シャーフィイー派の法学者マーワルディーは、両親が子を帰属させるものには二つあると述べている。一つは父子関係であり、子は父親に帰属する。もう一つは身分であり、子は母親に準じて自由人あるいは奴隷のいずれかになるという［Māwardī, *al-Ḥāwī al-kabīr*, 15: 323］。

以上が父子関係の確定に関わる法規定である。イスラーム法は、合法な婚姻の形式を詳細に規定し、女奴隷との性交についても一定の規則を設けた。その結果、合法な性交によって生まれた子にのみ、合法な父子関係が成立するという規定も確立した。一九世紀のマーリク派法学者ワッザーニーのファトワー集には、婚姻継続中にできた子は、呪詛よって否認されない限り、必ずその父子関係が確定されると記述されている。そしてさらに、「父子関係は子にとっての権利である」と述べられている［Wazzānī, *al-Nawāzil al-jadīdah*, 4: 445-446］。子は父子関係が確立されることにより、扶養、後見、相続など生活に深く関わる重要な条件を安定させることができるのである。これについては後述するが、子がそうした権利をもつためにはムスリムでなければならない。では、生まれてきた子どもは、いつどのようにしてムスリムとなるのだろうか。

2 子の宗教と新生児儀礼

(1) 子の宗教

両親がともにムスリムであれば、子はムスリムであるとみなされることについて、法学者たちは一致している。このことを示す根拠として、しばしばアブー・フライラによって伝えられる以下のハディースが引用される。

あらゆる子はフィトラ（fitrah）をもって生まれる。両親がその子をユダヤ教徒なり、キリスト教徒なり、ゾロアスター教徒なりにしてしまうのだ。[14]

フィトラとは、「人間が生まれながらにして備える本性」という意味であるとされるが、この本性がイスラーム教徒であるというのである。ただし、これには異論もある。[15]たとえばそれは、生まれてすぐに死亡してしまった子が天国に入るのか火獄に入るのかについての学説の対立として現れている。ある学者は、ムスリムを両親にもった子はムスリムであるから天国に入り、不信仰者を両親にもった子は不信仰者であるから火獄に入るとし、またある学者は、子どもはムスリムあるいは不信仰者のどちらにも生まれる可能性があるとし、またある学者は、どちらか一方にあらかじめ決められているのではないとする。このような中で、先のハディースを根拠とする学者たちは、あらゆる子どもは〔その親がどうであれ〕、フィトラをもって生まれる、すなわちムスリムとして生まれるのだから天国に入るという立場をとるのである。これらは、実社会における権利義務を論じたものではなく、亡くなった子が来世においてどのような処遇となるのかをめぐる議論である［Ibn Rushd al-Jadd, *Fatāwā*, 1: 649-665］。

現世における裁定としては、両親がそろってムスリムである場合、子は当然にムスリムとなって、相続し、相続される権利などをもつ。このことについて異論は存在しない。ただし、子がどの時点をもってムスリムとなるのかという判断については、学派による若干のイフティラーフがある。この問題は多くの法学書において、乳児が死亡した場合に葬儀の礼拝を行うか否かをめぐる問題として扱われている。葬儀の礼拝を行う対象となるのは、ムスリムのみであり［Ibn Rushd al-Ḥafīd, *Bidāyat al-mujtahid*, 223-224］、子がムスリムとして生まれたのであれば、死亡の際には洗浄されて埋葬され、礼拝が行われるとされる［Saḥnūn, *al-Mudawwanah*, 1: 193; Ibn Abī Zayd, *al-Nawādir*, 1: 596］。アブー・ハニーファは、子が母親の胎内に四カ月以上とどまって、胎児に魂が吹き込まれていれば礼拝を行うとする。つまり、死産であってもムスリムとして埋葬されるということである。一方、マーリクとシャーフィイーは、産声を上げて生きて出生すれば、（その後に死亡した際に）礼拝を行うとする。子は出生と同時に相続権をもち、後述のように、他の相続人との配分に影響を及ぼすため、相続権の要件となるムスリムとして生まれることは重要である。

子の宗教の確定において、より大きな問題が生じるのは、両親のどちらかがムスリムであった場合、子ども自身が成年に達する前に入信を表明した場合、そして両親が不明の場合である。両親のどちらかがムスリムであった場合については、一一世紀のシャーフィイー派のマーワルディーは、以下のように述べている。

両親の一方のみが入信した場合には、法学者たちの見解には三つのイフティラーフがある。第一は、アターの説の支持者で、両親がともに入信するまでは、子はムスリムとならないとする。第二は、マーリクの説の支持者で、父の入信によって彼はムスリムとなるのであり、母の入信によってはムスリムとはならないと

> する。第三は、シャーフィイーとアブー・ハニーファとその他多数の法学者たちであるが、父か母かどちらかが入信すれば、子はムスリムとなる。このことは神の言葉「彼らにしたがった子孫たち〔クルアーン第五二章第二一節〕」に示されている。子どもたちは、母の子孫であり、同様に父の子孫である。〔中略〕女性が入信すれば妊娠中の子はムスリムとなる。それと同様に出産後で成年に達する前の子であれば、母の入信によって子はムスリムとなる。[Māwardī, *al-Ḥāwī al-kabīr*, 10: 465]

マーワルディーはさらに同書の別の箇所において、マーリクがなぜ、母のみの入信によってでは子がムスリムとならないとしたのかについての説明を収録している。これによれば、子は父の血統（nasab）に結びついているがゆえに、父の入信によってのみムスリムとなるのだという[Māwardī, *al-Ḥāwī al-kabīr*, 10: 323, 15: 324]。マーリク派においては、子の宗教は、あくまでも父の宗教に準じるというのが大原則であり[Saḥnūn, *al-Mudawwanah*, 2: 1007-1008]、マーワルディーの記述からも、これが他の学派の学者にも知られていたことがわかる。ただしマーリク派においては、子の親が母しかいない場合には、子の宗教は母に準じるという学説も伝えられている[Ibn Abī Zayd, *al-Nawādir*, 1: 601]。

では、子ども自身が成年に達する前に信仰告白を行った場合、その入信は有効となり、ムスリムとみなされるのだろうか。これについては、学派によるイフティラーフが生じている。ハナフィー派とハンバル派においては、未成年者であっても弁識能力を備えた者であれば、その入信は有効であるとされ、マーリク派とシャーフィイー派においては、成年に達してはじめてその入信が有効となるとされる[Ibn Qudāmah, *al-Mughnī*, 7: 208; Saḥnūn, *al-Mudawwanah*, 2: 1007-1008]。

以上から、マーリク派が、子の宗教の決定において、父親の宗教を重視する姿勢が他の学派に比して強くみられることがわかる。マーリク派においては、子は本来的にムスリムとして生まれるというよりは、ムスリムの父親のもとに生まれたことによって、ムスリムとなると考えられているのである。このためか、冒頭に引用した「あらゆる子はフィトラをもって生まれる」というハディースは、マーリク派の法学書においては、この件に関して引用されることがない。

(2)　新生児儀礼

子が誕生すると、父親は、新生児に対するいくつかの宗教的な儀礼行為を行わなければならない。それは、ムスリムとして生まれた子に対する儀礼行為という意味をもつ。

一四世紀のハンバル派の法学者イブン・カイイム・アル＝ジャウズィーヤ（一三五〇年没）は、はじめて子をもつ父親のために一冊の書『愛する者への贈り物』を著し、父親としての心構え、新生児のための儀礼行為、成長に応じたしつけや教育などについて論じている。同書は法学書に分類されるものではないが、新生児に対する儀礼行為については、法学者間の見解の相違にも触れつつ、その典拠となるハディースを詳しく紹介している。同書で扱われている新生児儀礼は、新生児の耳に唱えるアザーンおよびイカーマ、タフニーク、アキーカ、剃髪、命名、割礼である。本節においては、これらの新生児儀礼について、各学派の法学書でどのように扱われているのかを検討していきたい。

❖アザーンとイカーマ

子にとって、ムスリムとしての最初の儀式となるのが、耳元に礼拝をよびかけるアザーン（adhān）とイカーマ（iqāmah）である。イブン・カイイムの『愛する者への贈り物』には、これに関わるつぎのハディースが紹介されている［Ibn Qayyim al-Jawzīyah, *Tuḥfat al-mawdūd*, 39］。

アブー・ラーフィウから伝えられるところによれば、神の使徒はフサイン・イブン・アリーを、〔四女の〕ファーティマが産んだとき、彼の耳にアザーンを唱えた。[16] イブン・アッバースから伝えられるところによれば、神の使徒は、フサイン・イブン・アリーが生まれたとき、右耳にアザーンを、左耳にイカーマを唱えた。[17]

現代ムスリムによる育児指南書にも、「新生児が最初に聞く言葉が礼拝への呼びかけとなるよう、アザーンとイカーマをその耳に唱えてやるべきである」と記述されている。[18] ところが、新生児へのアザーンとイカーマの儀式についての言及のある法学書はあまり多くない。シャーフィイー派とハンバル派の一部においては、これらの行為が好ましい行為であるという評価がなされているため言及がみられることもあるが［Suyūṭī, *al-Ashbāh wa-al-naẓāʾir*, 537; Ibn Qudāmah, *al-Mughnī*, 8: 32］、主要な法学書すべてに収録されてはいない。この儀式を好ましくない行為とするマーリク派においては、言及のある法学書はかなり少ないと思われる。マーリク派がこの見解を採用している理由は、「マーリクが新生児の耳にアザーンを行うことを嫌った」という伝承に拠るのであるが、マーリクがなぜこれを嫌ったのかについて言及したものは見つけることができなかった。[19]

❖タフニーク

アザーンやイカーマと同様に、いくつものハディースが残り、その儀式が現在にまで伝えられているにもかかわらず、法学書での議論がほとんどなされていないものにタフニークの儀式がある［Asrūshinī, *Jāmiʿ aḥkām al-ṣighār*, 1: 215］。タフニーク（taḥnīk）とは、噛み砕いて軟らかくしたなつめやしの実を、新生児の口に含ませてやる儀礼行為である。現代の研究者ギラディは、子どもに関連するイスラームの儀礼行為について書かれた中世の文献を幅広く収集し、タフニークについても詳しい記述を行っている。[20] タフニークは、クルアーンには言及がなく、ブハーリーおよびムスリムのハディース集に、これにまつわる伝承が収録されている。それらのうち、イブン・カイイムの『愛する者への贈り物』にも紹介され、またギラディも英訳を示している三つのハディースは以下のとおりである。

アスマー・ビント・アブー・バクルは以下のように伝えている。私がクバーでアブドゥッラー・イブン・ズバイルを産んだとき、彼を神の使徒のところへ連れて行き、その膝に置いた。すると神の使徒はなつめやしの実をもってこさせ、それを噛み砕き、子の口に唾液を入れた。こうして最初に彼のお腹に入ったのは、神の使徒の唾液となった。それから神の使徒はなつめやしの実を噛み砕いて唇に塗った。彼はイスラーム期に入って最初に生まれた子である。

アナス・イブン・マーリクは伝えている。私はアブドゥッラー・イブン・アビー・タルハ・アル＝アンサーリーが生まれたとき、彼を神の使徒のところに連れて行った。すると神の使徒は、なつめやしの実をもっているかと尋ねた。私は、もっていますと答え、ナツメヤシを手渡すと、それを口にして噛み砕き、それを子どもの口に置いた。すると子どもは舌でそれを舐め始めた。

アブー・ムーサーは伝えている。私に子が生まれ、彼を神の使徒のところに連れて行くと、彼はイブラーヒームという名をつけ、なつめやしの実でタフニークを行い、神のご加護を祈り、それから私に彼を返した。彼はアブー・ムーサーの長子であった[21]。

ギラディは、タフニークとは、神の使徒を通じて神の恩寵が子に伝えられる儀式であると説明し、さらにそれは他の儀礼行為と異なり、男児のみに行われることが示唆されていると指摘している[22]。

新生児に対するタフニークの儀式は、アザーンやイカーマの儀式と同様に、現代ムスリムの育児指南書において、神の使徒のスンナにもとづく推奨される行為であるとされている。法学文献の記述としては、一四世紀のマーリク派法学者イブン・アル＝ハーッジュ（一三三六または七年没）が、「神の使徒のハディースに記されたタフニークは神聖なスンナであり、ムスリムの共同体ではこれに従って、新生児が生まれると、神の恩寵をもった人のところへ彼を連れて行き、タフニークをしてもらう」と記したものがある。ハンバル派のイブン・クダーマによる『ムグニー』には、タフニークに関するハディースの引用箇所があるが、その是非については述べられていない［Ibn Qudāmah, *al-Mughnī*, 8: 29, 32］。クウェートで出版されている『イスラーム法百科事典』では、タフニークは推奨される行為であると記述されているのであるが、その典拠はもっぱらハディースの文言であり、法学書の出典は記されていない[23]。

❖アキーカ、剃髪、命名

新生児儀礼として法学書で最も多くの言及のなされるものが、アキーカ（ʿaqīqah）の儀式である。アキーカとは、生後七日目に新生児のために行う供犠であり、ハナフィー派を除く大部分の法学者がこれを、スンナであり好ましい行為であるとしている［Ibn Rushd al-Ḥafīd, *Bidāyat al-mujtahid*, 420］。アキーカに関しては、数多くのハディースが残されており、それらの解釈をめぐって、アキーカそのものの是非および内容の詳細に多くのイフティラーフがある。

アキーカをスンナとはみなさずに、かろうじて自発的行為とするハナフィー派においては、法学書でこの問題が議論されることはあまりない。「アキーカはジャーヒリーヤ時代およびイスラーム初期に行われていたが、われわれはそれを廃棄し、いまでは行いたい者は行い、そうでない者は行わない」と述べられる例［Kāsānī, *Badāʾiʿ*

sanāʾiʿ, 5: 69］や、呪詛による父子関係の否認の有効な期間を示す一つの説として、「アキーカが行われるまで、すなわち生後七日目まで」という記述［Sarakhsī, *Kitāb al-mabsūṭ*, 7: 52］がみられる程度である。

他の三学派はいずれも、アキーカはスンナであり好ましい行為であるとしているが、内容の詳細については、いくつかの重要な点においてイフティラーフがある。一七―一八世紀のマーリク派法学者ナフラーウィーは、マーリク派の法学書の中で最も重要な著作の一つであるイブン・アビー・ザイドの『リサーラ』の注釈書を著わし、マーリクの学説をより明確にするために、しばしば他の法学者の学説と対比させている。アキーカについては以下のように述べている。

> イブン・アビー・ザイド『リサーラ』の本文
> アキーカはスンナであり好ましい行為である。子どもの生後七日目に、一人につき一頭の羊をアキーカする。羊については、犠牲祭に関してすでに述べたものと同程度の年齢と性質のものを使う。子どもが生まれた日を数えずに七日後、昼間のうちに行うのがよい。[24]［Ibn Abī Zayd, *al-Risālah*, 187］
>
> ナフラーウィーによる注釈
> （イブン・アビー・ザイドの言葉）「アキーカは、スンナであり好ましい行為である」の意味するところは、それは弱いスンナであって強いスンナではなく、好ましい行為以上のものではないということである。〔中略〕シャーフィイーとその弟子イブン・ハンバルは、異なる見解を有している。すなわち、男児には二頭、女児には一頭のアキーカを行うとしているのである。われわれ〔マーリク派〕は、アブー・ダーウドの伝える以下のイスナードの真正な伝承に拠っている。「神の使徒は、ハサンとフサインのために一頭ずつのアキーカを行った」。〔中略〕シャーフィイーとアフマド（イブン・ハンバル）は、アーイシャにもとづく以下の伝承を根拠に

している。「神の使徒は、男児には二頭、女児には一頭のアキーカを行うことを命じた」。〔中略〕アキーカの費用負担は父親に課せられている。仮に子に財産があってもである。孤児の場合はその費用は自身の財産からの負担となり、兄や父方のおじの負担とはならない。もし父親に〔費用を負担するだけの〕財産がない場合には、借金をしてまで負担する必要はない。〔アキーカの〕供犠は強い推奨ではないからである。[Nafrāwī, *al-Fawāqib al-dawānī*, 1: 604-607]

ここからわかるのは、アキーカに供する羊について、シャーフィイー派とハンバル派においては男児二頭、女児一頭であるのに対して、マーリク派のみは男女ともに一頭ずつとしていることである。供物の数については、それぞれが依拠するハディースが異なるためにイフティラーフが生じているのであるが [Māwardī, *al-Ḥāwī al-kabīr*, 15: 127-128; Ibn Qudāmah, *al-Mughnī*, 8: 28]、マーリクが男児と女児の平等を強調していることを、マーリク派の法学者たちは伝えている [Saḥnūn, *al-Mudawwanah*, 2: 768; Bājī, *al-Muntaqā*, 4: 202; Ibn Rushd al-Ḥafīd, *Bidāyat al-mujtahid*, 421; Nafrāwī, *al-Fawāqib al-dawānī*, 1: 605]。そしてマーリク派においては、アキーカの費用負担が、父親にのみ課されたものであることにも注目したい。生まれてきた子は、兄やおじ等という表現で示されるアサバ（男性父系血族）の一員としてではなく、あくまでも父親に結びつけられるものであることを象徴しているといえよう。またマーリク派の別の法学書においては、マーリクが、「アキーカとは、新生児がイスラームの道（タリーカ ṭarīqah とシャリーア sharīʿah）に近づく入口である」と言ったことが伝えられている [Ibn Abī Zayd, *al-Nawādir*, 4: 335]。アキーカは、父親が子をイスラームの道へと導く行為であるともいえるのである。

法学書においては、新生児の剃髪の儀式について、アキーカの供犠とともに記されることが多い。もともとアキーカとは、生後七日目の新生児の剃髪によって刈り取った髪を指す言葉であって、羊を屠るときにその毛を刈り取ることからきているようだ。これが転じて、新生児のために羊を捧げることをアキーカと呼ぶようになったといわれている［Ibn Qayyim al-Jawzīyah, *Tuḥfat al-mawdūd*, 52］。マーリク派の法学書においては、マーリクが、「新生児が七日目に頭髪を剃り、その髪の重さを計って同量の寄付（ṣadaqh）を行うことは、人々の慣習であり、それにしたがうべきである」と言ったとされている［Ibn Abī Zayd, *al-Nawādir*, 4: 335; Nafrāwī, *al-Fawāqih al-dawānī*, 1: 606］。シャーフィイー派やハンバル派においても同様で、「神の使徒は〔娘の〕ファーティマに、彼女がハサンを産んだときに言った。「彼の頭髪を剃りなさい。そしてその髪の重さを計って、同量の銀を貧者に寄付しなさい」」とのハディースがその根拠とされる［Ibn Qudāmah, *al-Mughnī*, 8: 29; Māwardī, *al-Ḥāwī al-kabīr*, 15: 130］[25]。

命名に関する問題も、生後七日目の儀式として、アキーカとともに言及されることが多い。子が生まれたとき、七日目に命名を行うことが好ましい行為であるとされているのは三法学派に共通している。ただし、七日までに名付けなければならないのか、七日より前でもよいのか、後でもよいのか、あるいは七日目以前に死亡してしまった場合に命名を行うべきか否かなどについては、学派ごとあるいは法学者ごとにイフティラーフがある。また命名にあたっては、なるべく良い名前をつけることが好ましいとされ、神の使徒が数多くの子の名前を改めさせた旨を述べるハディースがその根拠とされる［Ibn Abī Zayd, *al-Nawādir*, 4: 334-335; Nafrāwī, *al-Fawāqih al-dawānī*, 1: 606-607; Ibn Qudāmah, *al-Mughnī*, 8: 30; Māwardī, *al-Ḥāwī al-kabīr*, 15: 130］。

イブン・カイイムの『愛する者への贈り物』は、命名に関してもかなり詳細な著述を行っているが、巻末には、男児と女児の名前のリストがあり、それぞれの名前の意味あるいは由来が簡単に付されている［Ibn Qayyim al-Jawzīyah, *Tuḥfat al-mawdūd*, 92-124, 279-310］[26]。イブン・カイイムは、命名について両親の意見が対立した場合、父親に決定権があると述べている［同前 115］。

❖割礼

現代ムスリムの割礼（khitān）の習慣については、人類学をはじめとする多くの研究があり、比較的よく知られている。また女児の割礼については、しばしば非難の対象ともなっている。クルアーンにおける言及はないものの、いくつかのハディースが伝わっており、それらにもとづいて、各法学派はそれぞれ少しずつ異なった見解を伝えていることも知られ、割礼が、イスラームの教義に依るものであることが認識されている。[27] ところが、イスラーム法において、割礼が義務であるか否かについては、学派によるイフティラーフがあり、シャーフィイー派においては男女ともに強い義務であり、マーリク派とハンバル派においては男児には義務的なスンナ、女児には義務ではないが推奨されるべき高貴なもの、ハナフィー派においてはスンナであるとされている［Nawawī, *al-Majmū'*, 1: 300; Ibn Qayyim al-Jawzīyah, *Tuḥfat al-mawdūd*, 135］。ここでは、割礼に関する法規定が、古典法学書においてどのような文脈で現れ、どのような意義を認められているのかという観点から検討していくことにしたい。

法学書において割礼の問題は、前述のアキーカとの関連で言及されることが多い。それは、割礼を行うべき時期について、アキーカと同じく生後七日目であるとする伝承が存在するためである。ただし、生後七日目の割礼を認める立場もあるが［Māwardī, *al-Ḥāwī al-kabīr*, 15: 130］、マーリクをはじめとする多くの法学者は生後七日目に割礼を行うことは、ユダヤ教徒の習慣であるから忌避すべきであるとしている［Ibn Abī Zayd, *al-Nawādir*, 4: 336-337; Nafrāwī, *al-Fawāqih al-dawānī*, 1: 607; Ibn Qayyim al-Jawzīyah, *Tuḥfat al-mawdūd*, 149-150］。もともと割礼の習慣については、「神の使徒は、イブラーヒーム（アブラハム）が八〇歳のとき、カッドゥームで割礼を受けたと伝えた」というハディースにもとづき、これに倣うべきものとして法学書に記述されることが多い［Ibn Qudāmah, *al-Mughnī*, 1: 81; Ibn Abī Zayd, *al-Nawādir*, 4: 338-339］。マーリク派の法学書においてはさらに、「イブラーヒームはイスマーイール（イシュマエル）が一三歳のときに割礼を行い、イスハーク（イサク）には七日目に割礼を行った」とする伝承が付け加えられている［Ibn Abī Zayd, *al-Nawādir*, 4: 339］。すなわち預言者イブラーヒームが、後にイスラエルの民の祖とされるようになった一方の息子イスハークには七日目（つまり生後すぐ）に、アラブ人の祖とされるイスマーイールには一三歳のとき（つまり成年に達する頃）に割礼を行い、それぞれがユダヤ教徒とムスリムの習慣となったことを示している。

割礼に関する諸規定は、他に「清浄（ṭahārah）の章」でも言及される。それらは下記のハディースの引用をともなって論じられる。

アブー・フライラによれば、預言者は「五つのフィトラ（fiṭrah）[28] とは、割礼、陰部を剃ること、口ひげを刈ること、爪を切ること、腋毛を剃ることである」と言った。[29]

アター・イブン・アビー・ラバーフは伝えている。人間のフィトラのうち、五つは頭に関するもので、口ひげを剃ること、口をゆすぐこと、鼻孔を洗うこと、歯を磨くこと、髪を分けること、五つは体に関するもので、爪を切ること、腋の下を剃ること、陰毛を剃ること、割礼、排泄の始末である。［Ibn Abī Zayd, *al-Nawādir*, 4: 337］

マーリクの見解によれば、割礼はフィトラの一つとして行うべきものであり、人々の慣習であるからではなく、ハディースにもとづいてこれを行うのであるという［同前 4: 336］。割礼を行う適切な時期についても、それぞれ異なる伝承にもとづいて諸説が唱えられている。時期は限定しないとする立場から、永久歯の生えたとき、七歳、九歳、一〇歳、一二歳、一三歳、成熟時、成年に達するまでになど、法学者たちは様々な説を残している。さらに成年に達した後にムスリムとなった場合でも割礼を行うべきであるとの見解もある［Ḥaṭṭāb, *Kitāb mawāhib al-jalīl*, 4: 394; Asrūshinī, *Jāmiʿ aḥkām al-ṣighār*, 1: 212; Ibn Qayyim al-Jawzīyah, *Tuḥfat al-mawdūd*, 147-148］。イブン・シハーブ（ズフリー）が「イスラームへの入信は、割礼を行うまで完了しない」と言ったとも伝えられている［Ibn Abī Zayd, *al-Nawādir*, 4: 337］。

割礼は、子（男児）がムスリムとなったことを象徴する最も重要な儀式といえるだろう。現代においても、割礼に際して盛大な祝宴を設ける習慣が多くのイスラーム地域でみられることが報告されている[30]。古典法学書にも、祝宴の作法について述べられた箇所において、婚姻の祝宴（walīmat al-ʿurs）に並んで誕生や割礼の祝宴（walīmat al-khitān）について言及されることがあり、少なくとも割礼の祝宴の習慣が八世紀頃にはすでにみられていたことがわかる［Shāfiʿī, *al-Umm*, 6: 254; Ibn Abī Zayd, *al-Nawādir*, 4: 339; Bājī, *al-Muntaqā*, 5: 169］。

新生児に対する儀礼行為は、原則として父親が行うべきこととされている。それは父親から子へのイスラームの継承であり、ムスリムとして生まれた子にとっての、父親の存在の重要性を象徴するものでもある。

3　父子相互の権利と義務

(1)　扶養の義務

子の扶養が原則として父の義務であることについて、学者間の相違はない。父は子が成年に達するまで、子は父が困窮していたら、扶養（nafaqah）の義務を負うことになる。イスラーム法における扶養は、夫の妻に対する扶養、血族間の扶養、主人の奴隷に対する扶養に大別でき、親子間の扶養義務は血族間の扶養の範疇に含まれる[31]。資力を欠く父に対して、資力のある子が扶養義務をもつことについても、各学派はおおむね一致している[32]。

血族間の扶養に関するマーリク派の特徴は、扶養の権利義務が生じる血族の範囲が、親子間に限定されている点、そして子に対する母親の扶養義務がない点である。マーリク派のイブン・アブドルバッルは以下のようにまとめている。

人間が血族のうち扶養しなければならない相手は、貧窮している未成年の子と、収入を得る能力を欠く両親のみである。子については、財産がないのであれば、男児なら成年に達するまで、女児なら床入りが完了するか（未婚のままであれば）相当高齢となるまで扶養しなければならない。マーリクによれば、男児が正常に成年に達した後に心神喪失に陥った場合には、父の扶養義務は復活しない。同様に床入り完了した女児が夫と離別あるいは死別した場合であっても父に扶養義務は復活しない。子が心神喪失者であった場合には成年に達した後であっても扶養しなければならない。〔中略〕父方であれ母方であれ、祖父や祖母に対する扶養義務はなく、兄弟や他の血族のいずれに対しても、孫以下の卑属に対しても扶養義務はない。〔中略〕母は資力の有無にかかわらず、また父の有無にかかわらず、子に対する扶養義務はない。女性が扶養義務を負うのは貧窮した両親と自身の所有する奴隷に対してのみである。［Ibn ʿAbd al-Barr, *al-Kāfī*, 298］

父親は、現に資力を有していなくても収入を得る能力があれば、子を扶養しなければならない。一方で母親は、いかなる状況においても子に対する扶養義務を負うことはない。男児が正常に成年に達するということは、収入を得る能力が備わったと推定される。また女児が床入り完了するということは、夫の扶養下に入ることを意味する。父親は、子が生活のための収入を確保できるようになるまで、たとえその子と同居していなかったとしても、扶養する義務を負う。

また父親は、逆に子に対して扶養を請求する権利ももつ。貧窮している両親に対しては、男児であれ女児であれ、未成年であれ成年であれ、女児の場合夫がいてもいなくても、子は資力があれば扶養義務を負う。父親の妻や使用人や妻の使用人についても同様に扶養義務を負う。さらには父親の妻が自身の母親でない場合であっても、一人分に限り、子は彼女に対する扶養義務を負うという説を、イブン・アル＝カースィムは伝えている［Saḥnūn, *al-Mudawwanah*, 3: 1056-1057］。ただしこれはあくまでも、父親がその妻に対する夫としての扶養義務を遂行できない場合に、子が父親のためにそれを負担するのであって、基本的には父親に対する子の扶養義務の範囲に属するのであろう。兄弟についても、父親が望むのであれば扶養しなければならず、母親については、もし彼女に夫がいても貧窮しているのならば、子に扶養義務があるとされる。

扶養に関するマーリク派の基本原則は、親子相互が義務権利関係にあるということである。父子関係を確立することが、子にとって生存のための重要事項であるのはもちろんであるが、父親にとってもしかるべき権利を享受するために重要なのである。一方で、子が父親の妻を扶養する義務を負うのに対して、父親は子の妻を扶養する義務はない［Wansharīsī, *'Uddat al-burūq*, 334-335］。子に対する扶養義務は子が成年に達するまでであって、扶養する必要のある妻がいる子は必ず成年に達しているからである[33]。

マーリク派以外の三つの学派においては、血族間の扶養義務は、祖父以上の尊属や孫以下の卑属にまで及ぶこともあり、より広く血族間の相互扶助が期待されている。シャーフィイー派の法学者マーワルディーは、父が死亡したり資力を欠いたりして子を扶養できない場合の扶養義務者については、四つのイフティラーフがあるという。第一は、シャーフィイーによるもので、父の父である祖父が義務を負う。それもいない場合には、その父を遡る。それが誰もいなくなってはじめて、母に義務が生じる。第二は、マーリクによるもので、母にも祖父にも義務は生じない。父に資力がない場合も、死亡した場合も同様である。第三は、アブー・ユースフとシャイバーニーによるもので、もし父に資力がなく母にあれば母が義務を負う。もし父が死亡した場合は、母ではなく祖父が義務を負う。第四は、アブー・ハニーファによるもので、もし父が死亡するか資力がなければ、母と祖父が相続分に応じて扶養義務を負う［Māwardī, *al-Ḥāwī al-kabīr*, 11: 489］。

血族間の扶養義務については、学派成立以前のメディナとクーファにおいて、すでに対立する学説が主張されていた。ハナフィー派の始祖の一人であるシャイバーニーは、『メディナの人々に対する反駁の書』において、概略以下のように述べている。メディナの人々は、父による子に対する扶養と、子の両親に対する扶養以外は義務ではなく、父以外の血族には子の扶養義務はないとするが、それはクルアーン（第二章第二三三節）に反している。至高なる神は言った。「母親は、乳児に満二年間授乳する。これは授乳を全うしようと望む者の期間である。父親は彼らの食料や衣服の経費を、公正に負担しなければならない。しかし誰も、その能力以上の負担を強いられない。母親はその子のために不当に強いられることなく、父親もまたその子のために不当に強いられてはならない。また相続人もそれと同様である」。したがって、父親が子を扶養できない場合には、神は相続人にその扶養を命じたのである。〔クーファの学説においては、〕未成年の血族については、父親が第一の扶養義務者ではあるが、父親が扶養できない場合には、他の血族が相続割当分に応じて扶養義務を負う［Shaybānī, *Kitāb al-Ḥujjah*, 1: 92-96］。

マーリク派では、収入を得る能力を欠く場合の免除はあるものの、子に対する扶養については、父親のみに義務が課される点において最も徹底している。ではなぜ、マーリク派においては、父親が子を扶養できない場合に、母親や祖父などに扶養義務が移行しないのだろうか。この点に関してマーリク派の法学者たちは、それが義務であるか否かを述べるのみで、その理由にまで踏み込まない［Saḥnūn, *al-Mudawwanah*, 3: 1059; Ibn Abī Zayd, *al-Risālah*, 209; Ibn ʿAbd al-Barr, *al-Kāfī*, 298; Nafrāwī, *al-Fawāqih al-dawānī*, 1: 112-113］。わずかに参考となる記述は、他の学派の法学者によるものである。シャーフィイー派のマーワルディーは、マーリクが、子に対する母親の扶養義務が生じない理由として、それを遂行する能力が弱いことを挙げ、祖父については、血縁が遠いことを挙げている［Māwardī, *al-Ḥāwī al-kabīr*, 11: 489］。またハンバル派の法学者イブン・クダーマは、母親は子にとってアサバ（男性父系血族 ʿaṣabah）ではないことを理由とし、祖父は実の父親ではないことを理由としている［Ibn Qudāmah, *al-Mughnī*, 8: 169］。しかしいずれの説明も、あまり明確ではないうえに、その理由を明記した法学書自体少ない。マーリク派が、母親や祖父に扶養義務を課さないことは、後に述べる婚姻強制権が、父親にのみ付された権利であることと表裏をなすと思われる。

(2) 遺産相続

両親が死亡した場合、子は彼らからの相続の権利を有することになる。前述のように、子に対する扶養義務は父親に課せられるものなので、父親からの相続が子の生計を維持するためには重要である。したがってここでは、父親が死亡した場合の相続を中心に述べる。

クルアーンは、イスラーム以前にはなかった女性や未成年者への相続、そして実子への均分相続という新しい制度の導入を明示した。イスラーム法においては、女性が自ら働いて稼ぐことは想定されなかったが[34]、財産をもつ権利は明確にされたのである[35]。相続に関するクルアーンの章句は数多く、たとえば以下のようなものがある。

あなたがたのうち主に召されて妻を遺す者は、追い立てられることなく一年間の扶養を受けることができるよう、彼女に遺言しなければならない。もし彼女自身が出ていくのならば、あなたがたに罪はない。（第二章第二四〇節）

男性は、両親および親族の遺産の一部を得、女性も両親および親族の遺産の一部を得る。（第四章第七章）

神は、あなたがたの子どもたちについてつぎのように命じられる。男児には女児の二倍、女児のみ二人以上のときは彼女たちに遺産の三分の二、女児のみ一人のときは彼女に〔遺産の〕半分である。またその両親には、彼に子があった場合はそれぞれ遺産の六分の一ずつである。もし彼に子がなく、両親が相続する場合は、母親に三分の一である。もし彼に兄弟がいる場合は、母親は六分の一である。〔相続するのは〕遺贈したものや債務を清算した残りである。（第四章第一一節）

あなたがたには、妻が残した遺産から遺贈と債務を清算した後、彼女に子がいなかった場合にはその二分の一、子がいた場合にはその四分の一の権利がある。また妻には、あなたがたが残した遺産から遺贈と債務を清算した後、あなたがたに子がいなかった場合にはその四分の一、子がいた場合にはその八分の一の権利がある。父母や子のない男性または女性が相続される場合は、遺贈と債務を清算した後に、兄弟または姉妹が一人だけいれば、その者が六分の一を、兄弟または姉妹が複数いれば、皆で三分の一を分ける。（第四章第一二節）

クルアーンに示された相続規定は、それまでの伝統的な慣習法とも融合して、イスラーム法に取り入れられることとなった[36]。ただし実際の遺産相続については、贈与や遺贈、ワクフ[37]など、通常の相続によらない他の方法によって財産が分配されることもあったと考えられる[38]。したがって、相続規定のみからでは父親の財産に関わる子の権利を十分に説明するのは困難ではあるが、イスラーム法がどのように子の立場を規定することになったのかという観点から、相続規定を概観してみたい。

被相続人が死亡すると、その遺産の中から、最初に葬儀費用、つぎに被相続人の債務が支払われ、さらにその残余の中から遺贈が実行される。遺贈は、分割される遺産の総額の三分の一までを限度として、法定相続人以外の者に譲渡することができる。これらをすべて行った後の財産が、法定相続人の間で分割される。

法定相続は、娘や配偶者や両親などクルアーンが明示的に相続分を定めた割当相続人、アサバ（男性父系血族 ʿaṣabah）相続人、その他の血族（dhaū al-arḥām）の順に、その相続分を算定する。スンナ派では、イスラーム以前の慣行であったアサバに有利な傾向を残存させており、クルアーンの文言をなるべく厳格に適用するシーア派の相続規定とは対照的である[39]。

シャーフィイー派のマーワルディーは、イスラーム以前のジャーヒリーヤ時代においては、女性と未成年の子どもに相続権はなかったことを述べたうえで、イスラーム法の規定する相続人をつぎの四つに分類した。

（a）アサバ相続人の資格でのみ相続する者……息子およびその息子、兄弟およびその息子、父方のおじおよびその息子。割当相続人がいない場合には、遺産すべてを彼らで分割。割当相続人がいる場合には、その残りを取得。
（b）割当相続人の資格でのみ相続する者……配偶者、母親、祖母、母方のおば。
（c）割当相続人の資格で相続する場合とアサバ相続人の資格で相続する場合のある者……実の娘、息子の娘、姉妹。姉妹は、他の相続人がいなければ、割当相続人として相続し、他の相続人がいる場合には、アサバ相続人として相続する。
（d）割当相続人とアサバ相続人の両方の資格から相続し得る者……父親、祖父。被相続人の子に男児がいれば、割当相続人として相続する。男児がいなければ、アサバ相続人として相続する。子が女児だけならば割当相続人とアサバ相続人の両方の資格で相続する。ただし、たとえば父親と父方の祖父がいる場合、より親等の小さい父親が親等の大きい祖父を排除し、祖父には相続権がない。

[Māwardī, *al-Ḥāwī al-kabīr*, 8: 68-72]

各相続人の取分は、クルアーンを主な典拠として、つぎのように定められている。

子の相続については、子に男女それぞれが含まれている場合には、男児は女児の二人分である。子が男児一人のみであれば、彼が財産すべての権利がある。女児のみ一人であれば、彼女に〔財産の〕半分の権利があり、女児のみ三人以上であれば、三分の二を均分する。女児のみ二人の場合は、二人で〔財産の〕三分の二を均分するというのが多数説であるが、イブン・アッバースからは、二人の女児には二分の一という説が伝えられている。

配偶者の相続については、妻から夫への相続は、彼女に子や息子の子がなければ二分の一、子があれば四分の一である。夫から妻への相続は、彼に子や息子の子がなければ四分の一、子があれば八分の一である。

父と母の相続については、相続人が父一人のみであれば、彼がすべてを相続する。両親のみであれば、母が三分の一、父が残りすべてを相続する。被相続人に子か孫があれば、父と母はそれぞれ六分の一ずつである。

[Ibn Rushd al-Ḥafīd, *Bidāyat al-mujtahid*, 721-724]

表2―1と2―2に、ある男が死亡した後、遺産分割がなされる場合の具体例をいくつかあげる。彼には両親と妻と子が遺されていると仮定する。それ以外の親族は、彼らによって相続資格を失うため、たとえ存命だったとしても、相続の対象とはならない。なお、相続規定は全体としてかなり詳細で複雑であるが、スンナ派四法学派の間において、以下に述べるような基本的な規定については、学派による相違はほとんどない[40]。

遺された子が息子一人のみだった場合、妻に八分の一、父母にそれぞれ六分の一ずつを分配し、息子が残りのすべてを相続する。

遺された子が息子のみ二人であれば、妻に八分の一、父母にそれぞれ六分の一ずつを分配し、残りを息子二人で均分する。息子が三人以上だった場合も、同様に均分する。

遺された子が娘一人のみであった場合、妻に八分の一、父にまず全体の六分の一、母に六分の一を分配し、娘に全体の二分の一を分配すると、残余が二四分の一となる。残余はアサバ相続人として父が相続するので、父の取分は全体の二四分の五となる。

表 2-1　妻と父母と子と兄が、2400 の遺産を相続する場合の相続額

妻	父	母	兄	子		
300（1/8）	400（1/6）	400（1/6）	分配なし	**息子1人1300** （残り全て）		
300（1/8）	400（1/6）	400（1/6）	分配なし	**息子 A 650** （1300×1/2）	**息子 B 650** （1300×1/2）	
300（1/8）	400（1/6）	400（1/6）	分配なし	**息子A 約433** （1300×1/3）	**息子B 約433** （1300×1/3）	**息子C 約433** （1300×1/3）
300（1/8）	500（1/6＋残余をアサバとして）	400（1/6）	分配なし	娘1人 1200 （1/2）		
約 267 （1/8×24/27）	約 355.5 （1/6×24/27）	約 355.5 （1/6×24/27）	分配なし	娘 A 約 711 （2/3×24/27÷2）	娘 B 約 711 （2/3×24/27÷2）	
約 267 （1/8×24/27）	約 355.5 （1/6×24/27）	約 355.5 （1/6×24/27）	分配なし	娘 A 474 （2/3×24/27÷3）	娘 A 474 （2/3×24/27÷3）	娘 C 474 （2/3×24/27÷3）
300（1/8）	400（1/6）	400（1/6）	分配なし	**息子 約 866** （13/24×2/3）	娘 約 433 （13/24×1/3）	
300（1/8）	400（1/6）	400（1/6）	分配なし	**息子 約 650** （13/24×1/2）	娘 A 約 325 （13/24×1/4）	娘 B 約 325 （13/24×1/4）

表 2-2　子と兄が、2400 の遺産を相続する場合の相続額

子		兄
息子 2400（全て）		分配なし
息子 1600（2/3）	娘 800（1/3）	分配なし
娘 1200（1/2）		1200（残り全て）
娘 A 800（1/3）	娘 B 800（1/3）	800（残り全て）

遺された子が複数の娘のみであった場合は、妻に八分の一、父に六分の一、母に六分の一を分配し、娘たちが三分の二を均分するのだが、これでは合計二四分の二七となり一を超えてしまう。こうした場合には、合計が一となるように各相続分を等しい割合で縮減（ʿawl）する。

遺された子が男女両方を含む場合には、息子が娘の二倍となるように計算される。たとえば息子と娘が一人ずつの場合、妻に八分の一、父に六分の一、母に六分の一を分配し、残りの二四分の一三を息子と娘の割合が二対一となるように分配する。

これらの例からわかるのは、子への配分が、他の割当相続人の分と比べて多く想定されているということである。しかも、子に息子が含まれている場合は、他のアサバ相続人への残余は生じない。子が娘のみでかつ、割当相続人の取分を終えてなお残余がある場合にのみ、アサバ相続人への残余が生じることになる。

では、両親と妻はすでになく、子が娘のみであり、被相続人の兄がいた場合にはどうであろうか。娘が一人なら、彼女が二分の一を相続した残り、すなわち全体の二分の一をアサバ相続人である兄が相続することになる。娘が二人以上であれば、彼女たちで三分の二を均分し、兄の取分は三分の一となる。

遺された子が息子であった場合に、相続財産のすべてを彼あるいは彼らが相続することと比較すれば、娘のみであった場合のアサバ相続人の取分は非常に大きいといえる。しかしながら、娘はいずれ結婚して被扶養者となり、それほど多くの財産を保有している必要はないと考えれば、父親からの相続の取分は必ずしも少なくはないだろう。イスラーム以前には、女性と未成年者には相続権がなかったことと比較すればなおさらである。イスラーム法は、未成年者であっても、女性であっても、父親からの相続を可能とした。相続という観点からみれば、イスラーム法は、子の権利をかなり拡大したといえるだろう。

相続は、出生直後から開始され得る。このことは、父親の死亡時にまだ母親の胎内にいた子に対する相続権の規定からも明らかである。胎児が出生する前に父親が死亡した場合の遺産については、その胎児が父親の子であることが死亡前に知られており、生きた状態で出生したことが確認できたとき、その子の相続分が確定する。これは預言者の言葉「新生児が生きて出生したならば、相続する」を根拠としている［Ibn Qudāmah, *al-Mughnī*, 5: 252］。胎児が無事出生したと仮定したときに、他のいずれの相続人も排除する状況にあるのならば、彼らのいずれもが相続を開始しない。これらの原則は学派を問わず共通である。無事出生した場合に競合する相続人がいるときに、いつどのように遺産分割の取分を算定するのかについては、学派によるイフティラーフがある。シャーフィイー派においては、出生まで遺産分割は保留される。なぜなら胎児の性別や数は出生まで不明であり、不確実な遺産分割は無効だからであるという。これに対してハナフィー派では、胎児の取分を仮に算定する方法をとる。胎児の性別や数の仮定については学派内でも相違があるが、いずれにしても無事出生した後で、それを清算する［Māwardī, *al-Ḥāwī al-kabīr*, 8: 170-171］。

法定相続人として、必ず相続する権利を有するのは、配偶者と両親と子である。この原則については、学派による相違はない。親が死亡した場合の相続において、子は、男女の違いによる取分の差はあるものの平等に相続の権利をもつ。そして、父親と子との関係という点からみれば、相続の問題は、扶養と同様に父子の相互に権利義務の発生するものといえる。

前述のように、イスラーム法において、養子は認められておらず、子とは実子のみをさす。相続を受けるためには、実子であることが認定されていなければならない。しかも、ムスリムの財産は非ムスリムには相続できないから、子が父親から相続を受けるためにはムスリムでなければならないのである。

(3) 拾い子の扶養

多くの法学書において、拾い子（laqīṭ）の問題を扱う独立の章が設けられている。この問題が、いくつかの点において、イスラーム法学上の重要な論点となっているからであろう。

拾い子とは、その親が不明な状態で、発見ないしは拾得された子のことであり、拾得することは集団義務（farḍ al-kifāyah）であるとされる。また拾い子とみなされるのは、未成年者に限定される［Ibn Rushd al-Ḥafīd, *Bidāyat al-mujtahid*, 792］。これらについては、学派によるイフティラーフはほとんどない。先に述べたように、イスラーム法は養子を認めていないので、拾い子が養子とされることはないが、そのかわり拾い子の扶養と養育については、やはりウンマの集団義務であるとして、各学派ともに詳細な規定を設けている。

具体的に誰が養育者となり、扶養料の財源をどこに求めるかという点については、学派による相違がある。ハナフィー派では、拾得者が必ずしも養育を行う義務は負わない。拾得者が養育を引き受けなかった場合には、裁判官が養育者を指定する。拾い子に財産がある場合には、扶養料はそこから支払われるが、ない場合には国庫から支払われるか、養育者が裁判官の許可を得たうえで扶養料を負担し、後日求償することもできる。マーリク派においては、拾得者が養育を引き受ける意思をもって拾得したのであれば、養育の責任を負う。拾得者が養育者としての条件（自由人、理性を備えた成年、有徳、熟慮、拾い子がムスリムならムスリム）を備えていないと裁判官に判断された場合には、裁判官が養育者を選任する。扶養料は拾い子に財産があればそこから、なければ国庫の負担であるが、それが足りなければ養育者の負担となる。ただし後に求償することはできない。シャーフィイー派においても、マーリク派と同様に、拾得者が条件（自由人、理性を備えた成年、有徳、熟慮、拾い子がムスリムならムスリム）を備えていれば、養育の責任を負う。扶養料は、拾い子に財産があれば、そこから扶養料にあてる分を裁判官に割り当ててもらう。財産がない場合には、国庫から負担するか、それもない場合には裕福な者が指名されてこれを負担する。ハンバル派は、やはりいくつかの条件を備えていることが養育者になるためには必要であるが、強制的に養育の責任を負うということはない。拾い子に財産があれば、そこから扶養料が支払われ、財産がないか不十分な場合は国庫から、それでも不十分であれば裕福な人々の義務となる。

(4) 孤児の扶養

父親の存在が、子の生命を維持するために重要であることを、ここまでの各項目において確認してきた。では父親が死亡した場合、孤児の生活は誰が保障するのだろうか。イスラーム法学書においては、父親を亡くした子のことを、ヤティーム（yatīm）と呼ぶ。ヤティームは、もともとアラビア語の意味としては、両親を亡くした孤児のことを指すが、法学書においては、たとえ母親が存命であったとしても、ヤティームと呼ばれる[41]。本書でいう孤児とは、このヤティームのことをさす。

亡くなった父に十分な財産があって、それを相続したのであれば、孤児はそこから生計をたてることができる。しかしながら、十分な財産が得られなかった場合に、孤児の扶養義務は誰が負うのか。

孤児の扶養については、学派によるイフティラーフがある。ハンバル派の法学者イブン・クダーマの『ムグニー』は、以下のようにそれぞれを伝えている。孤児の扶養料は、相続人たちがその相続分に応じて負担する。男性父系血族の相続人のうち、男性にのみ扶養の義務が生じるという説も伝えられているが、アブー・ハニーファによれば、もし母親と祖父がいれば、他の相続人と同様に、母親が扶養料全体の三分の一、相続分に応じた残りを祖父が負担する。シャーフィイーによれば、扶養はすべて祖父の義務となる。なぜなら扶養義務は男性父系血族のみに課されるのであり、祖父は父親に擬せられるからであるという。ハンバル派においては、（男性父系血族の相続人のほか）母親も扶養義務を課される。そのほか、相続権のある祖母や兄弟なども、その相続分に応じて扶養料を負担する［Ibn Qudāmah, *al-Mughnī*, 6: 447-449］。

これに対してマーリク派では、もし孤児に財産があれば、そこから自身の扶養料を負担するが、財産がない場合には、自発的に扶養と養育を行う者があれば無償で負担し、そうした者がいなければムスリムの国庫（bayt al-māl al-muslimīn）の負担となるとする［Saḥnūn, *al-Mudawwanah*, 4: 1822-1823］。このことは、子に対する扶養が、あくまでも父親の義務であることを示しているともいえる。子が父親を亡くしたときであっても、父親以外のいかなる親族も、孤児の扶養義務を負うことはないとしているのである。

4　父は子に対して絶対の権限をもつのか

子どもが社会との接点をもつ際に、外部との折衝を行う役割を担うのも、原則として父親である。それは、父親の子に対する保護であり、支配でもある。では、父親は子に対して絶対の権限をもつのだろうか。本節では、後見をめぐる父親の立場、そして親子間の殺人について検討し、この問いについて考えてみたい。

子に対する後見には、婚姻後見（wilāyah fī al-nafs, wilāyah fī al-nikāḥ）と財産後見（wilāyah fī al-māl）の二種類がある。[42]未成年者は、男女ともにいずれの後見にも服することになる。

(1)　婚姻後見

イスラーム法においては、出生直後から婚姻することが可能である。しかしながら、未成年者の婚姻が成立するためには、「婚姻強制権を有する後見人（walī mujbir）」が婚姻契約を締結する必要がある。あるいは学派によっては、弁識能力を備えていれば自身による婚姻契約の締結および後見人による追認によっても婚姻が成立する。婚姻強制権とは、当事者の同意を得ることなく有効に婚姻契約を締結する権利であり、スンナ派四法学派の多数説はいずれも、未成年の男女について婚姻強制を認めている。未成年者だけでなく、成年女性や心神喪失者、浅慮者なども、学派によって細則は異なるが、有効な婚姻契約を締結するためには後見人の関与が必須要件となる。[43]男児は、成年に達したときに、契約解除を選択できるとする学派もある［Māwardī, *al-Ḥāwī al-kabīr*, 9: 66-67］。

未成年者の婚姻後見人は、男性父系血族の中から優先順位の高い順に選ばれるが、父親が最優先されるのが大原則である。父親につづく優先順位および男性父系血族がいない場合の後見人については、学派によって若干異なる。そして、四法学派の中でマーリク派のみが、当事者が未成年者である場合には、第一位の後見人によってのみ婚姻契約の締結が有効となるとしている。マーリク派の法学者サフヌーンによる『ムダウワナ』には、以下のように記されている。

私〔サフヌーン〕は言った。「未成年者たちについて、後見人たちの一人が彼らを婚姻させることはできるか」。彼〔イブン・アル＝カースィム〕は言った。「マーリクは言った。「男児は、父か遺言指定管財人のみが婚姻させることができる。父あるいは遺言指定管財人あるいは遺言指定管財人の遺言指定管財人以外はできない」。マーリクは言った。「未成年男児を婚姻させるのは有効である。一方女児は、父以外は婚姻させられない。いずれの後見人たちも、いずれの遺言指定管財人たちも、成年に達するまでは婚姻させることはできない。月経によって成年に達したら、彼女の同意を得て遺言指定管財人が婚姻させるのは有効である。同様に、遺言指定管財人の遺言指定管財人が、彼女の同意を得て彼女を婚姻させるのは有効である」。これはマーリクの説である。マーリクは言った。「たとえカーディーであっても何人であれ、月経前の未成年女児を婚姻させることはできず、父だけである。一方男児は、精通前であっても遺言指定管財人が彼を婚姻させることができる」。」〔Saḥnūn, *al-Mudawwanah*, 2: 910〕

つまり父親が存命中は、父親以外の者には未成年者の婚姻を締結する権利はないということになる。[44] 父親が死亡している場合には、未成年男児については、遺言指定管財人でも可能であるが、未成年女児については父親以外には婚姻契約を締結する権利はない。マーリク派においては、子の扶養義務が父親に限定されるのと同様に、未成年の子の婚姻後見権もまた父親に限定されるのである〔Shaybānī, *Kitāb al-ḥujjah*, 1: 78〕。

ハンバル派でも、父親の死亡後は遺言指定管財人のみが孤児の婚姻契約を締結することができるというのが通説である。ただし父親が生前に遺言指定管財人に婚姻後見権を遺言しておいた場合に限られる。これに対して、ハナフィー派とシャーフィイー派においては、父親が死亡した場合、男性父系血族の身分後見人が婚姻契約を締結できるが、遺言指定管財人は遺言指定管財人たる資格において婚姻後見を行うことはできない。

(2)　財産後見

後見には、未成年者などの財産を適切に管理しその財産上の利益を保護することを目的する財産後見という制度もある。財産後見をめぐっては、その内容が多岐にわたり、とくに後見解除の条件については、学派によるイフティラーフが複雑である。ここでは、財産後見の概略をまず説明し、マーリク派における後見解除の詳細について検討したい。

イスラーム法においては、婚姻契約と同様に、やはり出生と同時に財産をもつ権利を有する。ただし成年に達するまでは、自身の財産であっても自由に処分することはできない。未成年者の財産は、財産後見人の管理下に置かれることになる。財産後見人は、被後見人にとって純粋に利益になる行為を行うことができ、純粋に損失となる行為は行うことができないというのが、学派を問わず共通する原則である。売買など、利益になる場合と損失になる場合の両方の可能性がある行為については、学派によって異なる詳細な規定がある。

財産後見人となれる血族の範囲は、いずれの学派においても、婚姻後見人と比べると狭くなっている。とくにマーリク派においては、父親か父親が指定した遺言指定管財人に限定され、婚姻後見と同様に父親の権限が大きい。父親がより特権的な立場をとるというマーリク派の規範は、財産後見の解除をめぐる規定においても貫かれている。

財産後見を解除するためには、彼もしくは彼女に熟慮（rushd）[45]が備わっていなければならない。熟慮が認められず、浅慮（safīh）の状態であるとみなされれば、ひきつづき後見下に置かれることになる。[46] 熟慮の認定および後見解除の手続きについては、学派によるイフティラーフが著しい。後見解除に関する規定については、いずれの法学者も、クルアーン第四章第六節「婚期に達するまでは、孤児を試しなさい。もし立派な分別（rushd）があると認められたならば、その財産を彼らに渡しなさい」を典拠としているが、これをどのように解釈するかによって、各学派は見解を異にしているのである。そこで各学派のイフティラーフを示したうえで、マーリク派の見解について検討してみたい。

ハナフィー派においては、「婚期に達するまで」を成年に達するまでと解釈し、未成年者であっても弁識能力を備えていれば、商業許可を与えて試験を行い、熟慮の有無を確かめる。ただし売買契約の効力については、過剰損害を生ずる場合でも履行の義務を負うという説と、契約を取消すことができるという説に分かれている。熟慮は、後見人によって認定されるが、具体的な手続きについては学派内にイフティラーフがある。アブー・ハニーファは、熟慮が認められれば後見は解除され、認められなくても二五歳になれば解除されるとする。アブー・ユースフは、成年に達すれば普通は熟慮も備わるので、成年に達すると同時に後見は解除されるが、後見を継続させたい場合には裁判官による判決を必要とするとする。シャイバーニーは、成年に達する前であっても後であっても、後見人が認めた時点で熟慮が備わったとされ、同時に成年の条件を満たすことで後見が解除されるとする［Sarakhsī, *Kitāb al-mabsūṭ*, 25: 20-26］。

これに対してシャーフィイー派は、未成年者には行為能力を一切認めないため、成年に達する前には試験を行うことができないとする。シャーフィイー派では、先に示したクルアーンの「もし立派な分別（rushd）があると認められたならば、その財産を彼らに渡しなさい」について、財産が引き渡されるのは、あくまでも熟慮が認定された後すなわち成年に達した後であり、それ以前にはたとえ試験を目的としていたとしても、財産引き渡しはできないと解釈するのである。したがって、熟慮の認定は、成年に達した後の試験によって行う。ただしシャーフィイー派の中には、試験のための少額であれば、未成年者への財産引き渡しは可能であるとする意見もある。さらにシャーフィイー派においては、財産管理能力のほかに、信仰心における熟慮が備わっていることも、後見解除の条件となる［Māwardī, *al-Ḥāwī al-kabīr*, 6: 342-352］。

ハンバル派においては、成年と熟慮の認定が後見解除の条件であるが、試験を成年に達する前に行うか後に行うかについては、両説が唱えられている。また、前述の二つの学派においては、男女の区別はないが、マーリク派とハンバル派においては、男児の場合と女児の場合を分けて考えている。ハンバル派では、女児は婚姻によって熟慮が認定され、後見が解除されるとするのが通説であるが、婚姻後子を出産するか一年が経過することによって解除されるという説もある［Ibn Qudāmah, *al-Mughnī*, 4: 3-16］。

マーリク派は、後見の解除をめぐる問題について、学派内に複雑なイフティラーフを有している。多くの法学書において、熟慮の認定に関わる記述が、他の学派に比して多いように思われる。その理由として、対象となる未成年者が、父親のいる男児、父親のいない男児、既婚の女児、未婚の女児に場合分けしなければならないことをまずあげることができる。

まず父親のいる男児の場合、イブン・ルシュド（祖父）は、彼が世評によって熟慮があると認められている場合と、世評によって浅慮であると認められている場合と、どちらでもない場合に分けて考えている。マーリク派における熟慮とは、財産を適切に管理する能力と定義される。熟慮があると認められている者については、成年と同時に熟慮が認定されて後見が解除される。浅慮であるとみなされている者については、引き続き父親による後見下に置かれる。どちらでもない場合は、浅慮であることが知られているのではない限り、成年と同時に熟慮が認定されるという説と、熟慮があることが知られているのではない限り、引き続き後見下に置かれるという説の二説が説かれている。ただし、マーリク派の他の法学書においては、父親のいる男児を特定した規定が述べられることは少なく、ほとんどの記述が、父親のいない男児と、女児の後見解除についてであり、その場合に熟慮認定（tarshīd）という語が使用されることが多い。

父親のいない男児すなわち財産後見人が遺言指定管財人である男児については、熟慮認定のための試験を行うのが普通である。すでに述べたとおり、マーリク派においては、未成年者には完全な行為能力が付与されることはない。したがって、ハナフィー派のような意味での商業許可を未成年者に対して与えることはできないが、その財産が保護されたうえで試験のための商取引が認められている。サフヌーンの『ムダウワナ』には、「遺言指定管財人が、成年に達する未成年者に、五〇—六〇ディーナールほどの財産を渡して試験を行うような場合、それを損失したとしても本人にも後見人にも債務とはならない」と述べられている［Saḥnūn, *al-Mudawwanah*, 5: 2286］[47]。

一一世紀のマーリク派法学者トゥライトゥリーによるシュルート文献には、複数の証人がその男児に熟慮が備わっていることを知っている旨を証言する証書や、遺言指定管財人が孤児の後見を解除する証書のひな型が収録されている［Ṭulayṭulī, *al-Muqniʿ*, 195-196］。また一二世紀の法学者ジャズィーリーも、後見解除の証書や、試験のための財産引き渡しおよびその後の熟慮認定を証言する証書のひな型を残している［Jazīrī, *al-Maqṣad*, 416-422］。

女児の後見解除についても、マーリク派が最も慎重かつ複雑な規定をもっている。一三世紀エジプトのマーリク派法学者イブン・シャースは、以下のようにまとめている。


未成年を理由とした禁治産は、成年および一定期間の観察（ibtilāʾ）によって認定される熟慮によって解除される。女児については、観察期間に入るための条件として、婚姻し床入りが完了することというのが通説である。〔中略〕高齢女性（al-ʿānis）についてはイフティラーフがある。〔中略〕『ムダウワナ』においてイブン・アル＝カースィムは、あくまでも未婚であるうちは、後見は解除されないと説いているが、イブン・アル＝カースィムは他の説も説いている。女性は高齢に達すれば、遺言指定管財人か父親の後見のもとに、自身の財産処分を行うことが有効となるという説である。〔中略〕床入り後の観察期間については、五年あるい

は六年あるいは七年などの説がある。［Ibn Shās, ʻ*Iqd*, 2: 796］

学派形成期以前のメディナの学説には、床入り後一年が経過するまでとする説や、床入り後一年が経過するか子を出産するまでとする説もあったという。後のマーリク派においては、ここに示した五―七年までの諸説のほか、二年が経過するまでとする説もある。

女児の後見解除をめぐる古いメディナの学説については、柳橋による以下のような分析がある。女子は、通常は婚姻にもとづく床入りが完了するまでは父の、その後は夫の扶養を受けるのであるから、理屈の上では、男子とは異なり自分の財産を処分する必要はない。つまり父による財産後見が解除されるというのは、実際には、それまでは父の管理下にあった妻の財産が妻に引き渡されて、以後夫の補佐の下にこれを管理するという意味である。ところがその後、マーリクおよびマーリクの説を継承するマーリク派の法学者たちは、この原則に加えて、女児の財産管理能力の獲得を後見解除の条件として考えるようになったため、床入り後七年の経過観察が適当であるという説が主流となったのだろうという。[48]

婚姻経験のない女児は、父親の後見を離れることはないというのが通説であるが、高齢となった場合に後見が解除されるという説もある。その基準となる年齢は、四〇歳説、五〇歳説、六〇歳説などの諸説がある。後見の解除は、女児にとっては財産管理の権利が付与されるのみではない。女児への熟慮認定がすむと、父親は彼女に対する婚姻強制権も失うことになる。父親は、彼女が婚姻するまでは扶養義務を免れることはないが、婚姻にあたっては彼女の同意が必要となる［Ḥaṭṭāb, *Kitāb mawāhib al-jalīl*, 6: 646］。

このように、未成年者に対する商業許可については、学派によるイフティラーフが大きい。マーリク派法学者カラーフィーの説明（本書四八頁）によれば、マーリク派もハンバル派とほぼ同様に、後見人の許可のもとに未成年者による商業許可が有効であるようにみえる。ところが一〇世紀のハナフィー派法学者ジャッサースは、この問題について、カラーフィーとは異なる説明をしている。

法学者たちは、未成年に対する商業許可について見解を異にしている。アブー・ハニーファとアブー・ユースフとムハンマド（イブン・ハサン・シャイバーニー）とズファルとハサン・イブン・ズィヤードとハサン・イブン・サーリフは、「父親が未成年の息子に対して商業を許可するのは、もし彼が売買について理解している（理性をもっている）のであれば有効である」とする。父親の遺言指定管財人や父親の遺言指定管財人がいない場合の祖父も同じように、奴隷への商業許可に準ずる。一方、イブン・アル＝カースィムがマーリクから伝えて述べるところによれば、「父親や遺言指定管財人が未成年者に商業を許可するのは有効だとは考えない。もし認めたとしても、その負債（ダイン）は未成年者には何らの義務も課さない」という。ラビーウはシャーフィイーを伝えて、「承認（iqrār）の書」においてつぎのように言った。「未成年者が、神の権利あるいは人間の権利あるいは財産についての権利やその他について承認したことは、それが父親や後見人によって商業を許可された未成年者であっても、その承認は無効である。裁判官は許可を与えること自体が無効であるから、その承認も無効であり、したがって売買も取り消される」。［Jaṣṣāṣ, *Aḥkām al-Qurʾān*, 2: 91-92］

ジャッサースの説明によれば、マーリク派では、未成年者への商業許可は有効ではないということになる。カラーフィーの記述との違いは、どのように考えればよいのだろうか。バグダードで活動したジャッサースとエジプトのカラーフィーの活動時期には、約三〇〇年の隔たりがある。マーリク派の学説が、時代を経て変化したという可能性も考えられる。そこでこの問題について、マーリク派の法学書を、時代を追って少し詳しくみていくことにしたい。

九世紀の法学者サフヌーンの『ムダウワナ』には、ジャッサースが示すイブン・アル＝カースィムがマーリクから伝えられた説が収録されている。サフヌーンによる「未成年が商業について理解を備えたとき、その父や遺言執行人が商業許可を与えた。これは合法であるか否か」という問いに対してイブン・アル＝カースィムは「それは合法でない。なぜなら未成年は後見されている者だからである。後見されている者についての商業許可は認められない」と答えている［Saḥnūn, *al-Mudawwanah*, 5: 2287］。そして、『ムダウワナ』の学説を継承する後続の法学書においては、同様の趣旨の記述がみられる［Ibn Abī Zayd, *al-Nawādir*, 9: 322-326］。この問題について直接言及しない法学書もある。

後世になると、『ムダウワナ』に示された説とは異なる説を採用するマーリク派法学者が現れるようになる。その中で最も古いと思われる時代の法学者は、一一世紀のイラクで活動したカーディー・アブドルワッハーブである。「未成年者への商業許可は、それが少額であり試験のためならば有効である」と述べている［ʿAbd al-Wahhāb, *al-Talqīn*, 169］。財産管理能力の有無を試験する目的であれば、成年前であっても、商業許可を限定的に有効とするという記述は、これ以降のマーリク派の法学書にしばしばみられるようになる［Wansharīsī, *al-Miʿyār al-muʿrib*, 9: 420-421; Dasūqī, *Ḥāshiyat al-Dasūqī*, 5: 292; Wazzānī, *al-Nawāzil al-jadīdah*, 6: 216］。

このことについて、一四―一五世紀の法学者ブルズリーは、以下のように説明している。

『ムダウワナ』によれば、「未成年者に対して、彼の父親あるいは遺言指定管財人が商業許可を与えたとしても、それは有効ではない。なぜなら彼は後見されているのだからである」。イヤードは、「遺贈の章」において、未成年者に商業許可を与え、金額は明示せずに、その行為を行うことのみ許可した場合について、これと異なる見解を示している。それはまた、成年の浅慮者についての他の学者たちの見解と同様である。アブー・ムハンマドとカーディー・アブー・ムハンマドとそれ以外の学者たちは、孤児を試験するため、あるいは未成年者が商売についての理性を備えていれば、財産を引き渡すことは有効であると述べている。これはイブン・ハビーブの書に明示されており、アブー・イムラーンに引き継がれている。ラフミーによれば、「成年に近づいた未成年者には、熟慮の証拠を認めるために、〔商業許可が〕必要である」。〔Burzulī, *Fatāwā al-Burzulī*, 4: 540〕

この記述からは、未成年者への商業許可を完全に否定するマーリク派初期の説に対し、後世においては、限定的にではあるが、それが許可されるようになったことがわかる。ただし、後世のマーリク派が、未成年者に対する商業許可を有効とするようになったとはいえ、[49] ハナフィー派のように完全な行為能力を与えられるものではなく、あくまでも未成年者として、その財産が後見人によって保護されることに変わりはない。一六―一七世紀にチュニスで発出されたファトワーにおいても、「未成年者は、たとえ父親や遺言指定管財人が商業許可を与えたとしても、被後見者であり、その許可は有効ではない」と説明されている〔Ibn Azzūm, *Kitāb al-ajwibah*, 10: 346〕。

マーリク派における未成年者の商業許可については、初期の規定と後期の規定を比較して、学説が根本的に変化したとまではいえない。しかしながら、法学書の記述の重点は明らかに変化し、財産管理能力の有無を試験する目的に限るものではあるが、未成年者による商業が許可され、学者によっては推奨されているのである。

(3) 親子間の殺人をめぐって

イスラームにおける父親の絶対的権力を示す事件として、現在でもしばしば報道されるのが、父親（ないしは男性家族）による娘に対する名誉殺人である。名誉殺人はイスラーム教徒によってのみ行われるものではなく、またイスラームの教義に則るものであるか否かについては意見が分かれている。未婚の娘の純潔を守ることは、家長たる父親が家の名誉をかけて守らなければならない重要事項であり、それはイスラーム以前から継承されたアラブの価値観であるとの見方もあるし、姦通を厳しく戒めるイスラームの価値観にもとづくものであるとの見方も存在する。[50] では、イスラーム法の規定において、そうした名誉殺人は罪とはならないのだろうか。古典イスラーム法には、名誉殺人そのものに言及した規定は見当たらない。本節においては、父親が子の命に対してどのような権限をもつのかという観点から、いくつかの法規定をみていくことにしたい。

　クルアーンには、貧困を恐れて子女を殺すこと、女児が生まれたことを悲観して生き埋めにすることを戒める章句がいくつか存在する。[51] 現代のイスラーム法学者カラダーウィーは、それらの章句を典拠にして、子の生存権について以下のように述べている。

> 子には生存の権利がある。父親あるいは母親には、殺害やジャーヒリーヤの一部のアラブの習慣であった生き埋め（waʾd）によってその命を絶とうとする権利はない。男児であれ女児であれ、これについては同等である。クルアーンはつぎのように言う。「貧困を恐れてあなたがたの子女を殺してはならない（第一七章第三一節）」「生き埋められていたもの〔女児〕が、どんな罪で殺されたかと問われるとき（第八一章第八―九節）」。[Qaraḍāwī, *al-Ḥalāl wa-al-ḥarām*, 210]

　ところが古典イスラーム法学書において、この女児の嬰児殺しについて言及されることは少ない。貧困を理由とした子殺しについては、シャーフィイーの『ウンム』において、上記二つのクルアーンの章句を典拠として、子女を殺すことを大罪とする記述がみられる。シャーフィイーはここで、イブン・マスウードの伝えるつぎのハディースも引用している。

> 神の使徒は、最も大きな罪は何であるか問われて、それは神と並ぶものを讃えることであると言った。そこでそのつぎに大きな罪は何かと問うと、口減らしのために子女を殺すことであると言った。[Shāfiʿī, *al-*

Umm, 6: 4］

このハディースは、法学的観点から書かれたクルアーン解釈（タフスィール）文献においてはしばしば引用され、子女殺しに言及したクルアーンの章句を解説している。しかしながら法学書においては、子女を殺害することを直接戒めるような規定は、あまりみられない。[52]

女児の生き埋め（waʾd）について言及したクルアーンの章句は、妊娠を回避するための性交中断であるアズル（ʿazl）をめぐる法規定の典拠とされる以外には、法学書にはほとんど登場しないと思われる。法学者たちの間では、嬰児殺しを戒めたクルアーンに反するとしてこれを嫌う見解と、神の使徒がこれを禁止はしなかったという理由で許容する見解とがあるが、多数を占める見解によれば、妻の許可のもとであればアズルは許容され、妻の許可がなければ許容されない［Bājī, *al-Muntaqā*, 5: 467–471; Ibn Ḥabīb, *Kitāb ādāb al-nisāʾ*, 200–202］[53]。つまり、ここでの議論の焦点は夫婦間における権利義務関係であり、子の生命に対する権限ではない。

子の生命に対する親の権限を含む議論がより多くみられるのは、親子間の殺人に関する規定である。古典イスラーム刑法を扱う研究の多くは、「父親が子を殺害した場合には同害報復刑の対象とはならない。子が父親を殺害した場合には同害報復刑の対象となる」という規定を紹介している。[54]

同害報復刑とは、加害者に対して被害者と同程度の報復を科す刑罰であり、殺人の場合、被害者の遺族の請求によって加害者を殺害する権利が与えられるものである。被害者の遺族は、同害報復刑に代えて血の代償金を請求することもできる。イスラーム法における刑罰は、同害報復刑、ハッド刑、タアズィール刑の三つに大別されるが、これらのうち、クルアーンによって明確に定められているハッド刑には、殺人は含まれていない。[55] ハッド刑は、神の権利（ḥaqq Allāh）とされているため、刑罰は固定され、被害者の宥恕による減免がないのに対し、殺人に対する刑罰は、被害者の遺族の請求によるため減免の可能性があるのである。ただし殺人に対しては他に、タアズィール刑、カッファーラ（償い）が科される場合もある。

スンナ派の大多数は、イブン・アッバースの伝える神の使徒の言葉「父親は子を理由として同害報復されることはない」を根拠として、父親が子を殺害した場合に同害報復刑は科されず、血の代償の支払のみが科されるとしている［Jaṣṣāṣ, *Mukhtaṣar Ikhtilāf al-ʿulamāʾ*, 1: 202-203］[56]。シャーフィイー派のマーワルディーはこれについてイジュマーが成立していると述べてもいる［Māwardī, *al-Ḥāwī al-kabīr*, 12: 22］。また、同害報復刑の対象とならない場合であっても、裁判官の裁量による矯正刑であるタアズィール刑の対象となる可能性は残されるのであるが、この場合も、親子間の同害報復刑についての規定に準じて、父親に対するタアズィール刑は免除される［Māwardī, *al-Aḥkām al-sulṭāniyah*, 295-296］。

ところがマーリク派においては、これとは若干異なる記述がみられる。イブン・ルシュド（孫）によれば、マーリク派においては、マーリクが「父親は同害報復刑の対象とはならない。ただし不意につかまえ屠殺したような場合は別である。父親が剣や棍棒などで息子を殴打し、それによって死亡してしまった場合は、同害報復の対象とはならない」と述べたという［Ibn Rushd al-Ḥafīd, *Bidāyat al-mujtahid*, 771］。つまり、原則としては他の学派と同様、父親が息子を殺害しても同害報復の対象となることはない。しかしながら、たとえ父親であろうとも、明らかに故意による殺人であれば、同害報復刑の対象となりうることが示唆されているのである。

マーリク派が多数派と異なる見解を有している理由は、あるハディースの解釈をめぐるイフティラーフである。そのハディースによれば、ある男が彼の息子を剣を用いて足を打ったところ、その傷がもとで死亡した件について、ウマル・イブン・ハッターブ（第二代正統カリフ）は遺族に対して血の代償のみを認め、同害報復刑を認めなかったという。イブン・ルシュド（孫）によれば、多数派は、このハディースに示された件を、第三者が棍棒で他人を殺害した場合に準じて故意の殺害とみなし、したがって父親による故意の殺害であっても同害報復刑は科せられないと解釈した。これに対しマーリクは、これは父親の息子に対する過失の殺害であると解釈し、だから同害報復の対象とはならないのであって、もしそれが故意の殺害であればその限りではないとする。

イブン・ルシュド（孫）はさらに、ここに「父親の息子への愛情（maḥabbah）」という説明を挿入している。すなわちマーリクは、父親には息子を体罰（taʾdīb）によって教育する権限があるが、父親というのは息子に対する強い愛情を有するものであり、こうした状況において起こってしまった殺人は意図的なものではないと解釈したのだ、というのである。「父親の息子への愛情」という表現は、マーリク自身が述べたものではないが、後世のマーリク派の法学書には時折みられるようになる［Ibn ʿAbd al-Barr, *al-Kāfī*, 588 など］。

父親が息子の殺害によって同害報復刑を科されるのは、あくまでも例外規定である。他の学派と同様に、マーリク派においても原則としては「父親は息子によって同害報復刑とはならない」と規定されている［Saḥnūn, *al-Mudawwanah*, 6: 2796-2797］。しかしマーリク派では、父親というのは普通、子に対して愛情をもつものであり、仮にしつけのための打擲が原因で子が死亡したとしても、それは過失であり、同害報復刑とはならないと理解する。逆に父親が社会通念に反して、愛情をともなわない明白な故意によって子を殺害したときには、同害報復刑の対象となり得、父親の特権が考慮されない場合もあるということである。

なお、子が死亡したとき、通常であれば父親は子の財産から相続する権利を有し、それが殺害であれば遺族として血の代償を請求する権利も有するが、父親が子を故意に殺害した場合、相続の権利も血の代償を受け取る権利も有しない。父親による子の殺害が過失であれば、父は子の財産からは相続する権利をもつが、血の代償は一族（ʿāqilah）[57]が負担し、父親はそこから相続する権利は有しない［同前 6: 2985-2986］。

5　父という存在の考察

本章においては、子にとって父親がどのような存在であるのかを明らかにするために、父子関係の確立、子の宗教、新生児儀礼、扶養、相続、後見、親子間の殺人などの諸項目について、法学者たちの議論を検証してきた。その結果、実子の確定が父親の恣意的な判断によるものではなく、客観的な事実に依拠するものであることがまず確認された。そして父親には、実子の生命と生活を維持し保護する義務が課される。たしかにイスラーム法においては、誰より父親に大きな権限が付加されている。しかしそれは無制限な権限ではないし、逆に父親に課された義務も明確にされているのである。

イスラーム法における父権の特徴は、ローマ法が有する絶大な父権との対比によっても明らかとなろう。ローマ法においては、子は生涯にわたって「家父権（家長権）」に服し、父親は、妻を含む家族成員のすべてに対して「生殺与奪の権利」を有していたという。[58] ローマ法では、父親が子を選ぶことによって、父子関係が確立された。父親はその息子を空にむかって抱き上げて公に示すことにより、その父子関係を宣言した。そこに生物学的な証拠は一切必要でなく、ある子どもを自身の子とすることも、また逆に子を放棄することも意のままであったという。[59] これに対して、イスラーム法における父子関係の強い結びつきは、あくまでも父と子の一対一の関係を規定したものであり、父による子への一方的な権利のみが認められているのではない。ローマ法における家長と家の成員たる子の主従関係とは異なっているのである。

イスラームにおいても、「あなたとあなたの財産は、あなたの父親に属する」というハディースが残されており、それは強大な父権を示唆している。ところが、本章で扱った各項目について、イスラーム法学書で同ハディースが引用されている例はあまりみられなかった。ハンバル派においてのみ、父親は望むだけの財産を、子の財産から取得することができるという規定や、子や父親に対して債権者となることはできないという規定などの根拠として、同ハディースがあげられ、「至高なる神は、息子を彼の父親への贈り物として御創りになったのである」と述べられる例がある［Ibn Qudāmah, *al-Mughnī*, 4: 586-587］。同派については、さらなる検証が必要であるが、他の三学派において、同ハディースが引用されるのは、息子の財産からの窃盗については切断刑の対象とはならないという規定〔Shāfiʿī, *al-Umm*, 9: 280; Nafrāwī, *al-Fawāqib al-dawānī*, 2: 32〕と、息子の所有する女奴隷との性交は姦通罪とはならないという規定〔Nafrāwī, *al-Fawāqib al-dawānī*, 2: 338-339; Sarakhsī, *Kitāb al-mabsūt*, 3: 87〕などにとどまる。しかも、マーリク派の『ムダウワナ』においては、父親による息子の財産からの窃盗が罪とはならないのと同様に、母親による子の財産の取得も許されるという趣旨で、同ハディースが引用されているのである〔Saḥnūn, *al-Mudawwanah*, 6: 2709〕。

ハナフィー派の法学者サラフスィーの『マブスート』においては、同ハディースをめぐるイフティラーフについて以下のように述べられている。

> ある男が、彼の成年の息子を無視して、家屋あるいは物品を、その必要もまた正当な事由もなく売却することは、われわれの学派では有効ではない[60]。ただし、イブン・アビー・ライラー（Ibn Abī Laylā, 六九三あるいは六九五―七六五年、アブー・ハニーファと同時代のクーファのカーディー）は、その売却を有効であるとしている。その根拠として、預言者の言葉「あなたとあなたの財産は、あなたの父親に属する」および「自身の得たものから食べるのがより良いが、その子がその得たものから〔食べている〕ならば、あなたがたの子どもたちの得たものから食べるがよい」があげられている。彼によれば、これら二つのハディースは、息子の財産は自身の財産と同様に、父親の所有物であり、それを処分することができることを示している。〔Sarakhsī, *Kitāb al-mabsūt*, 30: 139〕

この記述からは、ハナフィー派においても、子の財産に対する父親の権限は絶対的なものではなく、「あなたとあなたの財産は、あなたの父親に属する」というハディースが、反対意見を根拠づけるものとして示されていることがわかる。

またシャーフィイーは『ウンム』において、ある男が父親から盗んだ場合には窃盗罪とならないことの根拠として同ハディースをあげている。すなわち父親が子の財産を取るのが窃盗とはならないのと同様に、子は父親の財産を盗んだことにはならないとするのである［Shāfiʿī, *al-Umm*, 7: 598］。「あなたとあなたの財産は、あなたの父親に属する」というハディースおよびこれを根拠とした学説はたしかに存在する。しかしながら、スンナ派四法学派全体としてみれば、そうした強権的な父親像が、単純なかたちで描かれてはいないのである。

一方で、イスラーム法学書の記述には、子に対する「父親の愛情」という表現がみられ、「子の利益」への配慮という姿勢も強くみられる。とくにマーリク派については、扶養の権利義務関係が親子に限定されていること、未成年者への後見権の範囲が可能な限り父親に限定されていること、父親による子の殺害の扱いなどからは、父親の強い権限が認められるのと同時に、子の側の権利についても入念な配慮がなされているようにみえる。

夫婦と親子から成る家族を社会の基本単位とすることが、イスラーム法による婚姻制度の核心であり、これこそがイスラームによる社会改革の最大かつ最も革新的な側面の一つであった。男性父系血族（アサバ）の紐帯というイスラーム以前からの価値観は、イスラーム法に残存してはいるものの、子どもの存在は、一族の中に埋没してしまうようなものではない。ことにマーリク派の諸規定からは、家長として家族成員の一人である子を制御するという立場ではなく、父親として子を養育するという基本姿勢がみて取れるのである。

第三章　母の役割と「子の利益」

クルアーンやハディースにおいては、母親についての多くの言及があり、イスラームにおいて母性尊重の姿勢が強調されていることはよく知られている。[1]

われは、両親に対し優しくするよう人間に命じた。母は懐胎に苦しみ、その分娩に苦しむ。懐胎してから離乳させるまで三〇カ月かかる。（クルアーン第四六章第一五節）

ムアーウィヤ・イブン・ジャーフマによれば、ジャーフマは預言者のところへ行って尋ねた。「預言者様、私は戦いに行きたいのですが、お考えをうかがいに参りました」すると預言者は言った。「おまえに母親はいるのか」「います」「では母親のもとにとどまるがよい、天国は母の下にある」。（ハディース[2]）

アブーフライラによれば、ある男が預言者に、最も親しくすべきなのは誰なのかを尋ねた。すると預言者は言った。「おまえの母親である。そのつぎも母親である。そのつぎも母親である。そしてそのつぎに父親である」。（ハディース[3]）

このように、イスラームの規範的価値観においては、母親の占める位置は高く、その役割も尊重されているようにみえる。イスラームの母親観を、イスラーム以前の一神教的伝統の中で比較し、諸預言者（イシュマエル、モーセ、イエス）とその母たちについて論じた研究もある。[4] しかしながら、多くの先行研究が示すとおり、イスラーム法は本質的に父権的であり、母親の役割は妊娠・出産とせいぜい幼少時の養育に限られるという評価は根強い。エジプトにおける女性の近代的覚醒をテーマにした研究でバロンは以下のように述べる。

中世の文献においては、子どもに関する問題は、もっぱら父親についてのみであって、母親について扱われることはなかった。こうした文献は、法的事象を反映したものである。すなわち子は父親に属し、母親は一定の年齢までは子育てを担当するけれども、それでも扶養の義務は父親にあるのだ。[5]

バロンはここでいう中世の文献を自身では検証せず、二次資料にもとづいて判断しているにすぎないが、[6] こうした見方は、イスラーム法研究者においても共通するところがある。たとえば柳橋は、「（イスラーム法において）子は父の子であって、母はその媒介者にすぎないという観念が存在する」と述べている。[7]

イスラーム法の最も根本的な典拠となるクルアーンやハディースに示された母親観は、時代とともに父権的価値観によって後退させられ、イスラーム法の形成過程において軽視されるようになったのだろうか。[8] あるいは、イスラームの教えにおける母性の尊重は、現代の新しい聖典解釈の流れの中で、より一層強調されるようになったものなのだろうか。

イスラーム法の規定と実社会との関係については、これまでにも多くの研究者が関心を寄せ、法廷文書やファトワーなどを使用した女性史研究も進展しつつある。[9] ただし、資料はかなり限定されているし、比較的豊富な文書資料が残っているオスマン朝期についての研究は、その公式学派であったハナフィー派に関するものが多い。

最近出版された、イブラーヒームによる子の監護と後見を扱った著作において、ハナフィー派とマーリク派を含むスンナ派全体を見通した研究が、貴重な貢献となっている。イブラーヒームは、エジプトの法廷文書資料を駆使して、法が適用される際に、規範学説との相違がいかなる根拠によって正当化されていたのかに着目して、イスラーム法の柔軟な運用の様子を明らかにした[10]。

子どもや子育てに関わる諸規定には、クルアーンやハディースに直接由来せず、慣習を考慮したケースも多いため、イフティラーフが生じやすいのではないかと思われる。マーリク派法学は、イスラーム以前あるいはイスラーム初期のメディナの状況を強く反映しているほか、その後の発展を担ったイフリーキヤやマグリブ、アンダルスの慣習を取り入れたこともあり、それらを細かく検討することは重要である。

本章においては、子への授乳と監護に焦点を絞り、イスラーム法において母の役割がどのように規定されていたのかを探っていく。これにより、女性や子どもの権利を軽視するイスラームの家父長制的性格という先行研究にみられる理解に再考を加えたい。

1　母の授乳は義務なのか

イスラーム法において、授乳に関する法学的議論には古くからかなりの積み重ねがある。その理由としては、授乳によって生じるイスラーム法独特の婚姻障害の問題が複雑かつ重要であることと、授乳に関する相互に矛盾を含むとも考えられるクルアーンの啓示が複数みられることなどが考えられる[11]。

法学書で授乳（raḍāʿah あるいは riḍāʿah）とは、まだ物を食べることのできない乳児に対して、その子を産んだ母親あるいは別の女性が自身の乳を飲ませることであると定義される［Burzulī, *Fatāwā al-Burzulī*, 2: 496］。標準的な法学書であれば、ほとんどが「授乳の章」とする独立した章を設けている。ただしその趣旨は、主に授乳によって生じる婚姻障害についての言及である。イスラーム法においては、クルアーン第四章第二三節の「あなたがたに禁じられている（結婚）は、あなたがたの母、女児、姉妹、父方のおば、母方のおば、兄弟の女児、姉妹の女児、授乳した乳母、同乳の姉妹、妻の母〔後略〕」を根拠とし、血縁による婚姻障害と同様に、授乳によって乳親族となった者同士は婚姻することができないと規定している。法学者たちは、婚姻障害を生じさせる授乳の期間や回数、それを証言する方法などを詳しく論じた。[12] このため各法学書における「授乳の章」は、数多くのケースを想定した膨大な規定を収録することとなっている。

生まれてきた子に誰が授乳をすべきであるかという問題については、「授乳の章」よりも、むしろ他の章に含まれていることが多い。主に両親の離婚後の子の養育の問題を扱う「監護（ḥaḍānah）の章」、「扶養（nafaqah）の章」、「離婚（ṭalāq）の章」、「婚姻（nikāḥ）の章」のほか、乳母の契約についての規定を含む「賃約（ijārah）の章」、罪を犯した母親の授乳について規定した「ハッド刑（ḥudūd）の章」など、各所に授乳に関わる規定が散在している。

本節では、授乳に関わる諸規定の中でも、母親の授乳義務の問題に焦点をあてて、ここからまず、イスラーム法が母親による子育てをどのように位置づけているかを探ってみることにしたい。

(1) 授乳に関するクルアーンの章句

クルアーンは、授乳について複数の箇所で言及している。[13] イスラーム法規定の根拠とされる頻度が高いのは、婚姻障害に関わる前述の第四章第二三節に加えて、以下の二つの節である。

母親は、乳児に満二年間授乳する。これは授乳を全うしようと望む者の期間である。父親は彼らの食料や衣服の経費を、公正に負担しなければならない。しかし誰も、その能力以上の負担を強いられない。母親はその子のために不当に強いられることなく、父親もまたその子のために不当に強いられてはならない。また相続人もそれと同様である。また両人が話し合いで合意の上、離乳を決めても、彼ら両人に罪はない。またあなたがたは乳児を乳母に託すよう決定しても、約束したものを公正に支給するならば、あなたがたに罪はない。（第二章第二三三節）

もし彼女たちがあなたがたのために〔子に〕授乳する場合は、その報酬を与え、あなたがたの間で、正しく相談しなさい。あなたがた〔夫婦〕がもし話がまとまらなければ、外の女が授乳してもよい。（第六五章第六節）

この二つの節が、母親による授乳義務に関わる規定や、乳母の雇用に関わる規定の典拠となっているのであるが、これら二つの節の解釈をめぐって、学派間にはイフティラーフが生じている。第二章第二三三節については、クルアーン原文のアラビア語からは、二年間の授乳を望む者が母親であるとも、父親であるとも解釈することが可能であって、これもイフティラーフの原因となっていると考えられる。

先に示したのは、日本ムスリム協会編訳『日亜対訳・注解　聖クルアーン』であるが、「母親は、乳児に満二年間授乳する。これは授乳を全うしようと望む者の期間である」とされており、この訳者は授乳を全うしようと望む者を限定していない[14]。授乳を希望するのは母親であるという解釈をとるものもある。「〔妻が既に〕母となっている場合は、もし授乳を完全に終わらせたいと思うものは子供にまる二年間乳をのませるがよい[15]」「母親で、授乳をまっとうさせたいと思う者は、満二年間、自分の子に乳を飲ませなければならない[16]」などである。これに対して、柳橋『イスラーム家族法』では、「母親は、〔我が子のために〕授乳をまっとうさせたいと思う者（父親）のために、満二年間、自分の子に乳を飲ませなければならない」との解釈により、授乳を希望するのは父親であることが示されている。[17] 授乳を誰が希望するのかという問題は、授乳義務およびその報酬の有無を規定する上で重要となるため、これをめぐる解釈の違いは同時に法的見解の相違となる。[18]

授乳を希望するのが父親であるとの解釈をとった場合、前述のクルアーンの二つの節が矛盾することによる法規定の相違が起きる。まず第二章第二三三節については、これが離婚された妻に関するものであることが直前の第二三二節からわかるが、その場合であっても母親は子が満二歳になるまでは授乳の義務を負い、その対価として子の父親〔元夫〕からの扶養を受けることができると理解することができる。一方、第六五章第六節でも、懐胎した妻が出産するまでは扶養せよと言っているので、これは離婚した妻についての規定であることがわかる。ところがここでは、「もし彼女たちがあなたがたのために〔子に〕授乳する場合は、その報酬を与えよ」とされているので、授乳は母親の義務ではなく権利であり、扶養ではなく賃金を請求する権利をもつことになる。つまりクルアーンからは、夫婦が離婚した場合、子に対する母親の授乳は、義務であるとも、そうでないとも解釈できるのである。[19]

(2) 母親の授乳義務に関するイフティラーフ

母親による授乳が義務であるか否かについては、四法学派がそれぞれ異なる見解を唱えている。それらを簡単にまとめると、以下のようになる。

ハナフィー派は、必ずしも授乳を母親の義務とは考えない。授乳はあくまでも母親にとっては宗教的義務であり、法的義務ではないとする。マーリク派は、妻が夫権（ʿiṣmah）に服している間、つまり婚姻継続中は義務（ただしシャリーフの家系や高貴な身分の女性は除く）であり、夫権を離れた後は義務ではないとする。シャーフィイー派は、初乳のみ母親の義務であるが、それ以降は授乳は父（ないし父系血族）の義務であるとする。ハンバル派は、母に授乳義務はないという立場をとる。つまり、マーリク派のみが、限定つきではあるが、母親に子への授乳義務を課している。ただしいずれの学派においても、子が母親の乳しか受け付けない場合には、授乳は母親の義務となるし、母親が病気や乳の出が悪いなどの理由で授乳が困難な場合には、授乳は父親の義務であるとしている。[20]
母親による授乳を、義務であるか否かという観点からみる発想は、スンナ派四法学派の確立以前からみられる。シャーフィイー派のマルワズィーによる『イフティラーフの書』にはつぎのように記されている。

母親による自身の子に対する授乳の義務については見解が相違している。
スフヤーンは言った。「夫は、もし妻がそれを嫌うならば、彼女が彼のもとにいるといないとにかかわらず、妻に対して授乳を強制する権利はない。ただし、もし乳母がいない場合は別である。もし乳母が見つからず、子について心配があるならば、彼女は授乳を強制され、もし彼女が望むなら報酬を受け取ることができる。もし彼女が報酬を望まないのであれば、授乳についての相当の報酬が与えられる」。
ヤフヤー・イブン・アーダムは言った。「私はシャリークに、ある男について問うた。「彼女の夫が彼との間の彼女の子に授乳することを拒否している」。彼は言った。「妻に〔拒否する〕権利はある。夫は彼女を乳母として雇用しなければならない」。」〔中略〕
ラアイの徒は言った。「彼女が夫のもとにいようが離婚されていようが、母はその子に対する授乳を強制されない。もし妻が授乳を拒否する場合は、夫はその子のために乳母を雇用する義務がある。彼女は離婚されているのでなければ夫から授乳の報酬を受け取る権利はないが、離婚されていれば報酬を受け取る権利がある」。〔中略〕
アブー・サウルは言った。「妻が夫と同居しているのであれば、彼女に子に対する授乳の義務がある。それは至高なる神の言葉「両親はその子らに授乳をする」〔第二章第二三三節〕による。また別居している場合には彼女には報酬を得る権利がある。それは「あなた方が話し合って子に授乳者を雇うのもよい」とするクルアーンの言葉（第六五章第六節）に拠っている」。[Marwazī, *Ikhtilāf al-ʿulamāʾ*, 153-154]

さらにこれらの見解を、各学派の法学書がどのように論じているのかをみてみよう。

ハナフィー派においては、母親は自身の子に対する授乳を強制されないという説が、正伝（ẓāhir al-riwāyah）[21]として伝えられている。授乳は扶養と同様に、父親の義務であり、母親の義務ではない。さらには、子が母親の乳しか受け付けない場合や、かわりの授乳者が見つからない場合であっても強制されることはないという。ただしアブー・ハニーファとアブー・ユースフによれば、そうした場合は、母親が授乳義務を負うとしたとも伝えられている［Asrūshinī, *Jāmiʿ aḥkām al-ṣighār*, 1: 124］。

シャーフィイー派では、母親が高貴な身分であれ一般人であれ、富裕者であれ貧者であれ、あるいは婚姻継続中であれ離別後であれ、自身の子に対する授乳を強制されることはないとしている。ハナフィー派と同様に、授乳は父親の義務であって母親の義務ではない［Shāfiʿī, *al-Umm*, 5: 145; Māwardī, *al-Ḥāwī al-kabīr*, 11: 494］。ただし母親が出産直後に出す初乳だけは必ず子に飲ませなければならないとされている。その理由は、初乳を飲まないと子どもは丈夫に育つことができないからであると説明される。これは他の学派にみられないシャーフィイー派特有の規定である[22]［Shirbīnī, *Mughnī al-muḥtāj*, 3: 449］。母親が自身の子への授乳を要求した場合には、たとえ父親が異を唱えても母親に授乳の権利があるが、父親が無償で子に授乳してくれる者を見つけたならば、母親には報酬を受け取る権利はない。ただし母親には相場の報酬を得る権利があるとする説もある［Māwardī, *al-Ḥāwī al-kabīr*, 11: 495-496］。

ハンバル派においても、子の授乳は父親にのみ義務があり、父親は、母親に子への授乳を強制する権利をもたないとする。これは母親が一般人であっても高貴な身分であっても、婚姻継続中であっても離婚後であっても同様である。また母親が、相場の報酬で授乳することを望んだ場合は、彼女は他の女性よりも権利があるとしている［Ibn Qudāmah, *al-Mughnī*, 6: 478］。これらの三学派においては、母親が授乳を望んだ場合の権利については、それぞれ詳細な規定が設けられているが、基本的に母親が授乳を強制されることはないということで一致している。
これに対してマーリク派のみは、母親による授乳を婚姻継続中に限っては義務づけている。サフヌーンによる『ムダウワナ』は、以下のように述べている。

彼〔イブン・アル＝カースィム〕は言った。「マーリクは以下のことを問われた。「夫のいる女性は自分自身の子に授乳する義務があるのか」。マーリクは言った。「それを強制されない者を除いては、彼女が望むと嫌うとにかかわらず、授乳義務がある」。」彼〔イブン・アル＝カースィム〕はマーリクに言った。「それを強制されない者とは誰であるか」。マーリクは言った。「高貴な身分の女性や富裕な女性など、普通は授乳をしたり子の世話をしたりしないような者である。その場合、もし彼女に乳があったとしても、授乳は父親の義務であると考える」。」彼〔イブン・アル＝カースィム〕は言った。「われわれは彼〔マーリク〕に言った。「もし母親が高貴な身分の女性でなく、乳を有しているなら授乳するような身分の者なのに、乳を出すことができなかった場合どうか。マーリクは言った。「授乳は父の義務となり、父は授乳の報酬を支払わなければならない。母親はいかなる報酬も支払う義務はない。もし母親に乳があって高貴な身分の女性でない場合には、彼女が自身の子に授乳する義務がある」。私〔イブン・アル＝カースィム〕は言った。「では高貴な身分でないこの女性が、自身の子に授乳した場合、彼女は夫から授乳の報酬を得ることができるか」。彼〔マーリク〕は言った。「できない。彼女には好むと嫌うとにかかわらず、子に授乳する義務がある」。私〔イブン・アル＝カースィム〕は言った。「では父親が死亡した場合、母親の子に対する授乳義務はなくなるのか」。彼〔マーリク〕は言った。「もし子に財産があれば（彼女の義務はなくなる）。そうでないならば彼女は授乳の義務を負う」。私〔イブン・アル＝カースィム〕は言った。「もし子に財産がない場合、彼女に子を放棄する権利はあるのか」。彼〔マーリク〕は言った。「ない。ただしそれは授乳についてのみであって、扶養は授乳とは異なる」。私〔イブン・アル＝カースィム〕は言った。「彼女の子が乳児であって、財産がない場合、彼女はその子に授乳する義務があるということか」。彼〔マーリク〕は言った。「そうである。彼女は好むと嫌うとにかかわらず、その子に授乳する義務がある。しかし扶養の義務はない。彼女の義務は授乳だけである」。マーリクは以下のように言った。「扶養は彼女が子に授乳する授乳とは違うが、もし子に財産がない場合は、彼女が子の扶養を放棄することを私は好まない」。」［Saḥnūn, *al-Mudawwanah*, 3: 1093-1094］

マーリク派においても、婚姻解消後は、子の生命維持に支障のない限りにおいて、母親の授乳義務はない。つまりマーリク派では、母親による授乳は、母親が夫権（ʿiṣmah）に服している間は義務であり、夫権を離れれば基本的には義務ではないということになる［Wansharīsī, *al-Miʿyār al-muʿrib*, 4: 25; Ibn ʿĀshūr, *Tafsīr al-taḥrīr wa-al-tanwīr*, 2: 429; Ibn ʿAbd al-Rafīʿ, *Muʿīn al-ḥukkām*, 1: 349］。

以上をまとめると、母親の授乳義務というのは、母親と子の関係においてではなく、母親とその夫との関係において生じるものであることがわかる。するとやはり、イスラーム法は「母親であること」をさほど重視していないということになるのだろうか。

(3) 母親の愛情という表現

これまで整理してきた各学派の規定をみる限りにおいては、イスラーム法は「授乳は必ずしも実の母親によるものでなくてもよい」と考えているかのように思える。例外として、子が母親の乳しか受け付けないような場合に限っては、授乳を母親の義務とする点で各学派は共通している[23]。子の生命の維持という大原則がそこにはみられる。では、子の生命に心配が及ばない場合には、授乳に関する法学書の記述は、もっぱら権利義務について論じるだけなのだろうか。

ムスリム法学者たちは、前述のような権利義務とは別に、子にとっては母親の乳が最良であるという認識をもち合わせていたようである。[24] その理由として、子にとっての母親の深い愛情を示す表現が法学書にみられることがある。いくつかの具体例をみてみることにしよう。マーリク派のイブン・ルシュド（祖父）は、愛情には言及しないものの、母親による授乳のもたらす恩恵を、つぎのように述べている。

母親が自身の子に授乳することが最も好ましい。神の使徒は以下のように言った。「子にとって、最大の恩恵（barakah）をもたらす乳は、彼の母親の乳である。したがって離婚された女性は、彼女以外の女性よりも、彼女の子に授乳する権利がある」。［Ibn Rushd al-Jadd, *al-Muqaddamāt*, 380］

同じくマーリク派のワンシャリースィーは、おそらくこれを参照したものと思われるが、以下のように述べる。

母親が子にとってより親密（arfaq）であり、またその乳が子にとってより恵みあることは以下のように伝えられている。子にとって最大の恩恵をもたらす乳は、彼の母親の乳である。［Wansharīsī, *al-Miʿyār al-muʿrib*, 4: 27］

シャーフィイー派のマーワルディーは、以下のように表現している。

もしも母親が、子への授乳を望んだならば、父親には彼女を禁じる権利はない。なぜなら彼女は、彼に対してより親愛深く（ashfaq）、より慈しみ深く（aḥannu）、その乳は豊富で、彼女の乳は子にとって最も有益だ

からである。[Māwardī, *al-Ḥāwī al-kabīr*, 11: 495]

授乳についての規定において、子に対する母親の愛情を前面に出した記述というのは、法学書ではそれほど多くみられるわけではない。しかしながら、授乳に関わる権利義務の詳細を論じた諸規定のあいだに、こうした子育て論が、たしかに存在しているのである。

(4) 小児医学書における授乳についての記述

母親による授乳が推奨されることは、医学書においても記録が確認できる。イスラーム圏には、西暦一〇世紀頃にすでに、いくつもの小児医学専門書が著されていた。アラビア語で書かれた最古の小児医学書とも称される書は、イスラーム医学の分野で最も有名な学者の一人であるラーズィー（九二五年没）によるものとされているが、[25] 現存する代表的なものは、カイラワーンの医師イブン・ジャッザール（八九五—九八〇年）による『子どもの扱い方』[Ibn Jazzār, *Siyāsat al-ṣibyān*]、アンダルスの学者アリーブ・イブン・サイード（九七九または九八〇年没）による『胎児の形成の書』[Qurṭubī, *Kitāb al-khalq al-janīn*]、エジプトの学者バラディー（九九〇年没）による『妊婦と小児の管理』[Baladī, *Tadbīr al-ḥabālā*] などである。またラーズィーとならんでイスラーム圏のみならず中世ヨーロッパでも著名であったイブン・スィーナー（九八〇—一〇三七年）もまた、名著『医学典範』の一部分において、子育て (tarbiyah) について言及している [Ibn Sīnā, *al-Qānūn fī al-ṭibb*, 1: 150-158]。各小児医学書に共通しているのは、いずれもヒポクラテス、ガレノス、アリストテレス等のギリシア医学の影響を大きく受けている点である。これらの学者たちの学説や見解が、頻繁に引用されている。そして、いずれの書も、その構成や内容は類似した点が多い。

たとえばバラディーの『妊婦と小児の管理』の目次は以下のとおりであり、他の類書も似たような項目を含んでいる。

第一章（全五七節）……妊婦、乳幼児、胎児への指南と病気に対する投薬
（妊婦と乳幼児らの養生、男女の産み分けなど）
第二章（全四八節）……乳幼児と子どもに対するしつけとそれに対する指南、彼らの健康の維持
（出産、出生時にすべきこと、授乳、母親による授乳の大切さ、乳母の選び方、授乳者の食事、気をつけるべきこと、授乳の仕方、初乳の忌避、乳児の歯、離乳、幼児の食事、七―一四歳までの時期、一四―二一歳までの時期）
第三章（六一節）……乳幼児や子どもに発生する痛みや病気と、それぞれについての投薬

目次にすでにみられるように、母親による授乳の大切さは、医学書においても強調されている。ここでとりあげた小児医学書には、いずれも同じような記述がなされているのであるが、イブン・ジャッザールの書には以下のように書かれている。

ガレノスは、もし母親に病気などがないのならば母親の乳が最良の乳である、と述べている。なぜなら母親の乳は、子がそこから栄養を得ていたものであり、子はそこで形作られ育てられたのであるからである。[26]
[Ibn Jazzār, *Siyāsat al-ṣibyān*, 61]

このような医学書は、あくまでも学問であり、現実の生活にどれほどの影響があったのか確認することは困難である。イブン・ジャッザールについては、自身も患者の診察にあたる臨床医であったとの記録もあるため、ある程度の影響は考えられるものの、具体的な証拠は見つかっていない。また、医学書と法学書の記述との関係を

探る手立てもいまのところ皆無である。しかしながら、少なくとも医学の分野においても、法学の分野においても、子に対する実の母親の重要性が説かれていたことは事実である。

ただしこれとは逆に、医学的見解と法規定との間の乖離が著しい例もある。母親が出産後数日の間に出す初乳をめぐる見解である。

イスラーム圏の小児医学書においては、「母親は、産後数日間は、授乳を避けるべきである。なぜならそこには不純物が混じっているからである」「新生児は、二、三日間は母以外の者からの授乳をしなければならない」などとある。そしてその間は、適切な乳母を見つけることが推奨される［Ibn Jazzār, *Siyāsat al-ṣibyān*, 61; Baladī, *Tadbīr al-ḥabālā*, 102, 118; Ibn Sīnā, *al-Qānūn fī al-ṭibb*, 1, 151］。

ところが前述のように、シャーフィイー派の法学者たちは、「初乳を飲ませなければ、子が丈夫に育つことができない」という理由で、すべての母親に子への初乳の授乳を義務づけていたのである。初乳にのみ豊富に含まれる成分ラクトフェリンが、免疫力の弱い新生児が生きていくために非常に重要であることは、現在の医学では証明されている。ところがこうしたことが知られるようになったのはごく最近のことであって、前近代においては世界中の各地において、その黄味がかった色が嫌悪されて、むしろ初乳は与えるべきではないとされていたことが報告されている[27]。歴史上長らく医学の先端を誇っていたイスラーム圏の医学者たちですら誤認していたことを、シャーフィイー派の法学者たちは記述し続けていた。

シャーフィイー派が初乳を義務づける根拠は、クルアーンやハディースにはみられない。また法学的議論の結果であるという痕跡もない。シャーフィイーの『ウンム』にはすでに、数箇所の言及があり、これを継承する形で後の法学書では、初乳の義務を様々な規定へと拡大している。おそらくは、民間医療のような形で伝達されていた経験的な知識に拠ったものだったのであろう。しかしこれが、シャーフィイーという人物によって伝えられたことによって、その後も広くイスラーム世界へと伝承されていった。

ただしシャーフィイー派以外の学派においては、初乳の重要性を説く記述は全くみられない。それが医学書によって広められたような知識を反映していたという証拠はないが、イスラーム圏においても、初乳を避ける習慣は広く行われていた可能性は考えられる。

2　乳母の雇用をめぐる問題

母親が何らかの理由で授乳ができない場合、現代であれば代替乳を利用するのが普通である。しかし、そうした代替乳が期待できない時代にあっては、代わりの女性に授乳してもらうしかない。「母乳」が母性愛の象徴とされるようになる近代以前の日本においては、乳児の命綱である乳は、必ずしも母の乳である必要はなかったとする研究もある。[28] さらには、一九世紀後半のパリのように、乳母を雇うことが上流階級において流行となり、「乳母産業」が発達するようなこともあったという。[29]

中東における一九世紀末から二〇世紀初頭の子育て観の変化について研究したナジュマバーディーの論考には、「前近代の文献の中では、生物学上の母が母乳を与えなければならないという考え方はみられなかった（事実、子どもは生まれてすぐに乳母に委ねられた）」[30]などと述べられ、子どもは実の母親ではなく、乳母によって育てられることが少なくなかったことが示唆されている。

では、乳母の雇用は、前近代のムスリム社会において、実際に一般的だったのだろうか。

近代エジプトの女性観を研究したシャクリーが、バロンの研究に言及して、「一九世紀後半に、子どもの将来を方向づける中心的役割を担い、早い時期に子どもに決定的な影響を与える存在として指南される対象が、父親から母親へ移行している」[31]と述べたように、前近代の道徳書や倫理書は、父親たる男性に向けて子どもの教育を論じていたし、一九世紀以降に、母親たる女性向けに育児書が書かれるようになったのは画期的であった。前近代のムスリム女性については、いまだ多くのことが明らかにされていないし、とりわけ子育てのように家庭内で行われることについては資料も乏しい。前近代の授乳に関しては、ギラディが、法学書や医学書、道徳書などを資料とした研究『乳児、両親と乳母―中世ムスリムの授乳観とその社会的含意』を刊行し、ムスリム社会における乳母の慣行について論じてもいる。実際に、古典法学書には、乳母をめぐる法規定は比較的豊富にある。しかし、実際にそうした法規定が適用される事例が多く存在したのかどうかは慎重に検討しなければならない。

本節では、乳母規定の啓示的根拠、乳母規定の法学書における位置づけと内容の詳細、乳母雇用の実態についての考察の順に各法学派の法学書を検討し、乳母の慣行の実践についても考察しつつ、イスラーム法の母親観の一端に迫ってみたい。

(1) 預言者ムハンマドの時代の乳母

マーリク派では、婚姻継続中という条件付きではあるが、母親による授乳が義務とされていることはすでに述べた。ただし、高貴な身分や裕福な女性には、授乳義務は一切生じない。それはなぜだろうか。マーリクは、「高貴な身分の女性や富裕な女性など、普通は授乳をしたり子の世話をしたりしないような者」という表現を用いている。一五―一六世紀の法学者ワンシャリースィーの『ミウヤール』によれば、一部の学者たちは、高貴な女性が授乳をしないというのは、慣習（ʿurf）であり、それが法規定に適用されたのだというのであるが、これがいつの時代の慣習であるのかは必ずしも明確ではない。ただ少なくとも、マーリクが慣習であると言った内容を、その後のマーリク派法学者たちが受け継いでいたことだけは確かである［Wansharīsī, *al-Miʿyār al-muʿrib*, 4: 26; Wazzānī, *al-Nawāzil al-jadīdah*, 4: 452］。マーリクは、ヒジュラ暦二世紀のメディナで生まれ同地で没した法学者であり、高貴な身分の家で乳母を雇うことが、当時のメディナにおいて一般的であったと推察することはできる。[32] しかしこれを裏づける証拠は見つかっていない。わずかな情報が得られるのは、預言者ムハンマドの伝記、ハディースとその注釈書である。

預言者ムハンマド自身が、生後まもなく乳母に預けられて養育されたことはよく知られている。当時のメッカでは、身分の高い女性は自分で授乳や養育をせず、子どもが産まれると、空気が澄んで健康によく、また正しいアラビア語を身につけるために適している遊牧民のもとに、里子として預けたといわれている。ムハンマドは、遊牧民のサアド族の女性ハリーマのもとで養育された。またムハンマドがハリーマ以外にもいく人かの乳母から授乳されたことも記録されている。ムハンマドは、何年かの後に、実母アーミナのもとに戻されたのであるが、アーミナはムハンマドが六歳のときに亡くなったという[33]。

乳母や里子の習慣が当時のメッカの慣行であったか否かについては、これを裏付ける確実な資料は乏しい。しかし少なくとも預言者ムハンマドが、乳母ハリーマのもとで幼少期を過ごしたということが、ムスリムたちによって語り継がれ、書き継がれていったことは事実である。後世の注釈書によれば、クライシュ族などの高貴な部族が乳母を雇用する理由の一つは、夫に対して妻を自由にするためであるとされる〔Suhaylī, *al-Rawḍ al-unuf*, 1: 187〕。これは、夫が妻と性交する権利を享受することを示していると考えられる。子がとくに小さいうちは、授乳回数も多く、世話も煩雑であることから、授乳中の妻が子の世話に忙殺されて夫の要求に応える余裕がなくなるということもあろうが、そのほかに「授乳中の性交は子を害する」という考え方が当時のアラブには存在したことが伝承されている。

授乳中の女性との性交については、つぎのようなハディースが伝えられている。

> 神の使徒は言った。「かつて私はギーラ〔ghīlah 授乳中の妻と性交を行うこと〕を禁止したが、ローマ人やペルシャ人を見て、彼らがギーラを行っているのに、彼らの子どもたちに害が生じていないのを知った」。
>
> 〔Mālik, *al-Muwaṭṭaʾ*, 2: 207-208〕

ギーラについては、後の法学書においては、いくつかの相違した見解が展開されることになる。預言者ムハンマドはギーラの禁止を撤回したのであり、したがって授乳中の妻との性交は許容されるというものと、依然として禁止されると解釈するものに分かれている［Saḥnūn, *al-Mudawwanah*, 3: 1087］[34]。いずれにしても預言者ムハンマドの時代には、授乳中の女性との性交を忌避する考え方があったということである。約二年間にわたる授乳期間中に妻との性交が禁止されるのであれば、子を乳母に託すという選択がなされても不思議ではない。高貴な部族出身の女性であれば、より多くの子を出産することが求められたであろうから、産後の授乳によって妊娠が妨げられるのが嫌われたことも十分考えられる。

では預言者ムハンマド自身は、子を乳母に託していたのか。確定的な証拠はないが、いくつかの伝承には、子が実母に授乳されていたとみられる例と、乳母に託されていたとみられる例の両方がある。一つは、最初の妻であったハディージャとの間に生まれたカースィムにまつわる話である。

神の使徒の息子カースィムが亡くなったとき、ハディージャが言った。「神の使徒よ。カースィムのお乳が流れ出ています。せめてお乳をすっかり飲み終わるまで神が彼をとどめておいてくれればよかったのに」。すると神の使徒は言った。「彼は天国で乳を飲み終えることだろう」[35]。

子を失っても急に乳の出が止まるわけではない。ハディージャの胸からは、もはや受け取る者のいない乳が流れ出ているのであり、それは彼女が子に授乳を行っていた証拠である。つまり息子カースィムは、乳母ではなく実の母親によって授乳されていたということになる。

もう一つの伝承は、ハディージャの没後、妻の一人となったとされるコプト教徒マリヤとの間に生まれた息子イブラーヒームについてのものである。

神の使徒の息子イブラーヒームが亡くなったとき、彼〔神の使徒〕は彼〔息子〕のために礼拝し、「彼には天国に乳母がいる」と言った。[36]

ここでも神の使徒は、子を失って嘆き悲しむ妻に、夭折した乳児は天国の乳母によって養育されるのであるから、何の心配もいらないと慰めの言葉をかけている。このハディースは、乳母の雇用が有効であることを示す根拠の一つとして、法学書において引用されることがある〔たとえば、Māwardī, *al-Ḥāwī al-kabīr, 7:* 390〕。しかもイブラーヒームについては、生後まもなく神の使徒ムハンマドによってメディナ郊外の乳母のもとに送られたとする伝承もある。[37]

クルアーンには、神が、乳母よりも実母による子育てを奨励しているかのような言葉がある。預言者ムーサー（モーセ）をめぐる物語である。イスラエルの民が増えることに脅威を感じたエジプト王が、生まれた男児をすべて殺すよう命じたため、乳児であったムーサーはナイル河畔に置かれたが、運よくエジプト王の娘に拾われ、乳母として連れてこられた実母によって育てられることとなったという物語で、旧約聖書のものとほぼ同様である。クルアーンはつぎのように述べている。

われは前もって、彼〔ムーサー〕に乳母（marāḍiʿ）を禁じておいた。それで彼女〔ムーサーの姉〕は言った。「あなたがたに、彼を育てる家族をお知らせしましょうか。彼に懇に付き添う者たちであります」。こうしてわれは、彼をその母に返してやった。（第二八章第一二―一三節）

ここでは神が、ムーサーの命を助けただけでなく、その養育を乳母ではなく実母にさせたことが示されている。しかしこの節が、法学書において乳母についての問題を論じる際に引用されることはないのであるが。

(2) 乳母の雇用規定の性質

乳母に関する法規定は、「賃約（ijārah）の章」[38]で扱われるのが普通である。[39] クルアーンには、すでに示したもの他にも乳母について言及した箇所があるが、法学書の乳母の雇用に関する規定において示されるのは、つぎの二つの章句である。

また、もしあなたがたが自分の子に乳母をつけようとする場合、誠意をもって与えるべきものを支払うなら、あなたがたに罪はない。（第二章第二三三節）

あなたがた〔夫婦〕がもし話がまとまらなければ、外の女が授乳してもよい。（第六五章第六節）

とくに第二章第二三三節は、「賃約の章」の冒頭において引用されることも多く、乳母の雇用だけではなく、賃約という契約形態全般が合法であることの根拠となっている。[40] むしろ同節が引用されている箇所において、乳母の雇用が扱われないこともある。このことをまず確認したうえで、では法学書において乳母についての規定がある場合、それはどのような内容であるのかをつぎにみていくことにしたい。

乳母の雇用に関しては、(a)乳母の雇用契約が有効であるか否か、(b)乳母自身が契約締結した場合の詳細（契約当事者はふつう子の父親と乳母の夫との間で締結される）、(c)契約対象は乳母の乳なのか、子の世話という労務なのか、(d)賃金を定めることは必須であるが、食事を賃金に代えることができるか、(e)授乳場所をどこに定めるか、(f)その他、などの項目について規定されている。各学派の具体的内容は以下のとおりである。

乳母の雇用契約が詳細に記された最古の法学書は、確認できた限りにおいては、マーリク派のサフヌーン（九世紀）による『ムダウワナ』である。まず乳母の雇用契約の有効性について、父親が子のために、二年間という期間と報酬を定めて乳母と雇用契約を結ぶことが合法であると記されている。もう一方の契約者である乳母については、乳母が夫の許可のもとに契約したのであれば、夫に彼女との性交を求める権利はなく、乳母が夫の許可なしで契約したのであれば、夫に契約を取り消す権利があることが述べられている。賃金は、食事や衣服であってもかまわず、季節による相場や、子の成長具合などによる相場を考慮すべきことにも触れられている。また、乳母が授乳以外の子の世話（子を洗ったり、オイルを塗ったり、パウダーをつけたり、香を炊いたりすること）をすることについては、それが人々の間で行われていることであるならばかまわないとされ、乳母の雇用については、当地の法的慣行（ʿamal）が考慮されることが強調されている。授乳の場所については、あらかじめ定められた場所でとしながらも、マーリク派においては、父親の家が普通であるという。ただしその女性と同等の女性が、普通であれば授乳しないような場所であればその限りではないとも言っている。その他にも、雇用者である父親が死亡した場合の契約継続と賃金について、契約対象である子が死亡した場合の契約打ち切りと賃金について、乳母が妊娠や病気をした場合の契約継続（あるいは解除）について、契約対象の子が二人だった場合、逆に一人の子に乳母を二人雇った場合などについて、詳細な規定が説明されている。マーリク派の他の法学書においても、必ず乳母の雇用について言及されているが、その内容は『ムダウワナ』と同様かあるいはより簡素な記述にとどまっている。[41]

ハナフィー派の例としては、一一世紀のサラフスィーによる『マブスート』をみていくことにしたい。『マブスート』における乳母の雇用規定は、ギラディによる先行研究においても詳しく取り上げられ、その具体性と詳細さが乳母の制度の実態を裏づけるものとされている。ギラディは、賃金労働としての乳母の実践から発生する諸問題は相当のバリエーションがあるとして、それらを詳しく紹介している[42]。そこでギラディに沿いながら、『マブスート』の原典を確認してみたい。

まず契約対象は、子の世話という労務であって乳そのものではない。なぜなら乳そのものはアイン（ʿain、財産法の用語で特定物などの意味を示す）であるが、アインが雇用契約の目的となることはないので、雇用契約の目的は他にあると考えなければならない［Sarakhsī, *Kitāb al-mabsūṭ*, 15: 118-119］[43]。契約の一方当時者は、母親や子自身ではなく、父親あるいは後見人である。そしてもう一方の当事者は、乳母の夫あるいは乳母の夫の許可を得た乳母自身である。夫の許可なしで乳母自身が契約を結んだ場合、夫にはその契約を無効にする権利がある。その理由としてサラフスィーはつぎのように述べている。「もし夫が、妻が乳母になることによって自分に害が生じることを恐れるのであれば、彼には契約を取り消す権利がある。もしそうしたことを恐れていないのであっても、つぎの二つの側面から彼には契約を取り消す権利がある。もし彼女が子の父親の家で授乳するのであれば、夫には彼女の外出を禁ずる権利があり、もし彼女が自身の家で授乳するのであれば、夫にはよそ者である子を家に入れることを禁ずる権利がある。あるいは、授乳や徹夜は彼女を疲弊させ、それによって美貌が損なわれるかもしれず、美貌というのは夫にとっての権利であるから、そうした行為を禁ずる権利がある」［同前 15: 120］。賃金を食事や衣服で支払うことについては、ハナフィー派内にイフティラーフがある。そうした契約はキヤースによれば無効であるというのがシャイバーニーとアブー・ユースフの立場で、イスティフサーンによって有効であるとするのがアブー・ハニーファの説である。賃金の額は契約締結時に定められている必要があるが、食事の量などは正確に定めることが困難であり、一般の雇用契約においては無効とされる。しかしながら、食事や衣服を賃金として乳母を雇用するのは慣習でもあるとして、サラフスィーはアブー・ハニーファの説を支持している。また雇用者が乳母に十分な食事を与えることによって、乳の出がよくなり子の利益に資するのであるから、契約者間の争いが起こることもないであろうという説明も付している［同前 15: 119-120］[44]。

慣習については、乳母の仕事に子の世話が含まれるか否かという問題においても言及されている。洗濯や子にオイルを塗ったり香を炊いたりするなどの子の世話を乳母が行うというのは、土地の慣習にもとづくものであり、乳母の労務に含まれるとされる［同前 15: 121］。『マブスート』にはこのほかに、奴隷を乳母として雇用すること、異教徒を乳母として雇用すること、同時に二人の乳児への授乳を引き受けたケースや、逆に一人の乳児に二人の乳母が雇用されたケースなどについての細則が記されている。

シャーフィイー派の法学書においては、『ウンム』に記されたシャーフィイーの言葉が、乳母の雇用契約を有効とすることの説明に引用される。マーワルディーの『ハーウィー』においても、シャーフィイーが、神の言葉「もし彼女たちがあなたがたのために授乳したならば、彼女たちに報酬を与えよ（第六五章第六節）」を根拠として、乳母の雇用は合法であると述べたことが記されている［Shāfiʿī, *al-Umm*, 4: 29; Māwardī, *al-Ḥāwī al-kabīr*, 7: 388］。また、「預言者が息子イブラーヒームのために乳母を雇用した」とするハディースも挙げられている［Māwardī, *al-Ḥāwī al-kabīr*, 7: 390］。女性が夫の許可を得ずに乳母契約を結ぶことについては、それが夫の権利を侵害することを理由として無効とされている［同前 11: 495］。契約対象については、シャーフィイー派は二つの立場に分かれており、一方は、契約対象は子の世話に関わる労務であって乳は付随してくるものであるとする。もう一方は、授乳が契約対象であり、それに付随するものとして子の世話という労務があるので、そうした労務が強制されることはないとしている［同前 7: 424］。

ハンバル派も、乳母の雇用契約に関しては、シャーフィイー派とほぼ同様の見解をとっている。イブン・クダーマによる『ムグニー』は、雇用の書の冒頭で雇用契約が有効であることの根拠は、クルアーン、スンナ、イジュマーの三つであるとし、それぞれの典拠を紹介している［Ibn Qudāmah, *al-Mughnī*, 4: 448-452］。クルアーンの章句は複数あげられており、その筆頭には、「もし彼女たちがあなたがたのために授乳したならば、彼女たちに報酬を与えよ」（第六五章第六節）が引用されている［同前 4: 405］[45]。

以上のように、四法学派の主要な法学書からは、乳母の雇用規定の第一の目的は、雇用契約という形態の枠組みの確定であることがわかる。乳母の雇用規定は、雇用契約一般に関わる解説のための適当な素材として示されているようにもみえる。では、乳母の雇用規定は、現実の社会的背景を反映したものであったのだろうかという疑問がわく。先行研究においてギラディも、法学書の記述のほとんどが、社会的背景を反映したものというよりは理念的なものであることを意識している。そのうえで、サラフスィーの著作にみられる乳母雇用の具体的かつ詳細な規定からは、ある程度の実利的機能はあったものと判断している。[46] しかしながら、サラフスィーは、「母親が病気や、死亡や、あるいは〔授乳を〕拒絶した場合、〔子が生存するためには〕乳母を雇用するしかなく、必要に迫られてそれが許される」とも述べており［Sarakhsī, *Kitāb al-mabsūṭ*, 15: 118］、乳母の雇用は限定的であったとも推察される。また、以下に示す理由から、標準的な法学書の記述は、乳母の恒常的な実態を裏づけるような証拠とはならないと思われる。

(3) 乳母の雇用は一般的な慣行だったのか

古代ローマや中世ヨーロッパを対象とした研究においては、様々な史料が乳母の実態を伝えるものとして発見されている。[47] これに対して、イスラーム圏における乳母の実態を知るための史料は、いまのところほとんどない状況である。[48] ギリシア医学の影響を受けて一〇から一二世紀に書かれた前述の小児医学書においては、乳母の適性などが詳しく指南されているから、乳母の存在自体はあったのだと考えられる［Ibn Jazzār, *Siyāsat al-ṣibyān*, 69-71; Baladī, *Tadbīr al-ḥabālā*, 103-104; Ibn Sīnā, *al-Qānūn fī al-ṭibb*, 1: 151-152］。

中世ムスリム社会の労働について研究したシャツミラーによれば、「地方出身の、そしてたいていの場合貧しい女性たちが、しばしば中流階層の女性たちの新生児に授乳するために雇用された。自身の子をともなう場合もあったが、子を犠牲にする場合もあった」ことが、奴隷についての文献に記されているという。[49] ただしシャツミラーは別の研究において、中東地域においては乳母のみならず、賃約に関わる契約文書は、見つけるのが困難であるとも述べている。[50] そこで彼女は、一般的な法学書のほかファトワー集や契約文書のひな型集に記された乳母の雇用規定を史料として、中世における乳母の雇用実態を裏づけている。[51] しかしながら、そうした法学文献が、乳母の実態をどの程度反映したものであるのかについて、もう少し詳しい検討が必要であると筆者は考える。以下にその理由とともに、乳母に関する法学者たちの記述をみていきたい。

❖ファトワー集からの検討

マーリク派の法学者たちによるファトワーは、同時代あるいは少し後の時代の法学者によって編纂され、今日に伝えられているものが数多く刊行されている。それらの中には、その案件に関わる日付や当事者の名前などが明記されているものもあり、人々の実生活を活写する史料として歴史家にも注目されている。[52] ところが乳母の雇用に関しては、大部のファトワー集であってもわずかなファトワーしか収録されていない。

マーリク派のブルズリー（一三四〇—一四三八年）の編纂したファトワー集には、乳母にすでに賃金を支払っていた父親が死亡した場合に、相続人は残りの授乳費用の権利を引き継ぐのかという問題についてのファトワーがある。

アブー・アル＝ハサン（カービスィー）（九三六—一〇一二年）は、以下のイブン・アル＝カースィムの言葉について問われた。子の父が乳母に賃金を支払ってから死亡した場合、相続人たちの間に遺産として残るもの、その意味するところは、賃金として残るものという意味なのか。イブン・アル＝カースィムによれば、授乳として残るものという意味である。

アブー・ハフスは言った。乳母の問題においては、父が死亡したとき、もし存命中に支払うべきものをすでに支払っていて死亡したのだとしても、それ〔乳母契約の履行義務〕は失効する。〔まだ授乳されていない分の〕乳は、父から子への遺産となり、子の権利である。もし父に財産がなく子にも財産がなくて、乳母が賃金を取得していた場合、相続人たちはその乳を請求する権利があり、子はそこからの権利がある。ただし相続人たちは、彼らの取り分〔である乳〕をその子から取得することはできず、それ〔乳全部〕は子の権利となる。それは彼らにとって不運である。

私（ブルズリー）は言った。この場合、もし財産から彼らの取り分を与えることができないのであれば、遺産は乳となるということであり、できるのであれば相続人たちは賃金のうち取り分を受け取ればよい。

[Burzulī, *Fatāwā al-Burzulī*, 3: 606]

このファトワーは、乳母の雇用契約を主題にしてはいるが、その論点は遺産相続をめぐる問題である。遺産として残されたものが現金などの財産ではなく、授乳という行為による乳であることで、遺産の原則から外れた結論が導かれている。すなわち子にとって乳は財産と同等の価値があるが、相続人たちにとっては取得が不可能なものであり、にもかかわらず彼らはその分を求償することはできないということである。同ファトワーは、同じくマーリク派のワンシャリースィー（一五〇八年没）によって編纂されたファトワー集にも、ほぼ同じ形で収録されている [Wansharīsī, *al-Miʿyār al-muʿrib*, 8: 259]。

ワンシャリースィーのファトワー集には、もう一つ乳母の雇用契約をめぐるファトワーが収録されている。女性が夫の許可を得ずに乳母の雇用契約を結び、一定期間がすぎた後でそれを知った夫がその賃金を妻に請求し、妻がこれを拒否した場合という問題である。回答は不特定の法学者によるもので、賃金についての権利はないが、今後の契約を取り消す権利はあるというものである [同前 8: 285]。

これらのファトワーは、いずれも実際の事案であったかどうかは不明である。より具体的な記述があるのは、離婚した妻との間の授乳報酬をめぐるファトワーである。

ある男性が妻を離婚し、二人の間の一歳になる娘への授乳は母親（離婚した妻）が行うことになった。授乳の報酬は、一日五ディルハムと裁定されており、期間がまだ八カ月残っていたとき、母親が増額を要求、男性はそれを拒否し彼女にそのままの額で引き続き授乳することを求めた。このとき、授乳報酬を増額しなければならないのか、あるいは母親のかわりに授乳してくれる女奴隷を購入して授乳させたり、乳母を雇用したりすることができるのかという質問である。イブラーヒーム・アル＝ヤズナーシニー（一三三九あるいは一三四〇年没）という法学者が、「娘への授乳に対する報酬は、増額であれ減額であれ、物価の変動に応じて変動する」と答えている。そして、他の女性に授乳させることができるか否かについては、もし子が母親以外の乳を受け付けない場合には、母親は相場の報酬で授乳することが強制され、子が母親以外の乳を受け付けるのであれば、その男の財力に応じて規定が異なる。彼に支払い能力が十分にあるのであれば、母親に相場の報酬を支払うべきであり、それより少ない額で他の女性に授乳してもらうことはできないとする。彼にいくらかの財産はあるが、相場の報酬を支払う能力はない場合、支払い能力に応じた報酬で授乳してくれる者を見つければ、母親はその金額で授乳するか、子を渡すかを選択することができる。彼が支払い能力より低い報酬で授乳してくれる者を見つけた場合には、授乳場所が母親のもとであればよいが、乳母が自分の家で授乳すると言った場合には、母親に権利があるとする。一方、彼が困窮している場合には、母親が無料で授乳することを希望すれば彼女に権利があるが、彼女が無料で授乳してくれる者へ子を渡した場合、彼女のもとでの授乳を望んでも受け入れられないとする［同前 4: 23-24］。

このファトワーの論点は、授乳報酬を増額あるいは減額することの是非であって、子の授乳については母親が優先的な権利をもつことが前提となっている。ただしここでは、父親の支払い能力によっては、他の女性による授乳が選択しうるとされ、報酬を支払って乳母を雇用するという選択肢以外に、女奴隷を購入して授乳させるという記述があるのは興味深い。

マーリク派では、ほかにもイブン・アッズーム（一五九九年没）やワッザーニー（一九二三年没）による大型のファトワー集が刊行されているが、とくにイブン・アッズームのファトワー集には、当事者の名前や日付等が明記されているファトワーが多く収録され、実社会の様子を知るための貴重な資料となる。[53] このファトワー集にも、第三者である女性が乳母として雇用された場合の案件は見当たらず、子にとっての実母である女性が授乳した際の報酬に関わるファトワーのみが収録されている。たとえば、つぎのようなファトワーがある。

イブン・アッズームのもとに、一五九八年一〇月三〇日にもち込まれた案件である。ムーサーという男性が、離婚したハムラという女性に対して、彼らの娘で乳児であるアズィーザの扶養料について、授乳期間である満二年間が満了するまでの間毎月支払う旨の証言を行った。アズィーザが九カ月のとき、その女性は別の男性と婚姻締結したが、前夫であるムーサーは授乳期間が満了するまで床入りを禁ずる権利を有するか否かという問題である。イブン・アッズームによる回答においては、イブン・アラファやイブン・ルシュド、ブルズリーなどマーリク派法学者たちの見解が紹介され、その女性は娘が離乳するまで、あるいは二年間の授乳期間を満了するまで、床入りを禁じられるという結論が出されている［Ibn Azzūm, *Kitāb al-ajwibah*, 2: 114-116］。

❖シュルート文献（契約文書のひな型集）からの検討

ではつぎに、契約文書のひな型集であるシュルート文献にみられる乳母の雇用契約についてみてみよう。マーリク派とハナフィー派の二つのシュルート文献に、乳母の雇用契約についてのひな型を確認できた。両者は、付された解説に若干の違いがあるものの、ほぼ同じ体裁と内容である。そこでより具体的な数字などが例示されているマーリク派のジャズィーリー（一一八九年没）による契約文書ひな型を以下に示すことにする。

何某〔男〕は何某〔男〕の娘に何某〔女〕を、彼の家あるいは彼女の家において、何某の子に授乳するために、この契約書が交わされてから二年間、雇用する。彼女はおむつや巻布の洗濯、子の入浴なども行い、月に何々ディーナールを前述の二年間、彼は彼女に毎月それらをこのように支払う。もし彼女が彼の家で行うならば食事と衣服は彼の負担である。もし彼女の家で行うならば、「彼女には毎月の扶養料として下記のものを支給する。四分の二のよく挽かれた小麦、四分の一の良質の緑オリーブ、四分の二の木炭、また衣類として、冬場はリネンの下着と上衣、ヴェール、被り物、履物、夏場は……、寝具は……」というように彼女と合意したうえで指定する。契約はその報酬が公正なものであり、他のいかなる条件も選択権もないものである。何某〔女〕は、上記の子を受け取り、上記の授乳期間を開始した。彼女に神の御慈悲と助言と善意がもたらされますように。（署名）

もし彼女に夫がいるのであれば、署名の前に、「上記の女性の夫である何某（男）は、上記の条件すべてに同意し、上記の契約の遂行を証言した」と付け加える。夫はその後、女性との性交が禁じられ、もし性交を行った場合には、子への害が心配されるなら、授乳される子の父親は契約を取消す権利をもつ。これはマーリクとイブン・アル＝カースィムの説でありメディナの法的慣行（アマル）にもとづいている。イブン・アル＝マージシューンは見解を異にしている。女性が夫の許可なしで契約を結んだのであれば、夫はそれを取消す権利をもつ[54]。［Jazīrī, *al-Maqṣad al-maḥmūd*, 246］

ハナフィー派のタハーウィーによるシュルート文献では、その解説に乳母の報酬を食事や衣服で支払うことについてのイフティラーフが紹介されている。すでに述べたように、ハナフィー派においてはアブー・ユースフとシャイバーニーが乳母の雇用契約において食事を報酬にすることを無効としているのに対し、アブー・ハニーファはこれを慣習であるとして許容している。しかしながらタハーウィーは、多数説を採用して、食事を条件として雇用契約を結ぶべきではないと結論している［Ṭaḥāwī, *al-Shurūṭ al-ṣaghīr*, 1:453］。

また、裁判官の手引きとしての著作にも、乳母の雇用契約についての記述がみられる。マーリク派のイブン・アブドルラフィーウによる『ムイーン』は、雇用契約の例として、アザーンと礼拝に関する雇用、クルアーン教師の雇用、乳母の雇用、羊飼いの雇用などをあげており、乳母の雇用についてはつぎのように記している。

夫のいる女性は、夫の許可なく授乳の雇用契約を結ぶことはできない。ただし夫の許可があればよい。もし妊娠したら契約は解除される。近いうちに治癒の見込みのない病気にかかった場合、またなんらかの理由により投獄されてその期間が長期にわたることが心配される場合も同様である。イブン・アル゠カースィムによれば、夫が契約を許可した場合には、彼に彼女との性交の権利はない。子に害となることが明らかな場合を除けばその権利はあるという説もアスバグから伝えられている。もし夫が死亡した場合、彼女は婚家を離れることができなくなる。よって、子の父親は契約を取り消す権利がある。また夫が彼女が乳母となることに同意したならば、乳母の夫には彼女を旅行に連れていく権利はない。

問い〔子の父親が死亡した場合〕……彼が十分な遺産を残したか否かにかかわらず、また死亡した時点で賃金が支払い済か否かにかかわらず、乳母の雇用契約は解除される。これは『ムダウワナ』における説である。また父親の存命中に子が死亡した場合、残りの分の賃金は、父親に返還される。[Ibn ʻAbd al-Rafīʻ, *Muʻīn al-ḥukkām*, 2: 484]

ここに示されている規定は、いずれも標準的な法学書に書かれているものと同じである。裁判官の手引書という比較的コンパクトな著作の中で、これだけ詳しく具体的な条件を記して記述されていることからは、乳母の雇用が一般的な慣行であったと推察することも可能であろう。しかしながら、同書で扱われている他の雇用契約の例も考慮すると、それらは実社会における需要というより、法学書における典型例という印象も受ける。また、前述のように、乳母の雇用契約については、実際の法廷文書などの証拠が乏しい。そのことをもって乳母の雇用契約が行われていなかったと判断することはできないが、行われていたとする証拠もない。

　このように、ファトワー集、シュルート文献、裁判官の手引書などの一般的法学書以外の法学文献には、乳母についての記述が少ないうえに、いずれも規範学説の解説の域を出るものではなく、契約文書などの存在もいまのところ確認されていない。たしかに法学書には、乳母の雇用について豊富な記述がある。標準的な法学書であればほとんどの著作にみられるし、かなり詳細な議論がされているものもある。しかしながらそれらには、法学議論のための議論という性格が強いように思われる。母親が何らかの理由で授乳できない場合に、母親以外の女性の授乳が不可欠であったことは間違いない。それが金銭や物品などの謝礼の授受を伴う場合もあったであろうことは想像に難くない。しかしながら、そのことと乳母の制度が十分に確立していたこととは別であり、少なくともイスラーム法においては、乳母の雇用についての議論が精緻化していたことは、乳母の雇用の需要を裏づけるものではないと考える。

　乳母の雇用が盛んであったのならば、これにまつわるトラブルはより多岐にわたったであろうし、そうした事態に対処するためのファトワーも数多く残されたであろう。しかしながら、そのようなファトワーは見つけることができなかった[55]。一般に、乳母として働く女性は貧しかったと想像できるから、そうした女性を相手としたファトワーが求められることや、訴えが起こされることが稀であったという事情もあったのかもしれない。また、血族の女性や女奴隷に授乳をさせるという記述のあるファトワーが残っていることからは、乳母との間に起こった問題は、家内の問題として処理され、公になることがなかったとも考えられる［Wansharīsī, *al-Miʿyār al-muʿrib*, 3: 101-102, 4: 101］。したがって、少なくとも法学書に乳母の記述が豊富であることをもって、乳母の制度が発達していたと考えることはできず、現段階では確定的なことは言えないのである。

3　監護をめぐる母の権利と子の権利

(1)　監護規定の概略

イスラーム法では、子どもの養育をめぐる諸事の中でも、身の回りの世話などのいわゆる子育てのことを監護(ḥaḍānah)と呼ぶ。[56]両親が健在でかつ夫婦であるときには、監護は両親が行う。このことについての異論はなく、また言及自体がそれほど多くない。[57]法学書で扱われるのは、両親が離別または死別した場合に、子は誰が育てるのかという問題である。したがって、子育てを一般化して述べたものではないが、イスラーム法が子育ての担い手として誰を想定しているのかを知るための大きな手掛かりになると考えられる。

イスラーム法の監護規定は、現代ムスリム諸国の家族法への影響という観点からの先行研究も多く、[58]子を保護する制度のうち後見については父親が優先するのに対し、監護については母親を第一優先として女性親族が権利を有することが比較的よく知られている。[59]しかし監護の期間は子の幼少時に限られ、母親の役割は実際に身の回りの面倒をみるだけにとどまる、という理解がなされることも多い。子はあくまでも父に所属し、母による監護の権利は一時的なものにすぎないと考える理由は、一つには本書の第二章で示したような父子関係の確定による父親の扶養義務、後見権の所在が大きい。[60]また、古典法学書には、「子の利益」への配慮を示す記述はみられるものの、結局は父あるいは男性父系血族を利することに終始すると考える先行研究もみられる。[61]しかしながら、監護をめぐる法学書の記述を丁寧に探っていくと、法学者たちが、母の権利をより複雑なものとして設定しているし、子ども自身の権利に関わる考察もなされていることがわかる。

そこで本節においては、監護の制度における母の役割および「子の利益」の重視という側面に注目し、とくに母系親族による子育ての優先が徹底しているマーリク派の規定を、イスラーム法初期の学説から後世の法学書の記述までを順に比較しつつ追うことで、法学者たちが何を重視していたのかに迫ってみたい。法学書では、監護に関する問題は、独立した章として論じられるか、または離婚あるいは扶養の章に含められる。そうした規範的な学説のほかにも、現実の問題に対処するために、少数学説や慣習を考慮した解決が記された文献も併せて検討する。

監護を意味するアラビア語のハダーナ（ḥaḍānah）は、鳥が卵を抱きかかえる様子を表わす言葉であったとされ[62]、マーリク派においては、一一世紀のアンダルスの法学者バージーによる「子をその家で保護し、食料・衣服・寝床を供給し、身体を清潔に保つこと」という定義が一般的である[63]。基本的な考え方は学派を問わず共通しているが、法学書によっては、子のしつけや教育をその定義に含める記述もある[64]。さらには、「それ〔監護〕は、脆弱者の保護であり、その諸利益（maṣāliḥ）を保全することである」［ʿIllaysh, *Sharḥ Manḥ al-jalīl*, 2:456］などとして、「子の利益」を守ることをその定義の一部とする法学書もある[65]。また、「それ〔監護〕は、共同体の義務（ファルド・キファーヤ）であり、子どもを保護なしに放っておくことは許されない」［ʿAdawī, *Ḥāshiyat al-ʿAdawī*, 2:129］という記述からも、法学者たちが監護を子のための制度として捉えているとみることもできよう。

では、監護について、具体的にどのような法規定があるのだろうか。いずれの法学書においても言及される項目は、監護権者の優先順位、監護者の備えるべき条件、監護期間、監護の場所（居住地）、監護者への扶養料の支払い（ないしは報酬）などである[66]。これらのうち以下では、誰が監護権者として優先するのかという問題と、監護はいつまで行うのかという監護期間の問題の二つに焦点を当て、詳しく検討することにしたい。

(2) 監護権者の優先順位と監護期間

❖監護についての啓示的典拠

具体的な規定をみていく前に、監護に関する諸規定が典拠とするクルアーンとハディースの文言について確認しておこう。

マーリク派のイブン・ルシュド（祖父）は、監護に関わる諸規定の典拠が、クルアーン、ハディース、イジュマーの三つであるとして、それぞれについて以下のように述べている。

> 監護の典拠は、神の書（クルアーン）と、預言者のスンナと、ウンマのイジュマーである。神の書には、「「主よ、幼少の頃、わたしを愛育してくれたように、二人の上に御慈悲を御授け下さい」と言うがいい」という節（第一七章第二四節）がある。また母親たちに関しては、「母親は、乳児に満二年間授乳する。これは授乳を全うしようと望む者の期間である」（第二章第二三三節）とある。母親は、彼女の子への授乳と、子が自身のことを自分でできるようになるまでの保護について最も権利を有する。神はムーサーの姉についてつぎのように語った。「彼女はフィルアウンの妻に言った。「あなたがたに、彼を育てる家族をお知らせしましょうか。彼に懇に付き添う者たちであります」」。こうしてわれは、彼をその母に返してやった。彼女の目は生気を取り戻し悲しみも消え失せた」（第二八章第一二―一三節）「ザカリヤーに、イムラーンの娘マルヤムを養育させたことについても語った」。（第三章第三七節）
>
> スンナにおいては、神の使徒が、アブー・アル＝トゥファイルが離婚した女について語ったものがある。彼女が神の使徒に、「この私の息子にとって、私の腹が居所であり、私の膝が憩所であり、私の胸が水飲み場でありました。それなのに彼の父親は彼を私から奪ってしまいました」と言うと彼は、「あなたが彼につ

いて最も権利がある。ただし再婚するまでであるが」と言った。そして裁定は、彼女の母方のおばであるアスマー・ビント・ウマイスに下った。

イジュマーについては、未成年の子に対する保護の義務については、ウンマの誰一人として異論はない。なぜなら人間は弱いものとして創造されているのであり、彼を保護する者を必要とし、彼が自分のことを自分でできるようになるまで彼を育てるのである。それは共同体の義務の一つである。［Ibn Rushd al-Jadd, *al-Muqaddamāt*, 435-438］

また、奴隷の母子を別々に売ることを禁じたハディースを引用して、監護権について論じる法学書もある。

夫によって離婚された妻の子がまだ小さい場合、子の監護権は母親にあるというのが大多数〔の見解〕である。それはつぎの預言者の言葉「母親と子を引き離す者は、最後の審判のときに神が彼と彼の愛する者とを引き離されるだろう」が根拠となっている。奴隷や捕虜の女性たちとその子らが引き離されないのであれば、より当然に自由人の女性たちについても同様である。［Ibn Rushd al-Ḥafīd, *Bidāyat al-mujtahid*, 481; Ibn Qudāmah, *al-Mughnī*, 7: 522; Sarakhsī, *Kitāb al-mabsūṭ*, 5: 213］

このように、子どもにとって母親による子育てが重要であることを示すクルアーンやハディースの文言はいくつもある[67]。だが、その内容は抽象的であり、具体的規定を直接導くようなものではない。法学書によっては、啓示的典拠を示すことなく諸規定が示されることもある。おそらくその結果、監護をめぐる諸規定においては、学派間の相違の大きいものが多い。中でも、監護権者の優先順位と監護期間については、学派によって具体的規定がかなり異なっている。

❖監護についてのイフティラーフ

ハナフィー派のジャッサースによる『「法学者たちのイフティラーフの書」の要約』には、以下のように書かれている。同書は、同じくハナフィー派のタハーウィーの書に対する要約である。タハーウィー／ジャッサースは、四法学派の学祖のほか、それ以外の権威ある法学者の学説にも言及している。

アブー・ハニーファは言った。「小さい男児（ghulam）と女児（jariyah）について、母は最も権利があり、つぎに母方の祖母、つぎに父方の祖母、つぎに同父母の姉[68]、つぎに同母の姉、つぎに母方のおば、同父の姉〔に権利がある〕」。学祖から伝えられる別の説では、姉のつぎに父方のおば。母と両祖母は女児であれば成年に達するまで、男児であれば身の回りのことができるようになるまで最も権利がある。成年に達すれば監視されることはない。ズファルは、母方のおばは同父の姉に優先すると言ったが、アブー・ユースフは、姉が優先すると言った。ウマル・イブン・ハーリドがズファルから伝えたところによれば、母方のおばは父方の祖母に優先する。ハサン〔・イブン・ズィヤード〕は彼〔ズファル〕から伝えられて、〔父方の〕祖母が優先し、同様に同父の姉は母方のおばに優先すると言った。

マーリクは言った。「息子が小さいうちは、母がその監護について最も権利がある。乳歯が抜け始める（athghara）[69]かそれ以上になった場合には、彼女に監護の権利はなくなる」。

イブン・ワフブは言った。「マーリクはある離婚された女性について問われた。「彼女にはクッターブに通う息子とすでに成年に達した娘がいるが、父には彼ら二人を引き取る権利があるか」。マーリクは言った。「そうは考えない。父は息子にしつけや教育をほどこし、母のもとに戻すのがよく、彼と母とを離すべきではない。クッターブで教育される場合にも母のもとで寝起きする。女児の場合は母のもとで見守られる」。」

マーリクは言った。「母のつぎには母方の祖母が監護権を有し、つぎに父方の祖母である」。イブン・アル＝

カースィムはマーリクから伝えられて言った。「女性の子が男児ならば、彼女が再婚しない限りは監護権を有するが、男児が成年に達すれば好きなところに行ってもよい」。

イブン・アル＝カースィムはマーリクから伝えられて言った。「女児については、もし成年に達しても婚姻しない限りは母が最も優先する。マーリクは言った。「母が再婚した場合には母方の祖母が優先するが、その後夫が彼女を離婚しても、子は彼女に戻されない」。イブン・アル＝カースィムは彼から伝えられて言った。「祖母が死亡した場合、母方のおばが優先し、つぎに父方の祖母、つぎに姉妹、つぎに父方のおば、つぎに兄の娘、そしてアサバである」。

マーリクは子による選択については何も述べていない。

サウリーは言った。「〔もし母が〕婚姻したら、女児については彼〔父〕が最も権利がある。イブン・ウマルは言った。「あなたにとって、母の貧しさは、おじの豊かさよりよい」。」サウリーは、選択については義務づけていない。

アウザーイーは言った。「母が再婚した場合、父方のおじが祖母よりも権利があり、彼女の夫が離婚して母が子を引き取りたいと考えても彼女にその権利はない」。〔アウザーイーもまた〕子の選択については述べていない。

ライスは言った。「母は男児なら、八歳か九歳か一〇歳になるまで最も権利がある。女児なら成年に達するまで、母のつぎに父が権利をもつが、母がその子の授乳者でなければ、父が彼女をしつけ、女児が成年に達したら彼女は母に引き取られる。ただし女児がまだごく小さくて心配される場合は別である」。〔ライスもまた〕選択については述べていない。

ハサン・イブン・ハイイは言った。「もし女児が十分に成長し、男児がすでに自立して、母親なしで身の回りのことができるようになっていたら、両親を選択させる」。

シャーフィイーは言った。「七歳か八歳になったら選択させよ。子が小さいうちは母が優先し、それがいなければつぎに母方の祖母、つぎに父方の祖母、つぎに父と母を同じくする姉、つぎに父を同じくする姉、つぎに母を同じくする姉、つぎに母方のおば、つぎに父方のおば、母の父の母には権利はない。」［Jaṣṣāṣ, *Mukhtaṣar Ikhtilāf al-ʿulamāʾ*, 2: 456-458］

ここでの主な論点は、監護権者の優先順位と監護期間である。タハーウィー／ジャッサースの記述を整理すると表3－1のようになる。

各学派はこれらの先達の学説をもとに、監護権者の優先順位を決めていくことになる。母親を第一優先とすることについては、すべての法学者が一致している。ただし母親が、子にとって近親婚の禁止される範囲外の男性と再婚した場合[70]など、監護者としての条件を満たさない状態にあれば、監護権を失うことになる。母親についで優先されるのが、母方の祖母であることについても、法学者たちは一致している。問題はそのつぎ以降の順位である。最も大きな相違は、母方のおばと父方の祖母のどちらが優先するかについてである。法学者によって様々なレベルの相違があるが、ハナフィー派とシャーフィイー派では、アブー・ハニーファとシャーフィイーの説をそれぞれ採用し、父方の祖母が母方のおばに優先する［Māwardī, *al-Ḥāwī al-kabīr*, 11: 513; Sarakhsī, *Kitāb al-mabsūṭ*, 5: 207］。ハンバル派も同様である［Ibn Qudāmah, *al-Mughnī*, 6: 473］。これに対して、マーリク派においては、母方のおばが父方の祖母に優先するというのが通説となった。つまり、徹底した母系親族優先の立場が貫かれたのである。ただし前記でも確認できるように、マーリクから伝えられた説には、母方の祖母のつぎに父方の祖母が優先するというものもある。そこでマーリクから伝わる監護権者の優先順位に関わる説をもう少し詳しくみていくことにしたい。

後世のマーリク派においては、イブン・アル＝カースィム経由による説が通説となり［Khalīl, *Mukhtaṣar*, 144］、

表 3-1　監護権の優先順位（タハーウィー／ジャッサースによるまとめ）

初期の学説を唱えた法学者	監護権の優先順位
アブー・ハニーファ	母＜母方祖母＜父方祖母＜同父母の姉＜同母の姉＜母方おば＜同父の姉（＜父方おば）
ズファル	母＜母方祖母＜父方祖母＜同父母の姉＜同母の姉＜母方おば＜同父の姉（＜父方おば）
ズファル（ウマル経由）	（母＜母方祖母＜）母方おば＜父方祖母（＜同父母の姉＜同母の姉）
ズファル（ハサン経由）	（母＜母方祖母＜）父方祖母＜同父の姉＜母方おば
アブー・ユースフ	（母＜母方祖母＜父方祖母＜同父母の姉＜同母の姉＜）同父の姉＜母方おば
マーリク	母＜母方祖母＜父方祖母
マーリク（イブン・アル＝カースィム経由）	母＜母方祖母＜母方おば＜父方祖母＜姉＜父方おば＜兄の娘＜アサバ
アウザーイー	母＜父方おじ＜母方祖母
シャーフィイー	母＜母方祖母＜父方祖母＜同父母の姉＜同父の姉＜同母の姉＜母方おば＜父方おば

その他の説は学派内のイフティラーフとして伝えられている。たとえば、バージーは以下のように述べている。

　法学者たちは、子の監護について、母が再婚しない限りにおいて、父やその他の者よりも権利をもっていることで一致している。〔中略〕
　母は、子の身体を清潔に保つなど子の世話に最も適しているのである。父の務めは彼のために出費することである。〔中略〕祖母もいない場合には、マーリク派においては、監護権は母方のおばに移行する。ムハンマド〔イブン・マウワーズ〕によれば、マーリクからは、父が母方の祖母に優先するという説も伝えられているが、アスバグは、マーリク派の通説では母方のおばが優先する、と言った。第一の説〔母方のおば優先説〕はつぎの預言者のハディースに拠っている。「預言者はジャアファル・イブン・

アブー・ターリブの妻ハムザ・イブン・アブドルムッタリブの娘を彼女のおばに渡すよう裁定して言った。『母方のおばは母である』」。これらことは、監護に関して母が父より優位であることと同様に、母方の側が父方の側に優位していることを示している。［Bājī, *al-Muntaqā*, 8: 149-150, 154-155］

さらにこの他にも、マーリク派にはいくつかの異なる説がある。

一一世紀のやはりアンダルスのイブン・アブドルバッルは、母、母方の祖母、母方のおば、父方の祖母、父を基本として、一説では父のつぎに父方の祖母という説もあるとし、またマーリクから別の系統で伝承された説としては、母、母方の祖母、母方のおば、父方の祖母、姉、父方のおば、姉の娘、父、後見人たる男性たちという順位を紹介している［Ibn ʿAbd al-Barr, *al-Kāfī*, 296］。また監護権者の条件についても簡潔な説明をしているが、それによれば監護者は、(a)子にとって近親婚が禁止されない男性（ajnabī）と再婚していないこと、(b)安全な場所が確保でき、監護を遂行するための能力を有すること、(c)父親の居住地の範囲内（礼拝を短縮する必要のないほどの距離）に居住していることなどの条件を満たす必要がある。

これまでみてきたマーリク派の説は、いずれにおいても、母のつぎに母方の祖母、そのつぎに母方のおばという順序までは一致している。しかしながら、マーリクの説として伝えられるものには、父が母方のおばに優先するという少数説もある。一四世紀チュニスのカフスィーは、母、母方の祖母、母方の祖母の母、母方のおば、父方の祖母、同父母の姉、同母の姉、同父の姉、父方のおば、兄の娘、父、父系親族、という説を自身は採用したうえで、父の順位についてはマーリクから四つの説が伝わっていると述べている。『マウワーズィーヤ』によれば、母、母方の祖母、父、『ワーディハ』によれば、父は女性親族すべての後（つまりカフスィーの採用する説）、『ムダウワナ』によれば、父は姉に優先し、イブン・アル＝カースィムの伝える、（母、母方の祖母、）母方のおば、父、父方の祖母というのが通説（mashhūr）であるという［Qafṣī, *Lubāb al-lubāb*, 126-127］[71]。イブン・ルシュド（祖父）

もまた、父が母方のおばに優先するという説があることについて言及しており、この説はイブン・ワフブがマーリクから伝えられたものであるが、母方の親族すべてが父に優先するというのが通説であるとしている［Ibn Rushd al-Jadd, *al-Muqaddamāt*, 438］。

父が母方のおばに優先するという説は、右に示した『マウワーズィーヤ』すなわちイブン・マウワーズがマーリクから伝えられた学説が出所であるが、イブン・アビー・ザイドによる『ナワーディル』では、そのような説は確認できない。イブン・マウワーズはやはり、母、母方の祖母、母方のおば、父方の祖母という学説を伝えているとある［Ibn Abī Zayd, *al-Nawādir*, 5: 59］。つまりこの問題に関しては、明確な根拠が乏しく、様々な説がマーリクの説として伝播されたと考えられる。いずれにせよ、確立したマーリク派の通説においては、母、母方の祖母、母方のおばの順であり、母系親族がまず優先するという立場がとられたことは明らかである。

一七世紀のマーリク派法学者フラシーは、母系親族に監護権が優先される理由として、愛情の強さをあげている。実の母親が再婚したために監護権を失った場合、母方の祖母が監護者となるのは、彼女には、その子どもに対して、母親と同様の愛情があるからであるという。そして、監護において母系親族が父系親族に優先するのは、より愛情が強いからであると説明する［Khurashī, *al-Khurashī*, 4: 208］。

なお、イブン・アビー・ザイドの『ナワーディル』には、監護権者が異教徒であった場合についての議論も収録されている。イブン・マウワーズの伝えるマーリクの説が、ムスリムであれ啓典の民であれゾロアスター教徒であれ、監護権については同様であるとしているのに対し、イブン・ワフブの伝える説によれば、キリスト教徒女性には監護権はないという［Ibn Abī Zayd, *al-Nawādir*, 5: 59］。この問題にもやはりイフティラーフがみられるが、[72]マーリク派では『ムダウワナ』に収録されたマーリクの説をとって、母親が異教徒であっても、子を適正な環境で監護できるのであれば、監護権を有するとされる［Saḥnūn, *al-Mudawwanah*, 3: 1054-1055; Ḥaṭṭāb, *Kitāb mawāhib al-jalīl*, 5: 598; Mayyārah, *Sharḥ Mayyārah*, 1: 439］。

表 3-2　監護期間（タハーウィー／ジャッサースによるまとめ）

初期の学説を唱えた法学者	監護をいつまで行うのか
アブー・ハニーファ	女児は成年に達するまで、男児は自分で身の回りのことができるようになるまで。
マーリク	乳歯が抜け始めるまで。
マーリク（イブン・ワフブ経由）	成年に達するまで。
ライス	男児は 8 歳か 9 歳か 10 歳になるまで。女児は成年に達するまで。
ハサン・イブン・ハイイ	自立できるようになったら子が両親のどちらかを選択できる。
シャーフィイー	7 歳か 8 歳になったら子が両親のどちらかを選択できる。

前述のタハーウィー／ジャッサースの記述からも明らかであるが、監護をいつまで行うのかという問題についても、法学者によるイフティラーフが大きい（表3-2を参照）。それらにもとづいて、各学派の学説は以下のような相違がみられるようになった。

ハナフィー派においては、男児であれば、一人で食べ、一人で飲み、一人で着替えができるようになり、一人で排泄できるようになるまでとされ、女児であれば成年に達するまでとされている。ハナフィー派のサラフスィーは、男女ともに母親の世話が必要なくなれば、父親のもとに移されるというのがキヤースによる見解であるが、われわれの説では、女児の場合には、その後も母親のもとに残るという説をとっている。（女児は母親のもとで）羊毛紡ぎや料理や洗濯を覚えなければならないし、もし父親のもとで男性たちに交じって暮らせば、女性にとっての美徳である恥じらい（ḥayā'）を少なくさせてしまうかもしれないからである［Sarakhsī, *Kitāb al-Mabsūt*, 5: 207-208］。

シャーフィイー派とハンバル派では、弁識能力が備わる七、八歳頃になったら、自ら両親のどちらかを選択する権利をもつことになっている［Māwardī, *al-Ḥāwī al-kabīr*, 11: 498-524; Ghazālī, *al-Wajīz*, 2: 122-123; Ibn Qudāmah, *al-Mughnī*, 6: 468］。

これに対してマーリク派では、男児は成年に達するまで、女児の場合は婚姻し床入りが完了するまでとするのが通説である。これは四法学派中で最も長い期間である。男児は成年に達すれば「好きな場所へ行ってもよい」とも言われており［Saḥnūn, *al-Mudawwanah*, 3: 1052］、また女児は床入りが完了すれば夫と共に暮らすようになるわけであるから、マーリク派においては、両親が別離している場合に、子どもが父親と住居をともにすることはあまり重視されていないことになる。ただし父親には、監護期間中にも、子を扶養し、監督し、教育を施す義務がある。監護者は、父親の住居のある町に居住していなければならないし、子が教育を施すべき年齢になったならば、学校へ通わせるなり、自身で教育する義務があるとされている［同前 3: 1053］。なお、既述のジャッサースの記述にもみられるように、マーリクからは、乳歯が抜け始める七歳頃までという別の説も伝えられており、これを採用する少数説もある[73]［Mayyārah, *Sharḥ Mayyārah*, 1: 436］。

このように、監護期間については、学派によるイフティラーフが大きいが、シーア派の法学書では、さらに異なる期間が設定されている。授乳期間である二年間は母親に監護権があるが、その後は男児なら父親のもとに、女児なら七歳まで（九歳まで、あるいは婚姻するまでとする説も）母親に監護権があるとされる［Ḥillī, *Sharāʾiʿ al-Islām*, 2: 45］。なお、イバード派の法学書では、優先順位も監護期間もマーリク派と同様である［Aṭṭafayyish, *Sharḥ Kitāb al-nīl wa-shifāʾ al-ʿalīl*, 7: 408-409］。

(3)　監護をめぐる規定の展開

監護については、乳母よりも多くのシュルート文献や、ファトワーが存在する。このことは監護規定が実際に適用されるケースが、乳母の雇用に比べて多かったことを示唆しているように思われる。もちろんそうした文献における記述が多いことのみをもって、単純に監護をめぐる法規定の需要の確証とはならないが、どのような議論が展開されているのかを確認することの意義はあろう。ここではマーリク派における種々の法学文献から監護に関する記述を拾ってみることにする。

一三—一四世紀のチュニスで活動したカーディーであるイブン・アブドルラフィーウによる『ムイーン』には、監護権者の優先順位、監護期間、監護者の条件など基本的事項のほか、監護権はどのような場合に失効するのか、そうした条件の一つである監護権を失効させる居住地との距離について、移住にさいして父親が子を連れていける年齢の下限、監護されている子の扶養料について、孤児の監護者に対する扶養料あるいは報酬は誰が支払うのかについてなど、様々な具体的事例が想定されている［Ibn ʿAbd al-Rafīʿ, *Muʿīn al-ḥukkām*, 1: 348-376］。

これらの記述に対応して、シュルート文献にも、監護に関わる複数の証書のひな型がある。一一世紀のトゥライトゥリーによる『ムクニウ』には、監護権の失効の証書、監護者への子の扶養料支払いの証書、監護者による子の財産の売却の証書、孤児の遺言指定管財人から監護者への扶養料支払いの証書についてなど、いずれもそのひな型に解説が付されたものが収録されている［Ṭulayṭulī, *al-Muqniʿ*, 87, 90, 103, 194, 236］。

ファトワー集には、さらに具体的な事案が多数みられる。たとえば、離婚した妻の監護下にあった子を、彼女の再婚後もそこに留め置いて数年が経過した後、父親にその子を取り戻す権利があるか否かという問題である。イブン・ルシュド（祖父）は、あるファトワーにおいては、元妻の再婚後三年間にわたって子を妻のもとに留め置いた場合、父親に返還を求める権利はないとしている。しかし父親に返還請求権が認められる場合もある。ある別のファトワーによれば、元妻が再婚後、子を彼女のもとに留め置いたまま五年間が経過していたが、彼女の現在の夫がその子を使役していることがわかり、子の返還を求めた。この場合には、父親が子を取り戻すことができると回答している。子を監護下に置くというのは、あくまでも子のためであって、これを満たさない状況においては、監護権が消失するのである［Ibn Rushd al-Jadd, *Fatāwā*, 1: 295-296, 338-339］。

また一九—二〇世紀に活動し、近世以降のファトワーを編纂した法学者ワッザーニーによる『ナワーズィル』には、監護者の決定にあたっては、学説上の優先順位よりも、子の利益（maṣlaḥah）が優先するという例が多く収録されている。たとえば、母親に監護されていた子が、母親の再婚によって他の親族の監護下に入り、扶養料は子の財産から支払われることとなった。しかし母親は、扶養料は自分の財産から支払うので、子を監護したいと申し出た。この場合、監護者は誰になるのかという問題に対し、子の財産を守るという利益のため、母親のもとに託されるというファトワーが下されたとある。他にも、母方の祖母と父方の祖母が競合した場合、普通ならば母方の祖母が優先するところ、やはり扶養料の支払いを条件として、父方の祖母を監護者にすべきであるというファトワーもある。ただしこの場合、たんに経済的理由だけを考慮するのではなく、子の安全が確保され、子の養育によい人物であるかなど、子にとっての利益が総合的に判断される旨も記されている［Wazzānī, *al-Nawāzil al-jadīdah*, 4: 584-591］。

(4)　再婚した母親への監護権の復活

監護の問題をめぐっては、後世のマーリク派法学書において、ある興味深い議論がなされている。父親と離別した母親が再婚した場合、母親の監護権は失効するが、さらに彼女が後夫と死別あるいは離別した場合、監護権は復活するのかという問題に関わる議論である。

マーリク派の基本書である『ムダウワナ』においては、子の父親と離別した母親が、近親の親族外の男性と再婚したら、監護権は失効し、その後いかなる場合であっても監護権は復活しないという説がとられている［Saḥnūn, *al-Mudawwanah*, 3: 1052］。ところが後世のマーリク派においては、ある条件を満たせば、母親に監護権が復活するという説が有力となった。ここでもまた、学説の変容が、イフティラーフからの選択という形をとっている。

一一―一二世紀のイブン・ルシュド（祖父）は、『ムカッダマート』において、この問題を詳細に論じている。その内容は、以下のとおりである。

再婚した女性の監護権について、マーリク派には、つぎの三つの説がある。『ムダウワナ』で唱えられ、学派の通説ともなっている第一説は、彼女の監護権は完全に消失するという説である。この場合、現在の監護者が死亡しても、彼女が再婚した夫と死別あるいは離別しても、監護権は決して彼女に復活することはない。第二の説は、彼女の再婚が継続中であり、かつ現在の監護者が監護している間は、彼女の監護権は消失するというものである。この説によれば、現在の監護者が死亡するかそれに類する理由から監護権を消失し、かつ彼女が夫と死別あるいは離別して自由になれば、彼女に監護権が復活して、子を引き取ることができる。第三の説では、彼女が再婚した夫と死別あるいは離別すれば、現在の監護者の状況にかかわらず、彼女の監護権は復活するとされる [Ibn Rushd al-Jadd, *al-Muqaddamāt*, 441]。

この問題は、監護は誰の権利であるのかという議論とも関連しているという。一四世紀のマーリク派法学者マイヤーラがこの議論をよく整理している。マイヤーラによれば、監護は監護者の権利であるという立場、被監護者である子の権利であるという立場、双方の権利であるという立場、神の権利であるという立場の四つがある [Mayyārah, *Sharḥ Mayyārah*, 1: 434]。

イブン・ルシュド（祖父）によれば、これらの三つの説は、いずれも監護が監護者の権利であるという見解を反映しているという。彼自身もこの立場をとり、三説のうち第二説を評価している。しかし一方で、監護は監護される子の権利であるという見解もあるという。彼女が夫と死別あるいは離別して自由になれば、彼女に監護権が復活するという説は、この立場からはより当然に導かれる。監護が子の権利であるという少数説は、イブン・アル＝マージシューン（八二八年没）によって伝えられたという [Ibn Rushd al-Jadd, *al-Muqaddamāt*, 441]。

一六世紀エジプトのマーリク派法学者バドルッディーン・カラーフィーは、彼の時代において頻繁に増加している法学議論の一つとして、離婚した夫婦間の監護をめぐる問題をとりあげ、専論を残している。カラーフィーは、既述の『ムダウワナ』説、イブン・ルシュド（祖父）説なども引用しながら、さらに後の時代の法学者たちが、再婚した母親に監護権が残存するという見解すら示したことを紹介している。

同書の末尾にマーリク派の高名な法学者たちの名をあげて、カラーフィーはつぎのように述べている。「彼らの諸見解は、複数の学説や伝承から選択したり修正したりしたもので、通説から乖離したものである。裁定者の法的慣行（ʿamal）や諸見解からの選択こそが、善きもの（maṣlaḥah）をなすのであり、それは慣習（ʿurf）にもとづく。諸裁定は、慣習や慣行（ʿādah）に依っているのである［Qarāfī, *Taḥqīq al-ibānah*, 370-428］。

4 「子の利益」を守るという価値観

本章の検討からは、イスラーム法学者たちが、子への授乳や監護の問題を、まずは夫婦間の権利義務として捉えたことがわかった。そのうえで、ことにマーリク派においては、母親による子育てが他の学派に比べて重視される傾向にあることが明らかとなった。ただしそれは、母役割を強制するものではなく、子の生命を維持するための義務という意味合いが強い。法学者たちは、子にとっては、母親による授乳が最適であることも示していた。子に対して最も愛情深いのは、実の母親であるという考え方は、マーリク派に限られたものではない。しかしながらマーリク派において、母親はその愛情の強さゆえに、子に授乳するのが好ましいという見解が、夫権のもとでの授乳義務という規範学説と矛盾することなく、法学書に取り入れられていた。

法学書に豊富な記述がある乳母の雇用規定については、その実用性に疑問が残るというのがとりあえずの結論である。標準的な法学書において、乳母の雇用についての議論は、たしかに精緻化している。しかしながら関連の法学文献からは、それが直ちに乳母の雇用の需要を裏づけるものではないとも考えられる。本書で検討できた資料からは、これ以上のことはわからない。実際には、母親が授乳できない子に、他の女性が授乳するということは当然あったであろう。しかしながら少なくとも、イスラーム法が乳母による子育てを推奨したというような痕跡はみられない。乳母に関する規定が詳細であることが、イスラーム法の雇用規定を説明するために重要なのは間違いない。しかしそれは、必ずしも乳母の雇用が常態化していたことを裏づけるものではないし、母親による授乳が軽んじられていることを示すものでもないのである。

マーリク派が、子育てにおける母の権利を重視していることは、監護に関する規定に最もよく表れている。監護規定における学派間のイフティラーフからは、マーリク派が、母親についで母系親族を優先する姿勢が明らかである。たとえ母親が監護者になれなかった場合であっても、母系親族に監護権が与えられれば、折に触れ母親と子の関係は継続されるだろう。なぜマーリク派が、母系親族による監護を推奨するようになったのか、その理由は明確にされていない。ジャーヒリーヤ時代のアラビア半島においては、父系の系譜が子にとって重要な要素となると同時に、母系親族の間の人間関係もまた重視されていたとされるが[74]、マーリク派は、そうした価値観を残存させたのかもしれない。学祖であるマーリクの学説は複数が伝えられており、それらのうち、母系親族優先の原則は、後の法学者が選択したという可能性もある。

マーリク派ではまた、監護期間を成年に達するまでとし、七、八歳を目安とする他の学派に比べて長く設定している。このことは、子が母親と共に、あるいは母方の親族のもとで、母親との関わりを保つ期間が長いことを意味する。さらに後世のマーリク派においては、再婚後の母親による子の監護権を復活させる議論がみられるようになっていた。前近代のイスラーム社会については、子は家長の男性を中心とした父系親族の中に位置づけられるのであって、母親は妊娠・出産のみが主要な役割であったという先入観がもたれがちである。そうした価値観は、実際には存在したのかもしれない。しかし少なくともイスラーム法の諸規定には、母親による子育ての意義を積極的に評価する姿勢が示されているといえるだろう。

母親による監護が、子にとって望ましいと考えられていたことは、それが「子の利益」を守ることになるという理由からも説明されている。監護が親と子のどちらの権利であるかについて、決着はついていないようではあるが、法学者によるそうした議論は、子の側を主体とした判断があり得たことを示している。前章で述べたように、父による子の保護と管理においても、「子の利益」のためという記述が法学書に言及されることがある。イスラーム法においては、父と母がそれぞれに子をめぐって権利義務の関係にある。そのうえでさらに、「子の利益」の尊重という価値観がみられるということになる。

第四章　子どもへのクルアーン教育

人間の成長段階において、「成年に達すること」が重要な転機となることは、第一章で確認してきた。イスラーム法で未成年者は、(主に来世での)賞罰の対象外にある。しかし未成年者は成年に達するまでに、一人前のムスリムとしての知識や行動を備えていかなければならない。生まれてきた子どもは、両親それぞれの責任において、しつけや教育をほどこされるのである。では、子どもへの教育について、法学書ではどのような議論がなされているのであろうか。

本章では、法学書で扱われる教育についての議論のうち、最も頻繁かつ詳細に論じられるクルアーン教育を中心として、法学者たちが教育をどのように考えていたのかについて検討する。マーリク派の法学者たちは、他学派ではみられない、子どもへのクルアーン教育を論じた教育専門書を残している。そこで、そうした教育専門書の内容と、その法学文献としての位置づけについて明らかにし、さらに、マーリク派法学者たちの教育論を、法学書以外の情報と併せて探ってみることにしたい。

1　子どもへの教育を示す言葉

(1)　タルビヤ

子どもの教育を示すアラビア語として、現代において一般的に使用されることの多いのが、タルビヤ（tarbiyah）という単語である。[1] 近年では、とくにイスラーム教育を指す用語としても重要なキータームになっており、イスラーム的な教育を論じた書物に、タルビヤの語がみられる。[2] ティモシー・ミッチェルの研究によれば、タルビヤの語が「教育」を意味するようになるのは、一九世紀末以降であるという。[3] また、エジプトのイスラーム改革主義思想家ムハンマド・アブドゥが、イスラームにおける教育（tarbiyah および taʿlīm）の重要性を説いたことは、よく知られている。[4] そして、イスラームにおける教育（タルビヤ）の重要性は、サラフィー主義の影響を受けた各地域におけるイスラーム復興運動においても強調される。[5]

たしかに、前近代におけるムスリム学者によるいくつかの有名な教育論においては、タルビヤの語が使用される例は見受けられない。ガザーリー（一〇五八—一一一一年）の『宗教諸学の再興』には、「子どもたちの初期の成長における訓練と、彼らへのしつけと、彼らの性格を向上させることについて」という一節があり、ここでは表題の訓練（riyāḍah）、しつけ（taʾdīb）の語のほか、教育する（yuʿallim）という表現がみられるものの、タルビヤの語は使用されていない［Ghazālī, *Iḥyāʾ ʿulūm al-dīn*, 3:62-64］。また、イブン・ハルドゥーン（一三三二—一四〇六年）の『歴史序説』にも、子どもへの教育についての節が収録されているが、そこでもクルアーン等の知識の伝授（taʿlīm）あるいは、体罰をともなう教育（taʾdīb）についての言及がみられるのみである［Ibn Khaldūn, *Muqaddimat*, 3: 260-266］。

教育に関わる問題が、タルビヤをめぐって盛んに議論されるようになったのが、近代以降であることは間違いない。しかしながら、タルビヤの語そのものは、古典法学書にもしばしばみられ、それらを、しつけおよび教育と解する研究書もある。[6] そこで、古典法学書の記述を詳細に検討してみると、多くの場合、タルビヤの語は、「身の回りの世話、育児、子育て」という意味で使用されている。そして、比較的後世の法学書においては、「しつけ、教育」ととることもできる例がみられるようになるのである。ではそれらに、学派ごとの違いはあるのだろうか。あるいは時代によって用語の使用が異なってきているのだろうか。

いずれの学派においても、初期の法学書にタルビヤの語はみられないようである。具体的に確認したのは、シャーフィイー（八二〇年没）の『ウンム』、マーリク（七九五年没）の『ムワッター』、サフヌーン（八五四年没、マーリク派）の『ムダウワナ』、ジャッサース（九八一年没、ハナフィー派）の『タハウィーによるイフティラーフの書の要約』などである。ただし、後述のように、ジャッサースはクルアーン解釈書においては、タルビヤの語を使用している。ハンバル派については、イブン・ハンバルによって編纂された『ムスナド』にもみられないほか、イブン・ハンバルに師事したハディース学者・イブン・アビー・ドゥンヤ（八九四年没）が「扶養される者たち（家族）」に関わるハディースを集めて編纂した著作にもみられなかった。同書には、子女の教育に関わるハディースが多数収録されているが、いずれも、タアリームあるいはタアディーブの語が使用されている [Ibn Abī al-Dunyā, *Mukhtaṣar Kitāb al-ʿiyāl*]。

これに対して、一〇―一一世紀以降の法学者による著作には、子どもへのタルビヤという言及がしばしばみられるようになる。ハナフィー派のサラフスィー（没年は一〇四六から一〇九六年までの諸説あり）は、いくつかの異なる章で、タルビヤの語を使用している。

（a）乳母には、子の食物を購入する義務はない。なぜなら乳母はその乳によるタルビヤ（育児）が義務づけられているのであって、食物によってではないからである。〔Sarakhsī, *Kitāb al-mabsūṭ*, 15: 121〕

（b）人間の子は、人間の乳によってでしか、健康に育てることができない（lā yatarabbā tarbiyatan ṣāliḥatan）。〔同前 15: 129〕

（c）母親は、子が彼女を必要としなくなるまで、その子に対する権利を有する。男児であれば、一人で食べ、一人で飲み、一人で着る、〔一説によれば、一人で排泄の処理をする〕などができるようになるまで。女児であれば、初潮を迎えるまでである。〔中略〕女児の場合は、タルビヤ〔育児〕を必要としなくなった後にも、糸紡ぎや料理、洗濯などを教わる必要があり、それについては母親のほうが適している。〔同前 5: 207〕

ここではタルビヤの語に、便宜的に「育児」の訳語をあてたが、少なくとも（a）と（b）においては、しつけや教育といった意味合いはないと言ってよいだろう。（c）に関しては、飲食や着替えなどを手助けすることが、しつけであると捉えることも可能であるが、「自立していない子どもの身の回りの世話をしてやる」という意味しかもっていないとも考えられる。現代の日本語では、「育児」の語に、しつけや教育の意味が含まれることもあるが、ここではたんに「乳幼児を育てること」という意味でこの訳語を使用し、その内容については個別に検討していくことにしたい。

シャーフィイー派においては、マーワルディー（一〇五八年没）が複数の著作において興味深い言及をしている。

母親というのは、より愛情深いものである。それは出産によって大きくなり、タルビヤ（育児）によって

培われるのである。〔Māwardī, *Adab al-dunyā wa-al-dīn*, 172〕

母親というのは、子のタルビヤ（育児）において、〔他の者〕より優しい。〔Māwardī, *al-Ḥāwī al-kabīr*, 11: 498〕

ここでもまた、タルビヤの語は、たんに「育児」と訳すのが適当であるかと思われる。またガザーリーは、シャーフィイー派の法学者でもあるが、子のタルビヤ（育児）や、授乳や、衣服・食物の購入についての後見人の権限という表現を用いている。〔Ghazālī, *al-Mustaṣfā*, 175〕

ハンバル派のイブン・クダーマ（一二二三年没）の『ムグニー』にも、いくつもの箇所でタルビヤの語が使用されているが、いずれも「育児」と訳すのが適当である。

監護とは、未成年の子のタルビヤ（育児）である。彼と同居して保護すること（ḥifẓ）、彼を寝床につかせること、彼を結ぶこと（rabṭ）[7]、彼に油を塗ること、彼を消毒すること、彼を入浴させること、その着衣を洗濯することなどである。〔Ibn Qudāmah, *al-Mughnī*, 4: 451〕

母親には、妊娠と授乳とタルビヤ（育児）と、愛情の多さという美点がある。〔同前 6: 467〕

このように、法学書中に現れるタルビヤの語には、しつけや教育の意味を付すような要素がみられない例も多いが、以下のような記述においてはニュアンスが異なってくる。

シャーフィイーおよびシャーフィイー派の法学者たちは、母親に、タルビヤという教育の義務の入り口を

与えている。〔Nawawī, *al-Majmūʿ*, 1: 26〕

これは一三世紀のシャーフィイー派法学者ナワウィーによるものである。ナワウィーは他にも数多くの法学書を残しているが、「監護とは、一人では自身のことができない者を保護すること（ḥifẓ）であり、彼を育てること（タルビヤ）である。それには女性がより適している」〔Nawawī, *Minhāj al-ṭālibīn*, 155〕というような、記述もみられる。ナワウィー自身がタルビヤの語をどの程度明確に定義していたのかはわからないが、少なくとも、「しつけ・教育」の意味を含めた用法である可能性は示している。

ではマーリク派ではどうであろうか。少し時代は下るが、一七世紀のエジプトのナフラーウィーは、以下のように述べている。

監護とは、小児（ṭifl）の身の回りの世話（kifāyah）と、彼のタルビヤと、彼に対する愛情（ishfāq）である。バージーによれば、子をその家で保護し、食事と衣服と寝床を供し、身体を清潔に保つことである。〔Nafrāwī, *al-Fawāqihi al-dawānī*, 2: 105〕

ここでいうタルビヤが、直前のキファーヤの語とともに、正確に何を指し示すのかは明確ではない。しかしながら、バージーによる定義を引用する中で、食事や衣服や寝床の提供および身体を清潔に保つことなど、通常の育児に最低限欠かせない事項を挙げていることから、ここはやはり「育児」の意味を大きく出ることはないようにも思われる。ところがナフラーウィーは、別の箇所で、ムスリム男性と啓典の民の女性との婚姻が忌避されるケースについての説明において、彼女が子に豚肉を食べさせたり、酒を飲ませたり、教会に行ったりすることを夫が禁止できないことから、「彼女の宗教のゆえに、子のタルビヤに影響を与える」という表現を用いている

〔同前 2: 31〕。ここは明らかに、タルビヤの語が、子に対するしつけの意味で使用されていると考えてよいだろう。マーリク派ではほかに、タルビヤの語そのものを定義づけるような記述が、メディナのハッターブ（一四九六―一五四七年）、エジプトのダスーキー（一八一五年没）などの、後世の複数の法学書にみられる。

タルビヤとは、何かを少しずつ、それを行う者の望むところまで到達させることである。〔Ḥaṭṭāb, *Kitāb mawāhib al-jalīl*, 1: 19; Dasūqī, *Ḥāshiyat al-Dasūqī*, 1: 4〕

ここでは明らかにタルビヤの語が、しつけや教育を意味するようになっていると判断してよいのではないだろうか。この表現の初出がどこにあるのかまでは特定できなかったが、少なくともハッターブ以後の法学者の記述には変化がみられると考えてよいだろう。マーリク派においては、比較的初期の法学書には、タルビヤの語の使用そのものがみられない。ところが上記のように、タルビヤの語を使用する法学書においては、子どものしつけや教育という発想が、明らかに含まれるようになっているのである。

さらにタルビヤの語は、監護の最優先者である母親にだけではなく、父親についても使用されている例がある。モロッコのマーリク派法学者マッヤーラ（一七七三年没）によれば、

乳歯が抜け始めた後には、〔母親よりも〕父親のほうが子にとって必要になる。その理由は、これ以降、タルビヤとタアリームが必要になるからである。〔Mayyārah, *Sharḥ Mayyārah*, 1: 437〕

この場合は、タルビヤとタアリームがしつけや教育を示していると考えられる。このように、マーリク派の法学書においては、他の学派に比べて、タルビヤを、しつけあるいは教育として考える傾向が強いといえる。ただ

しマーリク派といっても、これらの例は一六世紀以降の法学書に限定されており、それ以前の法学書にみられる用法ではない。したがって、それがマーリク派に特有であるのか、あるいは時代的な要因によるものであるのかは判断できない。しかし少なくとも、後世のマーリク派では、タルビヤはしつけや教育の意味で使用されるようになっているということが明らかとなった。

(2) タアディーブ

他にも、しつけあるいは教育の意味を示す言葉として、タアディーブ（taʾdīb）の語が、法学書ではしばしば使用される。タアディーブは主に、体罰をともなう教育のことを指し、本書において体罰と訳した原語は、タアディーブである。子どもにクルアーンを教える教師が、ムアッディブ（muʾddib）と称されることが多いのは、クルアーン教育において、体罰の行使が常態であったことを示していよう。なお、タアディーブの語は他に、夫婦間の権利についての夫の妻に対する折檻という意味などにも用いられる。

法学書においてタアディーブの語は、体罰の是非について言及する場合に使用されることがほとんどであり、後述の教育専門書でも同様である。

頻度はあまり高くないが、おなじくしつけに類するものとして使用される語に、イムサーク（imsāk）がある。たとえばハナフィー派のジャッサース（九八一年没）によるクルアーン注釈の書にはつぎのように記されている。

> 母親には、子に対する後見のうち、彼へのタアディーブ、彼へのタアリーム、彼へのイムサーク、彼へのタルビヤに権利がある。［Jaṣṣāṣ, *Aḥkām al-Qurʾān*, 2: 18］

この記述においては、体罰を伴うしつけや教育であるタアディーブ、知識の伝授であるタアリーム、そしてタルビヤなどと並んで、イムサークという語がみられる。イムサークの内容はあまり明らかでないが、強制を伴うしつけを示すものと考えられる。

(3)　タアリーム

これに対して、やはり現在でも教育の意味で使用され、古典法学書においても学問的な教育を主に示す語が、タアリーム（taʿlīm）である。[8] タアリームとはイルム（ʿilm）すなわち知識を授けることであり、その対象となるものは幅広い。法学書の中から、タアリームの語が使用されている例をいくつかあげてみよう。マーリク派のイブン・ルシュド〔祖父〕のファトワーは、以下のように述べている。

> マーリク派と多くの知識ある人々は、クルアーン教育（taʿlīm al-Qurʾān）によって教師が報酬を得ることを有効であるとしている。知識ある人々の中には、教師がクルアーン教育によって報酬を得ることを、それについて条件〔賃金や期間などの〕があるなしにかかわらず無効としている者もいる。またある者たちは、有効であるが、条件によっては無効となるとしている。[Ibn Rushd al-Jadd, *Fatāwā*, 1: 211]

法学書ではこの他にも、読み書き、ハディース、法学、遺産相続学、修辞学、文法、詩などの学問についての教育において、タアリームという語が使用されている。たとえばマーリク派のサフヌーンは以下のように述べている。

> 私〔サフヌーン〕は尋ねた。「もし私がある男を、私の息子に法学や遺産相続学の教育〔を行う者〕として雇用したら、それは有効であるか否か」。彼〔イブン・アル゠カースィム〕は言った。「そのことについて私は彼

〔マーリク〕から何も聞いていないが、彼は法学や遺産相続学の書物の売買を嫌ったので、私の考えでは、それらについての教育や、教師の雇用は好ましくない」。[Saḥnūn, *al-Mudawwanah*, 4: 1840]

ハナフィー派のサラフスィーの『マブスート』には、つぎのような記述がみられる。

> われわれ〔ハナフィー派〕においては、息子へのクルアーンや法学や遺産相続学の教育〔をする者〕の雇用は有効ではない。〔中略〕
>
> 歌謡や哀歌の教育〔をする者〕の雇用は有効ではない。[Sarakhsī, *Kitāb al-mabsūṭ*, 16, 37-38]

誰かに何かを教えるという意味でのタアリームの語は、その対象が子どもであるとは限らないが、子どもを対象としたものに限っていえば、他にも女児に対する家事教育の意味で使用されることもある[Sarakhsī, *Kitāb al-Mabsūṭ*, 5: 207]。また、礼拝や巡礼に関する宗教教育についてもタアリームの語は使用される。シャーフィイー派の法学書では、シャーフィイーのつぎの言葉が引用され、両親による子に対する宗教教育のすすめが述べられる。

> シャーフィイーは言った。「父親たちと母親たちには、その子どもたちをしつけ、清浄（ṭahārah）と礼拝（ṣalāh）を教育する義務がある。〔中略〕この教育は、望ましいもの（mustaḥabb）である」[9]。[Muzanī, "Mukhtaṣar al-Muzanī," in Shāfiʿī, *al-Umm*, 9: 26; Nawawī, *Majmūʿ*, 1: 26]

このように、教育の内容は様々であるが、なかでも法学書でとくに重視され詳細な議論がなされているのが、タアリーム・アル＝クルアーン（クルアーン教育）に関わる問題である。次節以降、法学者たちが子どもへのクルアーン教育について、どのような議論を行っているのかをみていきたい。

2　クルアーン教師の雇用規定

(1)　教師の雇用に関するイフティラーフ

クルアーン教育に関わる法規定は、その多くがクルアーン教師の雇用契約の問題として扱われている。それは本書第三章で扱った乳母の問題と同様、古典法学書では「賃約の章」で扱われるのが普通である。

一二世紀のマーリク派法学者イブン・ルシュド（孫）による『ビダーヤ』の「賃約の章」には、賃約の要件の一つである使用利益の種類のうち、何が有効であり何が無効であるかについて、法学者たちのイフティラーフがみられる例があげられている。その中でクルアーン教師は、土地、井戸、ムアッズィン、種付用家畜などと並んで、これを使用利益とする契約が有効であるか否か、およびその根拠は何であるのかという問題の対象として扱われている。クルアーン教師の雇用については、預言者ムハンマドが、クルアーンの読誦によって病人を治療した者に対する報酬の支払いを許可した旨のハディースをもとに、それを有効とする立場と無効とする立場の両方があることが紹介されている［Ibn Rushd al-Ḥafīd, *Bidāyat al-mujtahid*, 619-620］。では各学派はそれぞれどのような規定を提示しているのだろうか。各学派の代表的な法学書を詳しくみていくことにしたい。

❖ハナフィー派

クルアーン教師の雇用について最も否定的な立場をとるのがハナフィー派である。ここでは一一世紀の中央アジアで活動した法学者サラフスィーによる法学書『マブスート』をまず参照してみよう。サラフスィーは、クルアーン教師の雇用が無効である根拠となるいくつかのハディースをあげつつ、ハナフィー派の学説においては、クルアーンや法学や遺産相続学の教師に報酬を支払うことは無効であることを説明している。さらにそれらを総括して、「我々の学派では、ムスリムに固有のいかなる善行も、これを目的とする雇用は無効である」と説いている［Sarakhsī, *Kitāb al-mabsūṭ*, 16: 37］。また同じハナフィー派であっても、無効とする理由を異なる観点から説明する法学者もいる。一二世紀のやはり中央アジアの法学者カーサーニーは、「クルアーン暗唱というのは、習熟度が生徒それぞれであり、契約内容を確定させるという雇用契約の要件を満たさないため無効である」としている［Kāsānī, *Badāʾiʿ ṣanāʾiʿ*, 5: 562］。

ではハナフィー派の影響下にあった地域では、クルアーン教師の雇用は実際に行われることはなかったのだろうかという疑問が生じる。これについての確証はないが、おそらくは雇用は行われていたものと考えられる。というのは、同じく一二世紀の中央アジアで活動した法学者マルギーナーニーによる『ヒダーヤ』では、「今日ではクルアーン教師の雇用はイスティフサーンによって有効である」とされているからである［Marghīnānī, *al-Hidāyah*, 3: 269］。また一三世紀中央アジアのアスルーシニーも同様に、「クルアーン教師に報酬を支払って雇用するのは、我々の先達によって伝えられたことによればそれは無効であったが、我々の時代においては有効である」と述べると同時に、「教師をまず期間を定めて雇用し、その後に内容を指示すればよい」という抜け道（ヒーラ）を紹介しているのである［Asrūshinī, *Jāmiʿ aḥkām al-ṣighār*, 2: 17-18］。

❖シャーフィイー派

シャーフィイー派は、クルアーン教師の雇用を有効とする立場をとる。学祖シャーフィイーによる法学書『ウンム』によれば、クルアーン教師の雇用が有効であることの根拠を問われてシャーフィイーは、「ある女をクルアーンの章を婚資として婚姻させた」という預言者のハディースをあげている［Shāfiʿī, *al-Umm*, 2: 183］。ところがシャーフィイー派においては、雇用の是非についての記述はあるものの、クルアーン教師についてのそれ以上詳しい議論はあまり見受けられない。確認できた限りにおいては、クルアーン教師の雇用は、具体的な章あるいは期間が定められていれば有効である、といった雇用契約の要件についての議論が一部の法学書にみられるにとどまっている［Ghazālī, *al-Wajīz*, 1: 408］。現存するファトワー集として知られているものに、ワクフ設定のなされた孤児のためのクッターブに関する九つのファトワーを収めたエジプトのイブン・ハジャル（一五〇三―一五六七年）のものがあるのが、確認できたわずかな例である［Ibn Ḥajar al-Haytamī, "Taḥrīr al-maqāl fī ādāb wa-aḥkām wa-fawāʾid yaḥtāj ilayhā muʾaddib al-aṭfāl"[10]］。

❖ハンバル派

ハンバル派においては、クルアーン教師の雇用を無効とする説が主流である。ところが学祖イブン・ハンバルが、これを有効とする説も唱えていたと伝えられている。ハンバル派の法学書においては、しばしばこのように学派内においても見解の異なるケースがみられる。イブン・クダーマの『ムグニー』をみてみよう。同書は学派内の見解の相違のみならず、ハンバル派以外の法学派の学説もしばしば併記しているが、クルアーン教師の雇用についてはまず、イブン・ハンバルがアブー・ハニーファらと同様に、ムスリムにとって敬虔な行為である巡礼やアザーンなどに関する雇用とならんで、これを無効とする立場をとったことを示している。そしてシャーフィイーとマーリクがこれを有効とする説を唱えていることを紹介したうえで、イブン・ハンバルが有効説も伝えていることを示している［Ibn Qudāmah, *al-Mughnī*, 4:494］。

このように、クルアーン教師に報酬を支払って雇用することについては、ハナフィー派が最も厳しい立場をとる。シャーフィイー派とハンバル派の一部は、一応有効であるとしてはいるものの、それ以上の積極的な議論は展開していない。マーリク派については、次節で詳しく述べていくが、クルアーン教師の雇用を有効とする見解が最も明確である。クルアーン教師の雇用規定は、網羅的な法学書であれば学派を問わず、たいていどの著作にも登場する。その中で、マーリク派の法学書においては、他の学派と比べて圧倒的に具体的かつ詳細な議論が展開されているのである。

なお、クルアーン教師に対する報酬の是非を根拠づけるハディースも、学派によって、あるいは法学者によって様々なものが引用されている。引用頻度が高いのものは、是認派においては、「あなたがたが報酬を受け取るものの中で最もふさわしいものは、神の書である」[11]、否認派においては、「私がある男にクルアーンを教えたとき、彼は私に矢を贈った。そのことを神の使徒に告げたところ、彼は言った「もしあなたがそれを受け取るならば、火獄の矢を受け取ることになる」」[12]をあげることができる。

(2) マーリク派におけるクルアーン教師の雇用規定

マーリク派では、クルアーン教師の雇用が有効であることに異説はない。マーリク派の基本書であるサフヌーンによる『ムダウワナ』では、クルアーン教師は以下のように規定されている。

〔サフヌーンは〕言った。「ある男を、私の息子にクルアーンを教えるため（yuʿallim al-Qurʾān）に、これこれの賃金でという取り決めで雇用した場合、あなたはそれをどう考えるか」。〔イブン・アル＝カースィムは〕言った。「マーリクは言った。「それはかまわない」。」〔サフヌーンは〕言った。「ではもし彼の息子にクルアーンを毎月いくらで、とか毎年いくらでという条件で雇用した場合どうか」。〔イブン・アル＝カースィムは〕言った。「マーリクは言った。「それはかまわない」。」〔サフヌーンは〕言った。「ではもし彼の息子にクルアーン全部を教授すれば何ディルハムを支払うという条件で雇用した場合どうか」。〔イブン・アル＝カースィムは〕言った。

「それはかまわない」。〔イブン・アル＝カースィムは〕言った。「マーリクのクルアーン全部についての説と同様に、〔クルアーンの〕六分の一であってもかまわない」。〔サフヌーンは〕言った。「ではもし私の息子に読み書きを教えるために、毎月一ディルハムで雇用した場合どうか」。〔イブン・アル＝カースィムは〕言った。「それはかまわない」。〔サフヌーンは〕言った。「これはマーリクの説であるか」。〔イブン・アル＝カースィムは〕言った。「マーリクは教師一般の雇用について、一年毎〔の契約〕はかまわないと言った。したがって、息子に書き方を教えるだけのためにある者を雇用することも、一年毎の教師の雇用を有効とするマーリクの説に準じるものとして、有効である」。［Saḥnūn, *al-Mudawwanah*, 4: 1840］

このように、クルアーン教師に報酬を支払って雇用することは、イスラーム法において有効な行為であることが述べられている。また雇用要件としては、月単位や年単位など期間を定めるか、クルアーン全部やその一部などのように分量を定めることが規定されている。同書ではまた、教師がクルアーン以外の他の科目を教えることについての是非についても論じられている。

〔サフヌーンは〕言った。「もし私がある男を、息子に法学（fiqh）や遺産相続学（farāʾiḍ）を教えるために雇用した場合、それは合法か否か」。〔イブン・アル＝カースィムは〕言った。「それについてはマーリクから何も聞いていないが、マーリクは法学や相続の書物の売買を嫌っていた。したがって私はそれらを教える者を雇用するのは好ましくないと考える」。〔中略〕

　詩を教える教師の雇用について。〔サフヌーンは〕言った。「もし彼が息子に詩（shiʿr）を教えるための者を雇用した場合どうであるか」。〔イブン・アル＝カースィムは〕言った。「マーリクは言った。「それは好ましくない」」。〔サフヌーンは〕言った。「もし私が詩（shiʿr）や哀歌（nawḥ）[13]やクルアーン（muṣḥaf）を複製させるために書写屋を雇用した場合どうであるか」。〔イブン・アル＝カースィムは〕言った。「マーリクはクルアーンについてはそれはかまわないと言ったが、詩や哀歌についてはマーリクからは何も聞いていない。マーリクは法学や詩の書物を売買することを嫌ったので、同様にそれも好ましくないと私は考える」。〔同前 4: 1840-1841〕

この記述からは、教授科目の是非の判断は、それについて書かれた書物の売買の是非からの類推により導かれていることがわかる。クルアーン教師についても同様で、その是非を論じる直前の節において、以下のような規定が述べられている。

〔サフヌーンは〕言った。「クルアーンについて、それを読むためにある男に賃貸することは適切であるか」。〔イブン・アル＝カースィムは〕言った。「それはかまわない」。〔サフヌーンは〕言った。「マーリクは、なぜそれを有効としたのか」。〔イブン・アル＝カースィムは〕言った。「なぜならマーリクは、クルアーンの売買は有効であると言い、その売買が有効であるものについては賃貸借も有効であると言っているからである」。〔同前 4: 1840〕

つまり、学祖マーリクが、書物としてのクルアーンの売買を有効としていることからの類推によって、クルアーン教師の雇用の是非が導かれているのである。

「賃約の章」では、他にもいくつかの雇用契約が扱われているが、マーリク派においては『ムダウワナ』以降も、クルアーン教師は、雇用規定を論じる際の代表例として必ず登場するものとなる。たとえば、一三世紀エジプトのイブン・アル＝ハージブは、雇用規定を以下のようにまとめている。「賃約（雇用）には売買と同様、有効なものと無効なものがあり、いくつかの要件をみたさなければならない。第一は、売買と同様に、両契約当事者

〔が確定していること〕。〔中略〕第二は、賃料（賃金）であり、これは売買における代金と同様である。〔中略〕第三は、使用利益（manfaʿah）であり、それは引渡しが可能なものでなくてはならず、禁じられたものや義務的なものであってはならない［Ibn al-Ḥājib, *Jāmiʿ al-ummahāt*, 434］」。そして、使用利益として有効なもの、すなわちその雇用が有効となる契約の例として、乳母やクルアーン教師、ムアッズィン（礼拝を呼びかける人）、墓堀などをあげて、クルアーン教師の雇用については、「かりに条件が付されていなくともかまわないが、明確な条件が付されていれば〔確実に〕有効であり、その条件とは、期間あるいは内容が限定されていることである」としている［同前 436-437］。

イスラーム法はこのように、雇用契約をいくつかの類型に分類し、それぞれの内容に応じて、契約成立の要件や、労務への対価の支払い義務、契約解除の条件などを定めている[14]。クルアーン教師の雇用規定は、他の法学派の法学書においても、契約類型の一つの典型として必ず言及されるのであるが、マーリク派の場合は、これを明確に有効であるとしたことから、さらに詳細な議論が展開されることとなった。

3　マーリク派法学者による教育専門書

(1)　教育専門書とは何か

クルアーン教師をめぐる法規定は、通常の法学書の枠を超えて、新たなジャンルの著作へと発展した。教師の作法（ādāb al-muʿallimīn）、あるいは教師と生徒の作法（ādāb al-muʿallimīn wa-al-mutaʿallimīn）について論じた一連の著作である。本書ではこれらを便宜的に、教育専門書と呼ぶことにして議論を進めていく。

教育専門書は、これまでにもいくつかの研究によって取り上げられている。その中心となるのが、子どもへの

図4-1　クルアーン教師と子どもたち
ハリーリー（1054-1122年）による
『マカーマート』の挿絵

クルアーン教育の場であるクッターブ（kuttāb）についての研究である。クッターブでは、クルアーンの暗唱を中心として、読み書きや計算その他の学問が教えられ、イスラーム初期の時代から、ムスリムの居住する地域に広く存在したことが報告されている[15]（図4-1）。クッターブに通うための年齢に制限はないが、普通は七、八歳ぐらいから成年に達するまでの子どもたちが通っていたという。成年後もさらに学問を志すものは、マドラサへ進学することになる[16]。先行研究におけるクッターブに関する情報は、他にも歴史書、地理書、文学作品、人名録、伝記、法学文献など様々な一次資料から得られているが、それらの中でも、最も多くの情報を提供しているのが教育専門書である[17]。教育専門書は、前近代におけるクッターブの実像を鮮明に記したものとして注目されている[18]。

子どもを対象とする教育を論じた教育専門書としてよく知られているものは、マーリク派の法学者によって著されたものが多い[19]。法学教育などの高等教育を対象としたものは、ガザーリー（一〇五八―一一一一年）[20]、ナワウィー（一二三四―一二七七年）[21]、イブン・ジャマーア（一三三三年没）[22]などシャーフィイー派法学者による著作が多く残されている。また法学者ではない著者によるものとしては、文学者ジャーヒズ（八六九年没）による子どもの教育の書[23]を除くと、ハディース学者アージュリー（九八〇年没）[24]、ザルヌージー（一二二三年没?）[25]、哲学者トゥースィー（一二七三年没）[26]などによる高等教育に関する著作が知られている。ではなぜ、マーリク派の法学者たちは、子どもへの教育についての教育専門書を積極的に記したのだろうか。その理由の一つとして、すでにみてきたような、マーリク派におけるクルアーン教師の雇用に関わる議論の発展が考えられる。以下においては、マーリク派の法学者による教育専門書の内容と、その法学文献としての位置づけについて検討することにしたい。

(2)　教育専門書の内容

❖イブン・サフヌーンの書

子どもについて書かれた最も古い教育専門書は、サフヌーンの息子イブン・サフヌーン（八一七―八七〇年）による『教師の心得』である。[27] イブン・サフヌーンは、父を継いでカイラワーンのマーリク派を指導した、やはり高名な法学者である。[28] 多くの著作があったことが知られているが、現存するものはごく少なく、しかも同書以外の著作はまだ写本のままである。

『教師の心得』は、刊本にして正味一六頁というごく短い著作であるが、全体が一〇の章に分けられている。各章の概要は以下のとおりである。一章　クルアーン教育の美徳、二章　生徒間の平等、三章　神の言葉を消すこと（板に書いたクルアーンの章句を消すこと）の忌避とそれについての諸注意、四章　体罰についてしてもよいことといけないこと、五章　クルアーン暗唱修了（khatm）と教師の報酬、六章　祝祭日の贈答、七章　休暇、八章　教師がなすべきこと（教室や用具の用意、科目、教え方、礼拝や小浄のしつけ）、九章　教師の雇用に関すること（報酬の支払い要件、時期など）、一〇章　クルアーンと法学などの書物の貸借について。

同書はつぎのような書き出しで始まっている。

アブー・アブドッラー・ムハンマド・イブン・サフヌーンは言った。

私の父サフヌーンは、アブドッラー・イブン・ワフブから、スフヤーン・アル＝サウリーから、アルカマ・イブン・ムルシドから、アブー・アブドルラフマーン・アル＝スラミーから、ウスマーン・イブン・アッファーンから伝えられ、神の使徒がつぎのように言ったと語った。「あなたがたの中で最も良い者は、クルアーンを学ぶ者であり、それを教えなさい」。［Ibn Saḥnūn, "Risālat ādāb al-muʿallimīn," 113］

一章においてイブン・サフヌーンは、クルアーン教育の美徳を示す同様のハディースをほかにもいくつか引用して、その重要性を示唆する。つづいて二章においては、子どもたちを、貧富の差を問わず平等に扱うべきであることを示す。こうした記述からは、ムスリムにとってクルアーン教育は重要であり、子どもたちはそれを等しく享受する権利をもつ、という理念をうかがい知ることができる。三章から一〇章までにおいては、子どもへの教育における具体的な諸規定が詳述されていく。

　教育内容に関しては、それが子どもにとって有益であるか否かについての評価も含めた議論が展開される。まずクルアーンの暗唱は同書の主要テーマであり、最も重要かつ第一の科目である。そのうえで、読み書きについては子どもにとって有益であり、計算については必ずしも義務ではないが、それらを教えることは望ましいことが述べられる。また、ガリーブ（gharīb、不明瞭なもの）[29]やアラビア語や書道や文法全般、母音符号、綴り字、クルアーンの格変化[30]（iʿrāb）や朗誦法（tartīl）などは義務であり、読誦法（qirāʾah）の中ではナーフィウ流[31]が推奨されている。クルアーンに旋律をつけて読むことは禁じられる［同前 119-120］。法学や詩の教育については、カイラワーンとアンダルスとでは伝統的に異なる見解が存在することが述べられている。すなわち、「アンダルスの人々の中には、クルアーンと同様に法学や遺産相続学や詩や文法などの教師の雇用もかまわないと言っている者もいる」という説を紹介する一方で、サフヌーンによれば、法学など「到達すべき目標のない学問」についての教師の雇用は否定しているとする［同前 128］。全巻暗唱をもって学習が終了するクルアーン教育に対して、いくら学んでもきりのない法学教育は、雇用要件をみたすことができないというのであろう。

　また上記のような科目のほかに、礼拝などの宗教的なしつけについても言及している。「子どもが七歳になったら礼拝を命じなければならない。もし一〇歳になってそれに従わないなら打て」というハディースを引用し、教師は子どもたちに、小浄（wuḍū'）と礼拝を教えなければならないと説く。また教師が望むのなら講話（khuṭab）を教えるのもかまわないとしている［同前 121-122］。もちろんクルアーン教育自体が宗教的な教育であり、そこに礼拝教育が付随していても当然とも考えられるが、こうした記述からは、教師が子どもたちの日常的な行為に関わるしつけにも関与すべきであると考えられていたことがわかる。

教師による体罰の問題についても、いくつかの預言者のハディースを引用して論じている。すなわち「怒りからの体罰はよくないが、子どもたちのためになるのならばかまわない」という原則を示した上で、「遊んだり怠けたりした場合には一〇回まで、読み方に関しては三回まで（打擲してよい）」という見解を述べている［同前 116-117］。この他にも、決まった報酬以外の特別な報酬（クルアーン暗唱完了時や祝祭日の贈答など）、子どもたちの休暇や欠席の扱い、教師が用意すべき設備（教室やムチなど）についても、細かい規定が列挙されている［同前 117-120］。

❖イブン・アビー・ザイドの書

イブン・サフヌーンより一〇〇年ほど後に、同じくカイラワーンで活動した法学者イブン・アビー・ザイド・アル＝カイラワーニー（九二二—九九六年）もまた、教育専門書を著したとされているが、残念ながらこれは現存していない[32]。そのかわりに、この問題に関する数多くのファトワーが残されている。後述するように、後世の法学書においては、教育専門書の記述は、規範学説を補完するファトワーと同じような扱いを受けて一定の影響力をもってきた。逆にいえば、教育の問題を論じたファトワーは、教育専門書と同等の位置づけにあると言ってもよい。そこで、最近出版されたイブン・アビー・ザイドのファトワー集をみてみることにしよう。

このファトワー集には四七五件のファトワーが収録されており、そのうち二七件もがクルアーン教師に関連するファトワーである。二七件のファトワーの内容の内訳は、報酬の支払いや教育修了の要件について（七件）、賃金以外の謝礼の是非について（五件）、教室内での教師の態度について（六件）、父親の教育費支払い義務について

〔三件〕、体罰について〔四件〕、ハワーリジュ派の子女について〔二件〕となっている。たとえば体罰に関する規定については、以下のようなファトワーが収録されている。

〔イブン・アビー・ザイドは〕問われた。「五歳あるいはそれ以下、あるいはそれ以上で一〇歳までの子どもたちについて、礼拝中に笑ったり、礼拝を怠ったり、あるいは飲酒したりした場合、打擲すべきなのか」。〔イブン・アビー・ザイドは〕答えた。「もし一〇歳の子であれば、叱責し、繰り返すならば体罰を加えよ。しかし飲酒であれば即座に体罰を加えよ。一方、五歳の子の場合、飲酒であれ悪戯であれ、まず叱責し、繰り返すならばまた叱責し、それでもまだ繰り返すならば、耐えられる程度に体罰を加えよ」。[Ibn Abī Zayd al-Qayrawānī, *Fatāwā*, 200-201]

❖カービスィーの書

一一世紀のマーリク派の代表的な法学者の一人であるカービスィー〔九三六―一〇一二年〕は、イブン・アビー・ザイド亡きあとのマーリク派の指導者的立場であると同時に、ハディース学者としても有名であった[33]。カービスィーは、最も詳細かつ包括的な教育専門書である『教師に関する諸事と教師と生徒との諸規則の詳細』[34]〔以下『詳細』と略記〕を残している。イブン・アビー・ザイドとは母親同士が姉妹であって、親交が深かったといわれる。多くの著作があることがわかっているが、現存しているものは少ない[35]。

『詳細』は、全体が三つの部分に分けられている。第一部では、最初に、啓示を下した神への讃辞が述べられ、つづいて信仰〔imān〕、帰依〔islām〕、善行〔iḥsān〕、真っすぐな道〔istiqāmah〕、正しさ〔iṣlāḥ〕のそれぞれの概念について、クルアーンの章句を引用しながら解説される。さらには、クルアーンの美徳について、多くのハディースをもとに詳述されている [Qābisī, "al-Risālah al-mufaṣṣalah," 242-264]。

これらを前提とした第二部では、子にクルアーン教育を施すことが、父親にとっての義務であることがまず強調される。カービスィーは、クルアーン教育の美徳を説いた後に、「息子にクルアーンを教育することは、こうした美徳の一部である」と述べ、父親による教育義務について多くの頁を割いている。教育の対象として扱われているのは、未成年者の子どもである。教育費の負担については、子が未成年者であれば、原則として父親の義務である。ただし子に財産があるのであれば、必ずしも父親に負担の義務はないとする。孤児であってもそれは同様であるが、孤児に財産がない場合には、母親か親族が費用を負担すべきであるとする。そして孤児が遺言指定管財人を欠いているときには、その地域の裁判官などが面倒をみるようにとされ、未成年者には必ず教育が施されるべきであることが説かれている［同前 264-266］。

つづいてカービスィーは、女児へのクルアーン教育について述べている。男女を一緒に教育するのは望ましくなく、別々に分けるべきであると述べてはいるが［同前 287］、女児についても男児と同様に、クルアーン教育は重要であると説く。クルアーン以外の科目については、書道はよいが作文や詩などは好ましくない、というように、男児とは若干異なるものを推奨している［同前 266-267］。

この後カービスィーは、クルアーン教師の雇用に関する議論に入っていく。クルアーン教師の雇用の是非をめぐる法学者たちのイフティラーフを詳細に紹介した後で、マーリク派におけるクッターブの教師についての諸規定を論じている。マーリクによれば、クルアーン教育にたずさわる教師が報酬を得ることについては、合法な条件にもとづくものであれば有効である。クルアーンの暗唱以外の科目については、すでに詳細が論じられているイブン・サフヌーンの書やそれ以前のマーリク派の権威による学説が引用され、それぞれの見解が紹介されている。最も大きな相違は、イフリーキヤの法学者であるサフヌーンが、法学や遺産相続学あるいは詩の教師の雇用を好ましくないとする一方で、アンダルスの法学者であるイブン・ハビーブは、それらをかまわないとしている点である。サフヌーンは、クルアーンの読み方に関わる文法や書道などはよいとしているという［同前 267-280］。

これらと同様に、法学者たちの見解が分かれる別の例として、異教徒との関係についても述べられている。マーリクなど先人の見解に遡って、ムスリムの子女と不信仰者（kāfir）の子女が共に学ぶこと、ユダヤ教徒やキリスト教徒がムスリムの子女を教育したり、逆にムスリムが彼らの子女を教育したりすることの是非について各法学者の見解が紹介されている。ムスリムの子どもたちが異教徒と共に学ぶことについては、賛否両論があるものの、基本的には忌避される傾向にあったことがわかる［同前 280-281］。

その他には、子どもたちを公平に扱うべきこと、体罰は必要最小限にすべきこと、休暇についての取り決めなどが論じられている［同前 282-291］。

そして第三部では、クルアーン教育の現場における諸規則が述べられている。賃金の決定条件、勤務条件、教室や備品の用意、成年者と未成年者が混在しているとき、版書を消したときのウドゥー、教育修了の要件、賃金以外の報酬、契約条件の詳細などについて、イブン・サフヌーンの書などが引用されて論じられる。第三部は、マーリク派の先人たちの見解をもとに、カービスィー自身の説が展開され、具体的状況を示す記述も多い［同前 291-318］。

カービスィーの教育専門書『詳細』は、イブン・サフヌーンの『教師との心得』からの引用が全体の四分の一ほどを占めていて、同様の内容を扱った部分も少なくないが、全体の分量は約五倍にもなり、それぞれの項目がかなり詳しくなっている。

このような教育専門書の内容は、法学書におけるクルアーン教師をめぐる法規定という土壌の上に発展したものであると考えられる。そして教育専門書の内容は、マーリク派の法規定として後世にいたるまで広く受け継がれることとなる。次節においては、そうした法学文献としての教育専門書の位置づけについて明らかにする。

(3) クルアーン教育をめぐる法学規定の後世への影響

❖法学規定から教育専門書への発展

前述のように、『ムダウワナ』をはじめとする一般的な法学書においては、クルアーン教師の雇用規定の目的は、「雇用」の概念と原則および個々の雇用形態や内容に即した細則を提示することにあった。法規定そのものには、教育論といえるような発想は備わっていない。たとえば『ムダウワナ』には、教師が教える科目としてクルアーンの暗唱以外の科目について言及されているが、その趣旨は子どもの教育についての配慮とはいえず、純粋な法学的議論の域を出ていない。すでに述べたように、『ムダウワナ』で教師を雇用してもよい教育内容としてあげられているのは、クルアーン、文字の読み書きだけである。反対に好ましくないものとしては、法学、遺産相続学、詩、哀歌、歌謡があげられている。ここで注意しなくてはならないのが、それぞれの教育内容について賃金の支払いを伴う教師の雇用が忌避されているだけなのか、教育することそのものがよくないと考えられていたのかという問題である。歌謡については、「マーリクがクルアーンに旋律をつけて朗誦することを嫌った」という伝承をもとに、その教育が望ましくないとされていることがはっきりしているが、それ以外の科目については、それらの書物の売買の是非を根拠にその教育の是非を論じているにすぎない。

教育において何が好ましく何が好ましくないのか、という観点からの議論は、イブン・サフヌーンによる教育専門書『教師の心得』によってはじめて導入されたとみてよい。純粋な法学議論から教育論への萌芽がここにみられるのである。『教師の心得』は全体を通じて、イブン・サフヌーンが父のサフヌーンに対して発した質問への返答という形で著述が進められている。[36]『ムダウワナ』で示された法学規定が、教育専門書という形をとることによって、より具体的かつ詳細に発展したのである。

イブン・サフヌーンは、最終章において、サフヌーンの示したクルアーン教師の雇用規定を『ムダウワナ』からそのまま抜き出して引用している［Ibn Saḥnūn, "Risālat ādāb al-muʿallimīn," 126］。従来の法学的議論を巻末に付すことによって、同書で論じられた内容の正統性が改めて確認できる構成となっているのである。『教師の心得』は、あくまでも法学文献ではあるが、教育に特化した専門書の形をとることによって、より広範な議論を展開し、教育論として昇華させていった著作であると評価できるのではないだろうか。

法学上の諸規定が、ファトワーの形をとって、より詳細に精緻化する例は珍しくない。クルアーン教育に関する規定についてもそのことは言える。たとえば前述の、体罰に関するイブン・アビー・ザイドのファトワーであるが、イブン・サフヌーンの『教師の心得』においては、たんにハディースをもとにした見解として扱われるにすぎなかったのに対し、より具体的に、そしてその教育効果にまで配慮した形で論じられていることは、注目すべきである。ファトワーは、それぞれが個々の断片的なものであり、そこからまとまった教育論をうかがい知ることは困難である。しかし、イブン・アビー・ザイドによる一連のファトワーは、他の教育専門書と同様に、独自の教育観の一端を提示している。

マーリク派における子どもへの教育論は、カービスィーの『詳細』によってさらに大きく発展し、後世にまで受け継がれることとなった。同書はイブン・サフヌーンの書を受け継ぐ形で書かれたものであり、マーリク派における教育論をほぼ完成させた著作とみなしうる。カービスィーは、新しい論点をいくつも提示した。

第一に注目されるのは、子に対する父親の教育義務が明確に論じられている点である。もともとマーリク派の規定では、未成年の男児に対する扶養義務は、その子がたとえ父親のもとで生活をしていない場合であっても、成年に達するまで父親にある（女児の場合は婚姻し婚家入りするまで）。また未成年の子に対する教育について『ムダウワナ』では、「父親は〔未成年の〕子を自分でしつけるかあるいはクッターブへ通わせる」と述べられているし［Saḥnūn, *al-Mudawwanah*, 3: 1052-1054］、教師の雇用規定においては、契約当事者は一方が父親、もう一方が教師となっている。イブン・サフヌーンの著作にも、教師の雇用契約における賃金支払いやクルアーン教育修了などの箇所に、父親の関与が言及されてはいる〔Ibn Saḥnūn, “Risālat ādāb al-muʿallimīn,” 120, 123-124〕。しかしながら、クルアーン教育の重要性とともに、父親による教育義務の問題を教育論として明示的に論じた点において、カービスィーの『詳細』は貴重であるといえる。

またカービスィーは、クルアーン教育が学校（クッターブ）で行われることについても明確に論じている。クルアーン教師の雇用契約は元来、父親と教師の一対一の間で交わされるものであり、それが学校の教師なのか、家庭教師のようなものなのかは明示されていない。イブン・サフヌーンの『教師の心得』においても学校を示す語（クッターブなど）は、引用されるハディース以外には登場しない。複数の生徒たちを平等に扱うべきであること〔Ibn Saḥnūn, “Risālat ādāb al-muʿallimīn, 115〕、教室や備品の用意は教師の負担であること〔同前 120〕などの議論が含まれていることから、同書が対象としているのが学校のようなものであることが推察されるのみである。これに対してカービスィーの『詳細』では、クッターブ（kuttāb）の語がしばしば使用され、教室の確保は教師の責任において、店舗を貸借するなどして行うべきであると論じられている。モスク内で子どもたちにクルアーン教育を行うことは忌避された〔Qābisī, “al-Risālah al-mufaṣṣalah,” 295〕。

また女児の教育についての記述も、カービスィーによってなされた新しい論点の一つであろう。法学書では通常子どもたちを示す語としては、アウラード（awlād 息子を意味する walad の複数形）やスィブヤーン（ṣibyān 子どもを意味する ṣabī の複数形）など、通常は男児を表す単語が使用されており、女児を独立に論ずる例はない。カービスィーは女児に対する教育についても積極的に、明確な記述を行ったのである。

カービスィーの議論は、あくまでもマーリク派の見解の域外に出ることはない。しかしながらカービスィーは、子どもへの教育の重要性という理念的規範を強く打ち出し、かつ新たな論点を豊富に盛り込んだ教育論をつくりあげたのである。

❖後世のファトワーの典拠としての教育専門書

教育専門書に記述された内容は、クルアーン教師に関連する一連のファトワー群として、後世のファトワー集にも収録されている。もともと教育専門書の記述スタイルは、問答形式あるいは誰かの質問に答えるというファトワーの形式によく似ている。それらが実際のファトワーであったか否かは検証できないが、後世においてファトワーと同様に扱われたことは、以下のファトワー集に収録されたことから明らかである。

チュニスで活動した法学者ブルズリー（一三四〇—一四三八年）のファトワー集は、マーリク派法学者によるファトワーを広く収集し、編纂した著作である。ブルズリーは、先人による多くの法規定やファトワーを引用しながら、しばしば自身の見解を述べる形をとっており、クルアーン教師関連の箇所については、それ自体がマーリク派の教育論を形成しているともいえる［Burzulī, *Fatāwā al-Burzulī*, 3: 566-609］。同書にはクルアーン教師に関する八つのトピックが収録されており、それぞれに幾人かの著名な法学者の見解が紹介されている。なかでもカービスィーは最も参照回数が多く、また必ずどのトピックにもその見解が引用されている。

たとえば、クルアーン教師の雇用形態やその報酬ついての議論にあたって、ブルズリーは以下のような引用を行っている。

> カービスィーは『生徒の心得（ādāb al-muta'allimīn）』において以下のように言った。（修了報酬の対象となる）修了（ḥidhqah）とは、クルアーン（al-Qur'ān）全体を暗唱することであり、クルアーン（al-muṣḥaf）の読誦法を理解することである。〔中略〕
>
> アブー・ハサン（・カービスィー）は以下のように問われた。「ある男が息子のために、クルアーン暗唱の完了を条件として教育の雇用契約を締結するとき、習熟度というのはその子によって著しく相違するものであって、それはガラル（射幸性）を有するものである。もし教師が生徒の理解がほど遠いと告げた場合、そ

の契約を解除することができるか」。〔カービスィーは〕言った。「できる。彼にはその契約を解除する権利がある。そしてその後は彼と教師の契約を結ぶことはできない」。[Burzulī, *Fatāwā al-Burzulī*, 3: 570-571]

またブルズリーに後れること一世紀ほど、フェスなどで活動した法学者ワンシャリースィー（一五〇八年没）が、さらに大きなファトワー集を編纂している。イフリーキヤ、マグリブ、アンダルスなどに散在していたそれまでのマーリク派のファトワーを幅広く採集したもので、おそらくマーリク派のファトワー集では最も規模の大きなものである。「賃約の章」には教育関連のファトワーがやはり豊富に収録されており、ブルズリーのものとの重複も多いが、こちらは発行した法学者別に並べて収録している [Wansharīsī, *al-Miʿyār al-muʿrib*, 8: 236-260]。クルアーン教師関連のファトワーは四〇件あり、そのうち一九件がイブン・アビー・ザイド、一〇件がカービスィー、二件がイブン・サフヌーンの著作に引かれたサフヌーンによるものである。カービスィー以降に発出されたと考えられるファトワーはごくわずかであり、カービスィーによって一応完成したマーリク派の教育論は、ファトワー集という形においても蓄積され継承されていったことがわかる。

❖後世の法学書の典拠としての教育専門書

これまでみてきたように、マーリク派におけるクルアーン教師の雇用をめぐる規定は、一一世紀頃までにかなり詳細な議論がなされた。その内容は後世の法学書にも継承されている。たとえば、一三世紀のエジプトで活動した法学者カラーフィー（一二八五年没）は『ザヒーラ』において、教師の雇用について多くの頁を割いており、それ以前の法学書や教育専門書によって議論された様々な問題について、ときにマーリク派内でも見解の相違がみられたことも含めて詳述している [Qarāfī, *al-Dhakhīrah*, 5: 29-34]。

イブン・サフヌーンやカービスィーの著作は、後世の法学書に書名まで付して引用されることもある。法学書中に、著名な先人や著作の名前があげられて引用されるのは珍しいことではない。しかしながら教育専門書のような著作が引用されるケースはそれほど多くない。このことは教育専門書によって議論された内容が、再び法規定として還元されたことを明快に示している。

たとえば、一〇世紀アンダルスのトゥライトゥリー（一〇六七年没）が著したシュルート文献には、クルアーン教師の雇用契約証書のひな型が収録されているが、その法規定上の解説として、「イブン・サフヌーンの書によれば……」という形で引用がなされている［Ṭulayṭulī, *al-Muqniʿ*, 134］。

また、一九世紀エジプトのイライシュ（一八〇二—一八八二年）による『ハリールの「ムフタサル」に対する注釈書』は、クルアーン教師の雇用規定に関して詳述する中で、たとえば以下のような形で引用している。

イブン・サフヌーンは、クルアーンのイウラーブ、母音符号、良い書き方、タルティールによる良い読み方は必須である〔と言っている〕。〔中略〕

イブン・アラファはつぎのように言った。「私はこの章をぜひともアブー・ハサン・アル＝カービスィーの『教師と生徒に関する見解について書かれた書』に記された〔クルアーン教師雇用の〕是認の言葉で終えたい。すなわち、「〔イブン・サフヌーンは〕言った。神の使徒は言った。「クルアーンを教える者は良き者であり、それを教えよ」。父親は、もし教師による教育が有料だったとしても、子に教育を受けさせなければならない」。」［ʿIllaysh, *Sharḥ Manḥ al-jalīl*, 3: 764-769］

この他にも、両者が教育専門書で論じた問題はいくつも参照されている。[37] 教育専門書の内容は、権威あるものとして、マーリク派法学の先達による見解と同等に扱われているのである。

さらには、マーリク派の影響を大きく受けているといわれるイバード派の法学書にも、カービスィーの説は引用されている。アルジェリアで活動したイバード派のサミーニー（一八〇八年没）による著作に、同じくアルジェリアのアッタファイイシュ（一九一四年没）が注釈を施した著作が刊行されているが、マーリク派の法学書同様に、クルアーン教師に関する規定を豊富に扱っている。同書はまず、クルアーン教師の雇用の是非をめぐる見解には、完全否定（ハナフィー派）、完全肯定（マーリク派）、その中間の三つの立場があることを紹介する。その後にマーリク派による子どもへの教育に関する規定を詳細に述べる中で、カービスィーの見解をしばしば引用しているのである［Aṭṭafayyish, *Sharḥ Kitāb al-nīl wa-shifāʾ al-ʿalīl*, 10: 37-53］。

教育専門書やファトワーなどのうち、子どもへの教育に関する問題を扱った文献は、九世紀から一一世紀にかけて集中している。すなわちマーリク派法学の発展期と、教育論が発展した時期は一致している。既述のように、法学書で扱われていた教師関連規定は、ファトワーや教育専門書によって発展し、さらに後世の法学書に還元され継承されていった。このことは、教育専門書の内容と標準的法学書の連続性を示している。教育専門書は、クルアーン教師をめぐる法規定の詳細化のために機能した一種の法学文献であるといえるだろう。

マーリク派は、その初期の段階から、クルアーン教師に報酬を支払って雇用することを有効とする見解を採用していた。つまり、クルアーン教師に関する法学的議論の展開の前提となる土壌があった。そしてその後、クルアーン教師についての法規定および教育論的な議論が、教育専門書やファトワーなどの形をとって発展した。教育専門書においては、クルアーン教育の重要性、とりわけ子どもに対する教育の必要性がまず熱心に説かれ、雇用契約の内容詳細、他の教育科目、教師のふるまい、教育環境、体罰などの細部にいたる議論が展開された。さらに、後世の文献からは、教育専門書によって示された教育観および関連の法規定の継承の様子が確認できた。

教育専門書を法学文献として一連の流れの中に位置づけることで、マーリク派法学における教育観の源泉および発展の過程が明らかとなった。クルアーン教師に関する法規定は、もともとは雇用規定を論じるための法学書中の設例にすぎなかったのかもしれない。しかし、クルアーン教師の雇用が明確に有効とされていたことが、後の議論が深まるための素地となり、教育専門書を通じて、子どもへのクルアーン教育をめぐる教育論として発展していったのである。

4 マーリク派法学者の教育論

ここまでで、マーリク派の法学者たちが、子どもを対象としたクルアーン教育についてどのような議論を行ってきたのかをある程度示すことができたと思う。それらは、法学的な議論の枠内でなされたものである。ところがマーリク派の法学者たちは、法学議論以外の場においても、子どもへの教育に関する積極的な言及を行っている。彼らの記述は、法学的思考から離れることはないが、他の思想や社会状況の影響も受けつつ、その教育論の幅を広げていった。

(1) 教育専門書の先駆者の父――サフヌーン(八―九世紀)

教育専門書の先駆者であるイブン・サフヌーンが、子どもの教育の問題に大きな関心を寄せていたであろうことは間違いないが、イブン・サフヌーンの著作である『教師の心得』のかなりの部分が、父親であるサフヌーンの法学書あるいは直接彼より教えられた見解を引用している。サフヌーン自身は、教育に関する独立した著作を著してはいない。しかしながら、サフヌーンが子どもへのクルアーン教育についてどのような態度をとっていたのかについては、人名録に収録されたいくつかのエピソードから、わずかながら知ることができる。まず、サフヌーンは、自身が若い頃、子どもにクルアーンを教える教師をしていたという情報がある。[38] またサフヌーンは息子ムハンマド〔イブン・サフヌーン〕がクッターブに通っているとき、彼の教師に対して「彼にはよい言葉と称賛をもって教えてください。彼は懲罰や打擲によって教えられるような者ではありません」と申し出たと伝えられている［Qāḍī ʿIyāḍ, *Tartīb al-madārik*, 2: 105; Mālikī, *Riyāḍ al-nufūs*, 443-444］。イブン・サフヌーンは、『教師の心得』の中で、体罰についても扱っており、教育の現場において体罰は常態であったのだろう。あえてそれをしないよう申し出たことが、後世にまで伝えられるエピソードとなったことは、サフヌーンの教育観が当時としては珍しかったことを示していると思われる。

(2)　クッターブの子どもたちのために――イブン・アビー・ザイド（一〇世紀）

イブン・アビー・ザイドもまた、教育に関する専門の著作を残してはいないが、子どもへの教育の重要性を明確に述べている法学者の一人である。当代随一の法学者であったイブン・アビー・ザイドは、教育専門書の著者であるカービスィーと同時代のしかも同郷人である。少し年下であるカービスィーは、イブン・アビー・ザイド亡き後のカイラワーンにおけるマーリク派法学界の指導的立場を引き継いだといわれている[39]。また両名とともに、それぞれの母親同士が姉妹であった人物に、ムフリズ・イブン・ハラフ（九五一―一〇二二年）がいる。ムフリズ・イブン・ハラフはスーフィーとして著名であり、現在もチュニスの守護聖者として名高いが、チュニス近郊のクッターブにおいて、クルアーン暗唱や読み書きのほか、クルアーン解釈、法学、ハディースなども教授していたことが記録されている[40]。

マーリク派の法学書の中でもおそらく最も人口に膾炙したと考えられている法学書『リサーラ』をイブン・アビー・ザイドが執筆したのは、一七歳のときであることが知られているが、同書はその後、暗記しやすいように韻文調で整えられ、クッターブの教師をしていた従兄弟ムフリズ・イブン・ハラフに捧げられた[41]。『リサーラ』の序文で、イブン・アビー・ザイドはつぎのように述べている。

「子どもたちへの神の書の教育は神の怒りをなだめ、子どものときに何かを教えるということは石への彫刻のようである」と伝えられている。〔中略〕また、つぎのことも知られている。「七歳になったら礼拝が命じられ、一〇歳になったら（それを怠るなら）打たれ、寝床は別々にされる」。これと同様に、彼らは成年に達するまでには、神が課した人間のなすべき言葉と行動について学ばなければならない。成年に達したときには、それらの事柄が彼ら自身の心に定着し、その手足が自然と行動するようになっているべきである。

[Ibn Abī Zayd, *al-Risālah*, 72-74]

シャリーアを理解し、これにもとづいて行動することは、成年ムスリムの義務であり、子どもたちは成年に達するまでに、それを身につけていなければならないというのである。子どもたちへのイスラーム教育がいかに重要であるかが論じられ、さらにつづけて、クルアーンのみでなく、クルアーンにもとづいた日常の行為規範すなわちシャリーアの諸規則を、子どもたちが学ぶことの重要性が説かれている。この序文は、同書に対する後世の注釈書の中でも詳しく論じられることとなる［Nafrāwī, *al-Fawāqih al-dawānī*, 1: 7-58; ʿAdawī, *Ḥāshiyat al-ʿAdawī*, 3-44］。

(3) クルアーン教育よりも先にするべきこと――イブン・アル＝アラビー（一二世紀）

マーリク派の中でも、その独特な教育論が際立っているのは、一二世紀のアンダルスで活動したカーディー・イブン・アル＝アラビー（一〇七六―一一四八年）である。[42] 同じくマーリク派に属し、歴史家として著名な一四世紀の学者イブン・ハルドゥーンは、イブン・アル＝アラビーの教育論を評価してつぎのように述べている。

カーディー・アブー・バクル・イブン・アル＝アラビーは、彼の『旅行記』の中で、教育について注目すべき所見を述べている。それには古くから伝わった良い教育法も残しているし、またアンダルスで行われているような新しい方法も含んでいる。〔中略〕「詩とアラビア語の教育をまずなによりも先に行うべきであり、ついで算術に進み、その基本法則をのみこむまで熱心に勉学すべきである。クルアーンの勉強にはそのあとで移ればよい。そうすれば、これまでの下準備によって、クルアーンの勉強が容易になるからである」。アブー・バクルはさらに「子どもへの教育の最初にクルアーンを教えるとは、われわれの同国人はなんと無思慮なことであろう。子どもたちは理解できないものを読んでいるのであり、必ずしも重要でないことに骨折っている」。「子どもたちは、イスラームの諸原理、イスラーム法源学、弁論法と順次学び、それからハディースやそれに関連した学科を勉強すべきである」と述べている。[Ibn Khaldūn, *Muqaddimat*, 3: 263-264]

イブン・アル＝アラビーは、子どもにとってクルアーンの教育が不必要であるとは決して言わないが、それ以外の科目を優先すべきであると明言したことは画期的であった。そしてこの他にも、子どもの教育に関する文章を残している。一四世紀のマーリク派のイブン・アル＝ハーッジュの著作がこれを引用している。

子どもたちの教育と彼らへの良き接し方について、以下はすべてカーディー・アブー・バクル・イブン・アラビーの『キターブ・アル＝マラーキー・アル＝ズルフ』によるものである。〔中略〕

子ども（ṣabī）というのは、両親のもとに従順で、その清らかな心は、いかなる彫刻もほどこされていない原石であることを知れ。彼は与えられるものすべてを受け入れるのだから、もし彼に良いことが繰り返され、教えられれば、それは彼に現れて、現世および来世での幸福となる。そして両親と教師たちも、それに預かることができる。[Ibn al-Ḥājj, *al-Madkhal*, 4: 295]

この文章は、実はイブン・アル＝アラビーのオリジナルではない。まったく同じものがガザーリーの『宗教諸学の再興』に収録されている。ガザーリーは、これにつづけて父による教育と母による子育ての特徴を示している。

優先されるのは父〔による教育〕である。保護者としてしつけ、教育し、彼の性格をよきものとし、悪い仲間から守り、過保護に慣れさせることはせず、贅沢もさせてはならない。彼は、監護と授乳には携わらない。それは健全で敬虔な女性の役目である。彼女は合法なものを食べ、その乳が恩寵のない忌避されたものと入れ替わることのないようにしなければならない。

さらにこの後、成長の段階を示しつつ、子への教育の重要性が説かれる。

子に弁識能力（タムイーズ）の兆候――隠し事をしたり、なすべきことを放棄したりする――が現れ始めたら、よりよく監視しなければならない。その兆候は、理性の光の照射が彼を照らし、彼が良いものと悪いものを区別するようになったときに他ならない。これは神からの贈り物であり、彼の倫理を示し、心の清明を示すものである。そして彼は、成年に達するに際して、理性の完成を告げる者となる。〔Ghazālī, *Iḥyā' 'ulūm al-dīn*, 3: 62-64〕

そして、具体的な内容として、食事のしつけや、学校での勉強についても述べられる。食事については、食事の時間や、急いで食べてはならないこと、食べ物をよく咀嚼しなければならないこと、食べカスをつけたままではいけないこと、手や服を汚してはいけないことなどを教えなければならないとする。また、学校へ行かせて、クルアーンやハディース、敬虔な物語などを学ばせなければならないとし、しかし、学校がはけたら、良い遊びで遊ばせて、勉強の疲れから解放させなければならないという。勉強ばかりさせて遊ぶことを禁じると、子どもの心を殺し、思考を停止させ、勉強を嫌いにさせてしまうからと説明している。

このような教育論の源には、本書でもこれまで検討してきたようなイスラーム法規定があることは容易に想像できる。さらに、第一章でも述べたように、ガザーリーによるこの教育論には、一〇―一一世紀の倫理学者ミスカワイヒの倫理書からの影響が指摘されている。ミスカワイヒの著作は、ギリシア時代の思想家ブライソンの『家政の管理』をアラビア語訳したものから影響を受けているとされる。ブライソンは以下のように述べている。

子ども（walad）は、小さいうちから（min ṣighar）しつけるべきである。小さな子どもはより従順であり、教えられたことをより早く身につけるし、まだ望むことを禁じられるような圧力をかけられてもいないし、命じられたことに対する反抗心もないからである。良いことであれ悪いことであれ、何かが繰り返されれば、それは彼に定着し、そこから変わることは難しい。小さいころから美徳に親しむことで、彼はそこにとどまり、さらにそれを理解するようになれば〔その美徳は〕増すことになる。［Brūsin, "Tadbīr al-manzil," 182］

ブライソンは、子どもに対する父親や教師など周囲の大人たちのしつけの意義を強調し、つづいて子どもへの食事のしつけ、就寝と着衣のしつけ、言動のしつけについて説いている。先に一部を引用したガザーリーの著作にもほぼ同様の記述がみられる。そしてそれを、マーリク派の法学者たちが受け継いでいったとも考えられる。

(4)　子どもたちの心に刻むべきもの――イブン・ハルドゥーン（一四世紀）

子どもの教育については、イブン・ハルドゥーンもまた、独自の教育論を展開している。[43] イブン・ハルドゥーンは、カイロにおいてマーリク派の大カーディーを務めた経歴をもつが、法学書の類は残していない。前述のイブン・アル＝アラビーによる教育論を紹介した記述は、イブン・ハルドゥーンによる歴史書の序論である『歴史序説』の「子どもの教育についておよびイスラーム諸都市の方法の違いについて」と題された節に含まれている。この節の冒頭では、つぎのような教育論が提示されている。

子どもたちへのクルアーン教育は、イスラームの象徴ともいわれるべきものである。諸都市のすべての人々はそれを行っている。人々は、クルアーンの章句やハディースから信仰や信条を心に刻むのである。クルアーンは教育の土台、すなわちイスラーム教徒がのちに修得するであろうすべての習性の基礎である。その理由は、小さいときの教育は、最も強く心に刻まれ、その後に修得するすべての土台となるからである。土台の性格は、その後の習性を決定するのである。子どもたちに対するクルアーン教育の方法は、その教育によって生じる習性についての意見の相違によって、それぞれ違ったものとなっている。

マグリブの人々は、子どもたちへの教育をクルアーン教育だけに限定し、教育期間中、クルアーンの綴字法やその問題点、またこの点に関する専門家の意見の相違などを教えている。ハディースやイスラーム法や詩やアラビア語学といったクルアーン以外の科目は、生徒がクルアーンを十分に修得するまで教室にもち込まないというのが、マグリブの人々のやり方である。〔中略〕

アンダルスの人々は、読み書きの教育に注意を払う。クルアーンはすべての土台になるものであり、イスラームや学問の根本をなすものであるから、彼らはクルアーンを教育の基礎とはするけれども、クルアーン教育のみに限定せず、子どもたちには詩や作文といった他の科目も一緒に教える。アラビア語の法則や書道を抜きにしてクルアーン教育だけを行ったりすることはない。むしろ子どもが成年に達するまでは、書き方に最も重点が置かれ、アラビア語や詩なども少しずつ教えられる。〔中略〕

イフリーキヤの人々は、子どもたちへの教育においては、多くの場合クルアーンとハディースとを一緒にして教えている。学問の法則やいくつかの問題の解説も教えるが、クルアーン教育とりわけクルアーンのいくつかの朗唱法を熟知させることを何よりも重視する。また書き方もである。ただし全体としては、彼らのやり方はアンダルスの人々のものに近い。なぜなら彼らの教育方法の伝統はアンダルスから移住した長老たちによるものだからである。［Ibn Khaldūn, *Muqaddimat*, 3: 260-262（イブン・ハルドゥーン『歴史序説』2001, 4: 106-108）］

イブン・ハルドゥーンは、ここに記されている各地で生活した経験をもつので、これらの描写は実際の観察にもとづくものかもしれないが、各地域の教育方法を、カービスィーなどによる教育専門書の記述に照らし合わせてみると、その相違は法規定の相違とほぼ一致している。すなわちイフリーキヤでは、クルアーン教師の雇用のみが賃金をともなうものとして有効とされるのに対して、アンダルスでは、必ずしもクルアーン教育のみに限定せず、その他の科目の教師も雇用できるとされているのである。

では、イブン・ハルドゥーン自身の教育観はどうであろうか。イブン・ハルドゥーンは、子どもには、クルアーン教育よりも先にアラビア語を確実に習得させるべきであるというイブン・アル＝アラビーの教育論を高く評価してはいる。しかしながら、そうしたやり方は、もし子どもが成年に達してからも勉学を続けるということが確かであれば良いが、そうでなければ最低限の知識としてクルアーンを優先して学ぶことは必要であると述べている［同前 3: 264（4: 111）］。

イブン・ハルドゥーンは、斬新な切り口で、既存の教育方法や自身の教育観を述べているけれども、それらがマーリク派の伝統から外れることはないようにみえる[44]。同じく『歴史序説』の「子どもに対する厳格さが彼らにとって有害であることについて」という節においては、子どもに対する教師や父親の体罰は必要最低限にすべきであることについて述べているが、ここではイブン・アビー・ザイドのファトワーである「打擲するのであっても三回まで」という見解を引用している［同前 3: 264（4: 113-114）］。

5　ムスリム社会の担い手としての子どもたち

子どもへのクルアーン教育についての議論が、主にマーリク派法学者たちによって担われてきたことを、本章では示してきた。クルアーン教師に賃金を支払って雇用することを有効としたマーリク派の初期の学説は、必ずしもクルアーン教育の奨励を意図したものではなかったのかもしれない。逆にクルアーン教師の雇用を無効とするハナフィー派が、子女のクルアーン教育に消極的であったなどという証拠はない。しかしながら、マーリク派の学説が、クルアーン教師の雇用を有効としたことによって、その後の教育論の発展のための大きなステップとなったことは間違いない。

マーリク派法学においては、基本的な雇用規定に準じる形で、クルアーン教師に関わる法規定が詳細に整備された。そしてそれらを拡張する形で、複数の教育専門書が書かれ、また多くのファトワーも発行された。本章での検討から明らかになったように、子どもたちへのクルアーン教育の重要性を強調し、その具体的指針を示したという点において、マーリク派法学者たちは、他学派にはない価値観を共有していったように思われる。

教育専門書を通してみられるマーリク派法学者たちの教育観は、以下のようにまとめることができる。教育専門書の先駆的著作であるイブン・サフヌーンによる『教師の心得』は、子どもたちへのクルアーン教育の美徳を何よりも強調した。さらに、クルアーン教育に付随するその他の教育については、その内容が子どもにとって有益か否かを考慮したうえでの見解を述べている点で、それまでの法学文献にはない新規な視点を提示するものであった。また、おそらくは常態化していたであろう体罰についても、具体的な頻度や程度を示して制限し、必要最小限にとどめるべきであることを示した。

イブン・サフヌーンの著作を継いで、これをさらに詳細にして普及させたカービスィーも、マーリク派の教育観の発展に大きく寄与した人物であろう。カービスィーの『詳細』は、人々により具体的な指針を示した。子どもにクルアーン教育を施すことは、父親にとっての義務であることを繰り返し強調し、ムスリムの子女にとっての教育の重要性を説いた。カービスィーはまた、女児へもクルアーン教育および読み書き教育がなされるべきであるがあると明記した。実際にどの程度女児のクルアーン教育が行われていたのかは不明であるが、女性への教育機会に関する言及が残され、伝えられたことは特筆に値するだろう。また、異教徒との関係についても詳述した。カービスィーあるいは少し年長のイブン・アビー・ザイドらの活躍したズィーリー朝下においては、すでに主流となっていたマーリク派のほかにも、ハナフィー派やシャーフィイー派、ファーティマ朝政権下で影響力を高めたイスマーイール派、イバード派などの複数の法学派が混在するだけでなく、キリスト教徒やユダヤ教徒などの異教徒も多く存在していた[45]。そのような中で、子どもたちの教育における異教徒との接触は、禁止されてはいないものの、歓迎されるようなものではなかったことが、『詳細』の記述からは推察できるのである。

教育専門書は、あくまでも法学文献の一種であって、その議論は法学の枠を外れることはない。クルアーン教師の雇用は、教師本人と子どもの父親（ないしは父親にかわる後見人）との間にかわされる契約にもとづく。このため、法学書のみならず教育専門書においても、母親についての言及がなされることはほとんどない。母親の関与を示すわずかな例外としては、「父親と母親が、教師に贈り物をもってきたとき、それを受け取ることはできるか」という質問に対して、「それが習慣の範囲であればかまわない」と回答したことを示すファトワーが残されているぐらいである［Ibn Abī Zayd, *Fatāwā*, 201］。

マーリク派の法学者たちの中には、イスラーム法学だけではなく、ギリシア思想に由来するものからの影響も受けつつ、独自の教育観を提示した学者もいた。しかしその基底には、マーリク派によって発展した教育観がたしかに存在している。マーリク派の法学者たちに、子どもへのクルアーン教育を重視する言及が多くみられるのは、決して偶然ではないだろう。

イスラーム法学において、学派間のイフティラーフが保たれたままで継承されてきたことは、本書においても数多くの例で示してきた。一方で法学者たちは、実は他の法学派の法学者の影響を受けることもあった。

先述のように、マーリク派のイブン・ハーッジュはガザーリーを引用している。その最後の部分には、「両親や教師やあらゆる年長の者は、親族であれ他者であれ、尊敬をもって追従しなければならないことを、子どもには教えなければならない」とある。そして、つぎのハディースが付されている。

あらゆる子はフィトラをもって生まれる。両親がその子をユダヤ教徒なり、キリスト教徒なり、ゾロアスター教徒なりにしてしまうのだ。

（本書第二章七八頁）

子どもたちを育て、教育することは、まず第一に両親の務めである。しかし同時に、教師や親族や社会のあらゆる年長者が、よきムスリムを育てる義務を負っているのだという考え方は、学派を超えて共有されていったのだろう。

結論——イスラーム法の子ども観が映すもの

イスラームという宗教の規範において、子どもがどのようなものとして捉えられ、それがどのような社会の構築を目指すものであったのかという問いに答えるために、本書では、イスラーム法学書を中心とした前近代の文献を検討してきた。子どもは、神による判断を留保され、いわば未完成の状態であるが、法学者たちは子どもの権利義務を詳細に定めた。一人のムスリムとして規定される子どもは、自身の権利を享受し、いずれ課される義務のため、その成長が期待されるのである。

子どもに関わる法学書の記述には、しばしば法学者間の見解の相違が伴った。もとより神の命令は絶対でありかつ不変であるが、それを理解してイスラーム法として人々に提示してきたのは人間である。彼らの営為が多様な方法と表現によって法規定として考察され、議論され、継承されてきた。そこに示された子どものあり方や、周囲の人々との関係にまつわる諸規定は、法学者たちの思い描く正しい人間の姿や、到達すべき社会のイメージを映している。

数多くのイスラーム法学書に、子ども関連の記述をひたすら探る中で、筆者は、クルアーンやハディースに直接由来しない法規定が意外に多いという印象を受けた。このことは、法学者たちが啓示を意識しながらも、それぞれの地域や時代の価値観をそこに刻んでいた可能性を示唆するものである。神の教えは絶対不変の真実だが、それを記したクルアーンとハディースの記述は有限であるため、現実に生起する無限の事象に法学者たちが向き合ったとき、学説のイフティラーフ（見解の相違）が一定の範囲で許容されたのである。

本書では、スンナ派四法学派のうち、マーリク派の法学書を中心に詳しい検討を試みた。マーリク派は、八世紀のメディナで活躍した法学者マーリクが弟子たちに伝えた学説を、集成し継承することによって形成された法学派である。そこでは、メディナの法的慣行（アマル）が考慮されていたことが知られている。アマルは、預言者がイスラーム共同体を築いた地であるメディナにおいて、多くの人々によって伝承されたことにもとづくがゆえに正統性をもつと考えられた。しかし一方で、イフリーキヤやマグリブ、アンダルス地域で展開し、マムルーク朝の首都カイロでは正統四法学派の一つとしてさらなる発展をみたマーリク派法学が、それぞれの社会背景に影響されてその学説を修正することもあった。本書においても、伝統的な規範学説が、時代や地域の事情に関わる理由によって少数説に置き換えられた例を検討した。ただし、そうした場合においても学説の変更という形はとらずに、学派内にすでに存在していたイフティラーフの中から少数説が選択され、マーリク派の枠内で学説に修正を施していた。学派の権威を保持しつつ、解決の多様性が尊重されたのである。

❖人間の成長段階区分とジェンダー

本書の第一章では、イスラーム法が、人間の成長段階区分にもとづいて、それぞれの法的能力を定めていることを確認し、さらに未成年期を二分する弁識能力の概念について詳しい検討を加えた。イスラーム法では、いずれの学派でも、成年に達することは身体的な成熟を指標とし、それ以降に獲得できる法的能力の意義が、あらゆる分野で重視されている。礼拝や断食などの儀礼行為の義務が、成年に達して以降より課されることからは、イスラーム法の遵守が来世での報酬に関わることをよく示している。姦通などに対するハッド刑も、その対象は成年者である。前近代においては、ハッド刑の執行はまれであったと言われているが、神の定めた禁止事項が規範として提示されること自体に意味があったのであろう。一方で婚姻においては、身体的成熟によって生殖能力を備えた成年者が、夫婦間とそこに生まれる子に対する責任を負うという意味で、成年であることが法的能力獲得と直接結びつく。婚姻契約自体は、生まれた直後から、後見人によって締結することが可能であるが、男子は成年に達すると単独で有効に婚姻契約を結ぶことができるようになるし、妻への扶養料支払いの義務もそこから生じるのである。

未成年者であっても、弁識能力を獲得することで、一部の法的能力が成年者と同様になり得るのが、財産行為である。先行研究においてすでに、ハナフィー派が弁識能力の獲得をもって未成年期を二分し、乳幼児期と弁識能力期を明確に分けることが示されている。具体的な年齢には諸説あるものの、七歳ぐらいを目安に弁識能力期が始まるとする説によれば、七年間ほどの乳幼児期と、それにつづく七年間ほどの弁識能力を経て、成年者へと成長するということになる。ところが、本書で詳しく示したように、マーリク派では、未成年期の法的能力が変化するのは、ムラーヒク(成年間近の未成年者)の頃であり、成年までの期間はごく短い。未成年期はひと続きのものとして認識されていたと考えるのが自然である。にもかかわらず、後世のマーリク派においては、弁識能力という用語がムラーヒクとほぼ同義で使用されるようになり、あたかも弁識能力期が想定されているような記述がなされるようになる。弁識能力の獲得による法的能力変化は、実質的にはあまり意味をもたないが、見かけの上では成長段階区分としての弁識能力期が明示されることになったのである。このことは、「子ども」という存在を、ある特定の時期を過ごす者として捉える心性のあり方に通じるように思われる。

❖父子関係の確立とその意義

第二章においては、父子関係の確立により父親が確定されることが、子どもが生きてゆくために非常に重要であることを、扶養、後見、相続に関わる諸規定から確認した。父親と子のこのような関係は、学派を問わずイスラーム法の基本的な立場であるが、マーリク派では他の学派に比して、とくに父親の存在の意義が大きい。たとえば、子への扶養義務は父親にのみ課され、母親や他の親族には、基本的には生じない。また、婚姻後見や財産後見においても、父親が存命中であれば、父親にのみその権限は属するのである。

では、父親の権力が強大であることは、何を意味するだろうか。イスラーム勃興期のメッカやメディナにおいては、男性父系血族（アサバ）の紐帯による拡大家族に代わって、一組の夫婦とその子どもから成る核家族が社会の単位とされつつあったと言われている。ところが、イスラームの展開に伴って、再び拡大家族が優位となり、ムスリム社会を特徴づけたとされる。[1] 本書でもみてきたように、イスラーム法の遺産相続や婚姻後見の規定において、男性父系血族のメンバーが優遇される規定は少なくない。ただし、男性父系血族の立場が父親に準ずる傾向の強い他の学派に比べて、マーリク派では、子に対する権利義務が、父親にのみ限定される法規定も多い。マーリク派においては、父親の強大な権力が、男性父系血族の絆を相対的に弱めていたともいえるだろう。

一方で、マーリク派の規定する父親の権限は、決して無制限なものではない。「父親は子（を殺害したこと）によって同害報復の対象となることはない」というハディースは、必ずしも文字通りに捉えられてはいなかった。マーリク派のある法学者によれば、父親というのは、子に対する愛情をもっているのが当然であるから、しつけのために誤って死亡させてしまった場合にのみ、この原則を適用する。たとえ父親であっても、殺意をもって子を死亡させれば、刑罰の対象となると考えた。父親は、子の生命を自由にするほどの強権をもつとはされていなかったのである。

❖母の権利と「子の利益」

子を保護することが父に課された義務である一方で、実際の子育ては母のほうが適しているという観念が、学派を問わず法学者たちにもたれていた。母による子育てについて、子の授乳と監護の問題から考察したのが第三章である。本章の検討を通じて明らかになったのは、いずれの学派においても、母親による子育てが好ましいと考えられている半面、母親にとって子の養育は必ずしも義務となるわけではなかったということである。母親に子を産むだけの役目を期待するという発想でもなければ、母役割を強制する近代的なジェンダー規範とも異なる価値観を、法学者たちは示していた。

預言者ムハンマドが、六歳の頃まで乳母のハリーマのもとで養育され、実母アーミナから離れて暮らしたことはよく知られている。しかしそのことが、ムスリムの規範となることはなかった。法学者たちの多くは、授乳を母親の義務とはしなかったが、母親とってそれは権利であり、その権利を放棄する自由もあった。マーリク派だけは、一部の高貴な女性たちを除いて、母親に子の授乳の義務があるとした。それは、夫（子の父親）との婚姻が継続中に限ったことであり、夫との関係においての義務であった。ただしそこでは、子にとって母親の乳が最良であり、それは母の愛情が最も深いからであるとの理由も付されたのであった。

子育てに直接関わる監護規定については、啓示による根拠が比較的少ない。そのような場合の法学者の記述が、その土地の慣習に左右されることがあったと考えても不自然ではない。とくにマーリク派の法学者たちは、母親および母系親族による子育てを重視する法規定を作り、継承してきた。

監護の期間について、七、八歳までを目安とする他の学派に比べて、マーリク派は、成年に達するまでなるべく母親のもとで養育されることが好ましいと考える。母親や母方の親族との接触が成年に達するまで継続するということは、その後の人間関係にも少なからぬ影響を与えることであろう。子育てとは、子どもの生命を維持するだけでなく、子どもにとっての人間関係の形成を補助することでもある。たしかにイスラーム法には、イスラーム以前に由来する男性父系血族との絆が残存している。男性父系血族による相続分が確保されているし、後見や監護の規定においても、男性父系血族が介入する余地はある。しかし、監護規定においては、マーリク派はとりわけ母方親族との関係を重視した。このことは、男性父系血族のつながりだけを社会の基盤とするのではなく、子が母親ないしは母方親族との関係を保つことの重要性が認識されていた可能性を示唆している。しかも子の後見や監護といった子育てに関わる諸規定は、「子の利益」を守るためのものであることも、法学者たちは記していたのである。

❖両親と子から成る核家族的な価値観

子どもを両親の手で育てるという規範は、前近代のヨーロッパや日本では必ずしも一般的ではなかったと考えられている。フランスの歴史家アリエスが、「子どもは家庭内で、両親の愛情のもとに養育されるべきであるとする価値観は、近代の産物である」と述べたことは有名である。[2]中世ヨーロッパでは、乳児を乳母に託す習慣が広くみられたことや、[3]子どもが七歳にもなると、親元を離れて奉公先で社会勉強を行っていたとする報告は数多くなされている。[4]日本においても、子ども史を考察するうえでの貴重な資料を数多く収録した『子育ての書』に、以下のような解説が収録されている。

> 父母には、責任をもって自分たちの子を育てる役割があるというのは、今日では子育ての常識となっているが、これが明確な主張としてあらわれるのは、明治初期、啓蒙思想家たちの子育て以後である。
> 家の維持を大前提とする封建社会では、その家は家父長を中心とする大家族的なものであったから、子を育てる父母という単位は存在しがたく、とくに上流階級では、実際の育児にあたるのは乳母であり、また家存続のために養子縁組が盛んであったので、実の父母が子を育てるとの前提は成立していなかった。[5]

このような欧米や日本を対象とした研究が、そのままイスラーム法にもあてはまると考えることはできない。たしかに、前近代のイスラーム法学書にも、「家族」の概念が明示されることはなく、家族を生活の基盤となる単位として捉えるようになるのは、近代以降のことである。[6]そもそもイスラーム法では、それぞれの権利義務関係を、一対一の関係として規定する。妻の夫に対する権利や義務、夫の妻に対する権利や義務、母の子に対する権利や義務、父の子に対する権利や義務というように、個別の関係において定めている。しかしながら、本書で検討してきたような、子どもを起点とした法規定を総合してみると、そこにはイスラーム法の、一組の夫婦とその子どもを単位とする「家族観」の要素が浮かび上がってくる。家父長を中心とする大家族的な姿はみられないし、養子縁組によって家族を恣意的に作り上げていく発想もない。

本書でみてきたように、前近代のイスラーム法学書の記述からは、子育てが基本的には実の親の務めであると考えられていたことがわかる。子どもは可能な限り実の親の影響のもとに育てられるべきであるとされた。実際には、祖父母や叔父叔母など親族の影響もあったかもしれないし、奴隷制が継続していたから、家の中には家事や労務のほかに育児を担当する者がいたという可能性もある。それでも法学者たちは、実の父や母が、子との関係においていかなる義務と権利をもつのかを、詳細に記述していたのであった。

両親が、何らかの事情によって子を養育できない場合に、その責任が親族へ、また共同体へと移行することはあっても、それは子を一族の成員として育てるという発想とは異なる。男性父系血族（アサバ）の語がしばしば法学書には登場するが、特定の集団としての規律や機能をもつものとして捉えられてはいない。たしかに子どもは、父親の血縁に属することによって、男性父系血族の系譜に位置づけられる。しかし同時に、子どもと母親との関係も重視され、母親は自身の権利として、子の授乳や監護にあたるとされていたのである。

子どもをめぐる法規定の網羅的な検討からは、イスラーム法のもつ最大の目的の一つが、生まれてくる子の父を確かにし、その成長を見守る両親の存在を明示することにあったのではないかと思われる。そのように考えれば、婚姻について複雑な規則が定められたり、婚姻外の男女関係が姦通として厳しい罰則の対象とされたことも説明がつく。イスラームにおける性の規範の厳しさは、モラルの問題というよりは、生まれた子の保護と養育を主眼とした考えにもとづくものであった。そして、社会的背景に応じて異なる法学者たちのイフティラーフからは、家庭生活の中でのジェンダーもまた、その子ども観の変容とともに多様な展開をし得ることが理解されるのである。

❖イスラーム共同体をつくる子どもたちへのまなざし

かつてムスリムの子どもたちは、クルアーンを学ぶことで文字の読み書きを覚え、宗教的な基本事項を身につけていた。子への教育は父の義務であったが、クルアーン教師のもとで学ぶことは、子どもたちにとって、社会との接点をもつ最初の機会でもあっただろう。前近代の歴史の中で、子どもたちがどのように過ごしていたのか、あまり多くのことは明らかになっていないが、子どもへのクルアーン教育をめぐる議論からは、その様子をわずかに垣間見ることができる。本書第四章では、クルアーン教育に関するマーリク派法学者の議論を検討した。

クルアーン教師に賃金を支払って雇用することが、神の教えに照らして正しいのか否かについては、法学派ごとに相違がみられる。これを容認したマーリク派においては、子どもたちへの教育をめぐる活発な議論が発展した。第二章、第三章でみてきたように、子どもは、成年に達するまでに様々な能力を身につけるが、財産管理の能力を備えることによって一人前とみなされるようになる。しかし未成年期において重要なのは、そうした生活技術の向上だけではない。クルアーンによる倫理教育、宗教教育が重視され、子どもへの教育の重要性が説かれていたのである。

クルアーン教師の雇用を認めたマーリク派では、法規定が法学書で詳述されただけではなく、独立した教育専門書が著され、教育論としても発展した。本書では、マーリク派の法学者たちが、法学書の枠組みを超えて子どもへの教育について論じ、それを後世に伝えていた様子を明らかにした。マーリク派の最も代表的な法学者であるサフヌーンは、八—九世紀の頃にすでに、子に教育を施すことは、父親に課された義務であることを明言していた。そして彼自身も、息子の教育にかなりの気を配っていたことは、本書ですでに述べたとおりである。イブン・サフヌーンの名で知られる息子は、子どもへの教育を詳しく論じた最初の法学者となった。

では、母親は、子の身の回りの世話をする監護のかたわらで、教育について関わることはなかったのだろうか。法学書の記述からは、子の教育についての母の関わり方はわからない。しかし、マーリク派の開祖であるマーリクの母のエピソードを、一一—一二世紀に活動したマーリク派の法学者カーディー・イヤードがその著作に記している。

マーリクがまだ幼い頃、勉学に行きたいと母に言ったときのこと。母は、高名な学者ラビーウのもとへ行くよう促したという。彼に上等の服を着せ、ターバンを巻いてやり、こう言った。「さあ、学びに行きなさい。先生のところへ行ったら、その知識を学ぶ前に、まずその作法を学ぶのですよ」と［Qāḍī ʿIyāḍ, *Tartīb al-madārik*, 1:119］。幼い子が自ら学問を志し、母がその進むべき道を指南することなどあったのか、あるいは稀代の顕学であるマーリクの非凡なる幼少時代を伝える逸話なのか、真相はわからない。しかしながら、マーリク派の法学者たちは、これを後世に伝えてきたのである。

あとがき

本書は、二〇一一年度に東京大学大学院人文社会系研究科に提出した博士論文「イスラーム法の子育て観――法学者間のイフティラーフからみたマーリク派の特徴」に、その後の研究成果を合わせて加筆修正を施したものである。指導教員の柳橋博之先生は、イスラーム法についての膨大な量の知識を惜しみなく分け与えてくださっただけでなく、いつも温かい励ましと冷静な判断で拙い私の研究を導いてくださった。副査として博士論文をご指導くださった竹下政孝先生と鎌田繁先生からは、さらなる研究の発展のための数多くのご指導をいただいた。ここに改めまして感謝申し上げます。

本書の元となった論文の初出は、以下のとおりである。

「イスラム法における未成年者の法的能力――マーリク派法学書に見られる「弁識能力」の概念を中心に」『日本中東学会年報』二〇―一、二〇〇四年一二月、六五―九〇頁　（本書第一章）

「マーリク派法学における子どものクルアーン教育――イスラーム法規定と教育専門書」『イスラム世界』七〇、二〇〇八年三月、六一―八九頁　（本書第四章）

「「法学者間の学説相違の書」――イスラーム法の規範と柔軟性」柳橋博之編著『イスラーム　知の遺産』東京大学出版会、二〇一四年二月、一五五―一八九頁　（本書序、第三章）

また、本書の一部には、日本学術振興会科学研究費助成事業（若手研究）（課題番号 18K18297）「「子の利益」にみる家族観の変容――チュニジアの法的実践とイスラーム的価値観の研究」（平成三〇―令和二年度）による研究成果が含まれている。

本書の刊行にあたっては、令和元年度日本学術振興会科学研究費助成事業（研究成果公開促進費）（課題番号 19HP5004）の助成を受けることができた。出版助成の申請においては、神奈川大学研究支援課の皆さまの大きなサポートをいただいた。ありがとうございました。

博士論文の最後の仕上げに取りかかっていた頃、すでに非常勤講師として、学習院女子大学で「イスラム文化論」を担当していた。わずかばかりの知識を伝授する一方で、学生の皆さんとの数々の対話の中からは多くのことを学ばせてもらったように思う。その後も、立教大学、多摩美術大学、埼玉学園大学、神奈川大学で教壇に立つ機会を得たことは、研究の幅を拡げていくことにつながった。これまで共に学んでくれたすべての学生さんたちに感謝しています。

博士号を取得してから八年もの時が過ぎてしまったが、その間も、多くの貴重な出会いに恵まれてきた。西洋史がご専門の姫岡とし子先生には、副査として博士論文を審査くださったご縁で、科研費研究会「ジェンダー視点に立つ『新しい世界史』の構想と『市民教養』としての構築・発信」（基盤研究A　研究代表者　奈良女子大学　三成美保）への参加をお誘いいただき、『歴史を読み替える　ジェンダーから見た世界史』（三成美保・姫岡とし子・小浜正子編　大月書店）の執筆者にも加えていただいた。同科研費研究会の先生方からは、研究集会のたびに新しい視点を学ばせていただき、本書をまとめる際にもたくさんの励ましをいただいた。また、やはり副査としてご指導くださった小林寧子先生からは、ご専門のインドネシア研究を通じて、イスラーム法研究の新しい知見を授けていただいた。現在も、科研費研究会「イスラーム・ジェンダー学構築のための基礎的総合的研究」（基盤研究A　研究代表者　東京外国語大学　長沢栄治）でご一緒させていただく中で、引き続き多くのご指導と励ましで常に温かく見守っていただいている。同科研費研究会においても、代表者の長沢栄治先生をはじめ、メンバーの皆様には言い尽くせないほどお世話になっている。皆様の助けと励ましがなかったら、本書を完成させることはできなかっただろう。すべての先生方、研究仲間の方々のお名前をあげることができませんが、心より感謝しております。

現在は、イスラーム法の影響が残る現代ムスリム諸国の家族法について、チュニジアを中心に研究を拡げている。チュニジアとの縁は、学部生の頃（一九八五年）にアラビア語研修のため訪れてから三五年ほども続いていることになる。まだ本格的にイスラーム法を学び始める前であったが、在チュニジア日本国大使館にて専門調査員として二年間（一九九一—一九九三年）の滞在ができたことは、貴重な経験であった。当時、反体制運動として勢いを増していたイスラーム主義運動を対象として調査を試みたものの、国内の政治的事情から、十分な研究を行うことは叶わなかった。二〇年後に、彼らが政権を担うことになろうとは、国内外の誰もが想像できなかったことである。二〇一一年の政変は、イスラーム主義者を支持する人々の存在を顕在化させたが、その後旧政権寄りの世俗主義的な政治家たちへの支持も力を戻し、かつての大統領一極の独裁政治とは異なる民主的な国づくりが試行錯誤されている。二〇一九年九月、この「あとがき」を書きながら、まもなく行われる大統領選挙と議会議員選挙の話題で揺れるチュニジアの人々と共に過ごす時間をもてることを幸せに思う。

チュニジア研究をこれまで細々と続けてきた中でも、多くの先生方のご支援をいただいた。宮治一雄先生、美江子先生には、研究の「いろは」も学ぶ以前から様々なことを教えていただき、チュニジアの研究者とのネットワークにもつないでいただいた。私市正年先生には、上智大学を拠点とした研究グループのスタッフに加えていただき、研究者としての進路を導いていただいた。鷹木恵子先生には、現在も共同研究のグループに加えていただき、様々なサポートとご指導を賜っている。以前にチュニス近郊の港町で美味しい魚料理をごちそうしてくださった時のことが今も印象に残っている。先生の目は常にその好奇心で輝き、その笑顔は現地の人々との会話を自然に引き出していた。諸先生方は、これからも私のお手本であり道標であり目標である。深く感謝申し上げますとともに、末永くご指導いただけることを願っています。

慶應義塾大学出版会の担当編集者である片原良子さんとの出会いは、まるで閃光のようであった。瞬く間に本書の企画が整えられ、その後、出版助成金が採択されてからも、片原さんの常に的確で丁寧なご指示が本書の完成を導いてくださった。イスラム学科の後輩である小野純一さんは、この貴重な出会いのきっかけを作ってくれただけでなく、編集作業や校正においても心強いアドバイザーとして筆者を助けてくれた。皆さまのご支援に心から感謝を申し上げます。

最後に、筆者の家族への感謝を述べさせていただきたい。研究者としての道を目指す気持ちを抱き始めた頃、筆者の傍らにはまだ小さかった娘の杏子がいた。イスラーム法という専門性の高い勉強を志すと同時に、研究テーマに「子ども」という魅力的なキーワードを見つけることができたのは、彼女の存在のおかげだったのかもしれない。博士論文の執筆中に生まれた息子の哲には、さらなる世界の拡がりを見せてもらったような気がする。彼らは、遅々として進まない研究に戸惑うときにも、いつも心の支えであり元気の源であった。そして誰よりも私を助け、見守り、貴重なアドバイスをくれる夫がいなければ、多くの素晴らしい出会いに恵まれる生活を送ることはできなかったと思う。いつも本当にありがとう。

二〇一九年九月

小野仁美

著者
小野 仁美（おの ひとみ）
東京外国語大学外国語学部アラビア語学科卒業。東京大学大学院人文社会系研究科博士課程単位取得。博士（文学）。元在チュニジア日本国大使館専門調査員。現在は、東京大学大学院人文社会系研究科研究員、立教大学、多摩美術大学、神奈川大学、非常勤講師。専門は、イスラーム法、チュニジア地域研究。
主な業績：「古典イスラーム法の結婚と離婚」森田豊子・小野仁美編著『結婚と離婚（イスラーム・ジェンダー・スタディーズ１）』（明石書店, 2019 年）、「『家族』概念と近代的ジェンダー規範――イブン・アーシュールの著作を通して」（『ジェンダー研究』21, 2019 年）、「現代チュニジアにおけるシャリーアと女性――ラーシド・ガンヌーシーのイスラーム的女性解放論」（『イスラム世界』83, 2015 年）、「『法学者間の学説相違の書』――イスラーム法の規範と柔軟性」柳橋博之編著『イスラーム　知の遺産』（東京大学出版会, 2014 年）。

イスラーム法の子ども観
――ジェンダーの視点でみる子育てと家族

2019 年 11 月 30 日　初版第 1 刷発行

著　者――――小野仁美
発行者――――依田俊之
発行所――――慶應義塾大学出版会株式会社
〒 108-8346　東京都港区三田 2-19-30
TEL〔編集部〕03-3451-0931
〔営業部〕03-3451-3584〈ご注文〉
〔　〃　〕03-3451-6926
FAX〔営業部〕03-3451-3122
振替　00190-8-155497
http://www.keio-up.co.jp/
装　丁――――Boogie Design
印刷・製本――萩原印刷株式会社
カバー印刷――株式会社太平印刷社

Printed in Japan ISBN978-4-7664-2641-0

事項索引

※サ行

人名索引

※ア行

アーイシャ　ʿĀʾishah bint Abī Bakr　69, 73, 85

アウザーイー　ʿAbd al-Raḥmān ibn ʿAmr al-Awzāʿī　32, 36, 157, 159

アスバグ　Abū ʿAbd Allāh Aṣbagh　55, 150, 159

アスルーシニー　Muḥammad ibn Maḥmūd Asrūshinī　23, 29, 82, 89, 128, 182

アダウィー　Abū al-Ḥasan ʿAlī ibn Aḥmad al-ʿAdawī　22, 38, 153, 204

アッタファイイシュ　Muḥammd ibn Yūsuf Aṭṭafayyish　163, 201

アブー・ハニーファ　Abū Ḥanīfah al-Nuʿmān ibn Thābit　18, 32-33, 35-36, 48-50, 73, 79-80, 92, 102, 106, 110, 118, 128, 142, 149, 156, 158-159, 162, 183

アブー・フライラ　Abū Hurayrah　78, 89

アブー・ユースフ　Abū Yūsuf Yaʿqūb ibn Ibrāhīm　18, 32-33, 36, 92, 106, 110, 128, 142, 149, 156, 159

アブラハム　→イブラーヒーム

アーミナ（ムハンマドの実母）　Āminah bint Wahb　137, 217

アリー・イブン・アビー・ターリブ（第四代正統カリフ）　ʿAlī ibn Abī Ṭālib　72

アリーブ・イブン・サイード　ʿArīb ibn Saʿīd al-Qurṭubī　24, 132

イエス　Jesus　122

イスハーク（イサク）Isḥāq　88

イスマーイール（イシュマエル）　Ismāʿīl 88, 122

イブラーヒーム（ムハンマドの息子）　Ibrāhīm　83, 139, 143

イブラーヒーム（預言者アブラハム）　Ibrāhīm　88

イブン・アースィム　Abū Bakr Muḥammad ibn Muḥammd ibn ʿĀṣim　22, 56

イブン・アッズーム　al-Qāsim ibn Muḥammad ibn Azzūm　23, 112, 148

イブン・アビー・ザイド　ʿAbd Allāh ibn ʿAbd al-Raḥmān ibn Abī Zayd al-Qayrawānī　15, 19, 22, 28, 38, 40, 55, 59, 79-80, 85-90, 93, 111, 161, 191-192, 196, 199, 203-204, 209, 211

イブン・アブドルバッル　Yūsuf ibn ʿAbd Allāh ibn ʿAbd al-Barr　15, 19, 90-91, 93, 116, 160

イブン・アブドルラフィーウ　Ibrāhīm ibn Ḥasan ibn ʿAbd al-Rafīʿ　15, 22, 130, 150, 164

イブン・アラファ　Abū ʿAbd Allāh Muḥammad ibn Muḥammad ibn ʿArafah 22, 60, 63, 148, 200

イブン・アル＝カースィム　Abū ʿAbd Allāh ʿAbd al-Rahmān ibn al-Qāsim　18, 37-39, 55-56, 59, 91, 104, 108, 110-111, 129-130, 145, 149-150, 157-160, 179, 184-186

イブン・アル＝ハージブ　Jamāl al-Dīn ibn ʿUmar ibn al-Ḥājib　21, 37, 54-55, 60, 63, 186-187

イブン・ウマル　ʿAbd Allāh ibn ʿUmar ibn al-Khaṭṭāb　33-34, 36, 38, 45, 157

イブン・クダーマ　Muwaffaq al-Dīn ʿAbd Allāh ibn Aḥmad ibn Qudāmah　23, 30-32, 35-36, 45, 49, 73, 80, 82, 84, 86-88, 93, 100, 102, 107, 117, 129, 143, 155, 158, 162, 175, 183
イブン・サフヌーン　Muḥammad ibn Saḥnūn　18, 189-191, 193-197, 199-200, 202-203, 210, 220-221
イブン・シハーブ　→ズフリー
イブン・ジャッザール　Abū Jaʿfar Aḥmad ibn Jazzār　24, 132-134, 144
イブン・ジャマーア　Muḥammad ibn Ibrāhīm ibn Jamāʿah　58, 188
イブン・ジュザイイ　Muḥammad ibn Aḥmad ibn Juzayy　22, 56, 59
イブン・スィーナー　Abū ʿAlī al-Ḥusayn ibn ʿAlī ibn Sīnā　132, 144
イブン・ハビーブ　Abū Marwān ʿAbd al-Malik ibn Ḥabīb　18-19, 112, 193
イブン・ハルドゥーン　ʿAbd al-Raḥmān ibn Muḥamamd ibn Khaldūn　172, 204-205, 207, 209
イブン・ハンバル　Abū ʿAbd Allāh Aḥmad ibn Muḥammad ibn Ḥanbal　18, 48, 85, 173, 183
イブン・マウワーズ　Abū ʿAbd Allāh Muḥammad ibn Ibrāhīm al-maʿrūf bi-Ibn Mawwāz　18, 159, 161
イブン・ルシュド（祖父）　Abū al-Walīd Muḥammad ibn Aḥmad ibn Rushd al-Jadd　19, 37-38, 79, 107, 131, 154-155, 160-161, 164-166, 179
イブン・ルシュド（孫）　Abū al-Walīd Muḥammad ibn Aḥmad ibn Rushd al-Ḥafīd　20, 30, 39, 41, 45, 70, 79, 84, 86, 97, 101, 115-116, 155, 181
イブン・ワフブ　Abū Muḥammad ʿAbd Allāh ibn Wahb　38, 156, 161-162, 189
イライシュ　Muḥammad ibn Aḥmad ʿIllaysh　22, 200
ウスマーン・イブン・アッファーン（第三代正統カリフ）　ʿUthmān ibn ʿAffān　72, 189
ウトゥビー　Abū ʿAbd Allāh Muḥammd al-ʿUtubī　18-19
ウマル・イブン・ハッターブ（第二代正統カリフ）　ʿUmar ibn al-Khaṭṭāb　115

※カ行
ガザーリー　Abū Ḥāmid Muḥammad ibn Muḥammad al-Ghazālī　21, 30, 50, 63-65, 162, 172, 175, 183, 188, 205-207, 212
カーディー・アブドルワッハーブ　Qāḍī Abū Muḥammad ʿAbd al-Wahhāb ibn ʿAlī ibn Naṣr al-Baghdādī　20, 60, 111
カーディー・イヤード　al-Qāḍī Abū al-Faḍl ʿIyāḍ　15, 111, 203, 221
カービスィー　Abū al-Ḥasan ʿAlī ibn Muḥammad ibn Khalaf al-Qābisī　145, 192-194, 196-201, 203, 209-211
カフスィー　Abū ʿAbd Allāh Muḥammad al- Qafṣī　22, 160
カラーフィー（シハーブッディーン）　Shihāb al-Dīn Aḥmad ibn Idrīs al-Qarāfī　21, 47-48, 50, 59-60, 109-110, 199
カラーフィー（バドルッディーン）　Badr al-Dīn Muḥammad ibn Yaḥyā al-Qarāfī　166-167

※サ行
サフヌーン　Abū Saʿīd ʿAbd al-Salām Saḥnūn ibn Saʿīd ibn Ḥabīb al-Tanūkhī　13, 18, 37-

42, 44, 51, 55-59, 79-80, 86, 91, 93, 102, 104, 108, 110-111, 116, 118, 129-130, 138, 141, 161, 163, 165, 173, 179-180, 184-186, 189-190, 193, 195-196, 199, 202-203, 220
サミーニー　Abd al-ʿAzīz ibn Ibrāhīm Thamīnī　201
サラフスィー　Shams al-Dīn Muḥammad ibn Aḥmad al-Sarakhsī　20, 30, 33, 36, 48-49, 51, 85, 106, 118, 141-142, 144, 155, 158, 162, 173-174, 180-182
シャイバーニー　Abū ʿAbd Allāh Muḥammad ibn al-Ḥasan al-Shaybānī　18, 32-33, 36, 51, 58, 92-93, 104, 106, 110, 142, 149
ジャズィーリー　ʿAlī ibn Yaḥyā Jazīrī　20, 108, 148-149
ジャッサース　Abū Bakr Aḥmad ibn ʿAlī al-Jaṣṣāṣ　20, 36, 65, 109-110, 115, 156, 158-159, 162-163, 173, 178
シャーフィイー　Abū ʿAbd Allāh Muḥammad ibn Idrīs al-Shāfiʿī　18, 32-36, 45, 48-50, 73, 76, 79-80, 85, 90, 92, 102, 110, 113, 119, 128, 134, 143, 158-159, 162, 173, 175, 180, 182-183
ジュワイニー　Abū al-Maʿālī al-Juwaynī　64
ズフリー（イブン・シハーブ）Muḥammad ibn Muslim ibn ʿAbd Allāh ibn Shihāb al-Zuhrī　55, 73, 89

※タ行
ダーウード　Dāwud ibn Alī ibn Khalaf　32
ダスーキー　Muḥammad ibn ʿArafah al-Dasūqī　22, 111, 177
タハーウィー　Abū Jaʿfar Aḥmad ibn Muḥammad al-Ṭaḥāwī　20, 51, 149, 156, 158-159, 162
トゥースィー　Abū Jaʿfar Naṣīr al-Dīn Muḥammad al-Ṭūsī　8-9, 188
トゥライトゥリー　Aḥmad ibn Mughīth al-Ṭulayṭulī　20, 108, 164, 200

※ナ行
ナフラーウィー　Aḥmad ibn Ghunaym al-Nafrāwī　22, 30, 56, 61, 85-88, 93, 118, 176, 204
ナワウィー　Abū Zakariyā Yaḥyā ibn Sharaf al-Nawawī　23, 88, 176, 180

※ハ行
ハサン（ムハンマドの孫）al-Ḥasan ibn ʿAlī ibn Abī Ṭālib　85, 87
バージー　Abū al-Walīd Sulaymān ibn Khalaf al-Bājī　19, 38, 69, 72, 86, 90, 114, 153, 159-160, 176
ハッターブ　Abū ʿAbd Allāh Muḥammad ibn ʿAbd al-Raḥmān al-Maghribī known as al-Ḥattāb　22, 57-58, 89, 109, 161, 177
ハディージャ（ムハンマドの妻）Khadījah bint Khwaylid　138
バラーズィイー　Barādhiʿī, Abū Saʿīd Abū Saʿīd Khalaf ibn Abī al-Qāsim al-Barādhiʿī　19
バラディー　Abū al-ʿAbbās Aḥmad ibn Muḥammad al-Baladī　24, 132, 134, 144
ハリーマ（ムハンマドの乳母）Ḥalīmah bint Abī Dhuʾayb　137, 217
ハリール・イブン・イスハーク　Abū al-Mawdah Khalīl ibn Isḥāq　21, 56, 60, 200
ファーティマ（ムハンマドの娘）Fāṭimah bint Muḥammad　87
フサイン（ムハンマドの孫）al-Ḥusayn ibn ʿAlī ibn Abī Ṭālib　82, 85

フジャーウィー　Mūsā ibn Aḥmad Hujāwī　13
ブハーリー　ʿAbd al-ʿAzīz ibn Aḥmad al-Bukhārī　23, 46
ブライソン　Brūsin（Bryson）24, 207
フラシー　Muḥammad ibn ʿAbd Allāh al-Khurashī　22, 38, 56-58, 60-61, 161
ブルズリー　Abū al-Qāsim ibn Aḥmad al-Burzulī　23, 111-112, 123, 145-146, 148, 198-199

※マ行
マイヤーラ　Muḥammad ibn Aḥmad Mayyārah al-Fāsī　22, 56, 61, 161, 163, 166, 177
マウワーク　Abū ʿAbd Allāh Muḥammad ibn Yūsuf al-Mawwāq　22, 60
マーリク・イブン・アナス　Abū ʿAbd Allāh Mālik ibn Anas　2, 15-16, 18-19, 30, 32, 35-40, 50, 55-59, 72-73, 79-80, 82-83, 85-89, 91-93, 104, 109-110, 115-116, 129-130, 136-137, 149, 156-163, 168, 173, 180, 183-186, 193-195, 214, 221
マルギーナーニー　ʿAlī ibn Abū Bakr al-Marghīnānī　20, 182
マーワルディー　ʿAlī ibn Muḥammad ibn Ḥabīb al-Māwardī　20-21, 31, 34-35, 50-51, 65, 77, 79-80, 86-88, 92-93, 96, 100, 103, 107, 115, 128, 131-132, 139, 143, 158, 162, 174-175
ミスカワイヒ　Aḥmad ibn Muḥammad ibn Yaʿqūb ibn Miskawaihi　25, 65, 207
ムーサー（モーセ）　Mūsā（Moses）122, 139-140, 154
ムザニー　Ismāʾīl ibn Yahyā al-Muzanī　50, 180
ムハンマド（神の使徒、預言者）　Muḥammad ibn ʿAbd Allāh ibn ʿAbd al-Muṭṭalib　2, 12, 14, 16, 69, 136-139, 181, 217
ムフリズ・イブン・ハラフ　Muḥriz ibn Khalaf ibn Zayn　203
モーセ　→ムーサー

※ラ行
ラッサーウ　Abū ʿAbd Allāh Muḥammad ibn Qāsim al-Raṣṣāʿ al-Anṣārī　22, 63

※ワ行
ワッザーニー　Abū ʿĪsā Sīdī al-Mahdī al-Wazzānī　23, 77, 111, 136, 148, 164-165
ワンシャリースィー　Aḥmad ibn Yaḥyā al-Wansharīsī　16, 23, 92, 130-131, 136, 146, 199

クルアーン索引

参考文献

一次資料

Ābādī, Muḥammad ʿAẓīm, "ʿAwn al-maʿbūd," in the margin of Abū Dāwūd, *Sunan Abī Dāwūd*, 4 vols., Beirut: Dār al-Kitāb al-ʿArabī, n.d., vol.4.

ʿAbd al-Wahhāb ibn ʿAlī ibn Naṣr al-Baghdādī, *al-Talqīn fī al-fiqh al-Mālikī*, Beirut: Dār al-Kutub al-ʿIlmīyah, 2008.

ʿAbd al-Wahhāb, Ḥasan Ḥusnī, *Kitāb al-ʿumr fī al-musannafāt wa-al-muʾallifīn al-Tūnisīyīn*, 2 vols., Tunis: Bayt al-Ḥikmah, 1990.

ʿAdawī, Abū al-Ḥasan ʿAlī ibn Aḥmad al-, *Ḥāshiyat al-ʿAdawī ʿalā Sharḥ Abī al-Ḥasan al-musammā Kifāyat al-ṭālib al-rabbānī li-Risālat Ibn Abī Zayd al-Qayrawānī fī madhhab al-Imām Mālik*, 2 vols., Beirut: Dār al-Fikr, 1998.

Asrūshinī, Muḥammad ibn Maḥmūd al-, *Jāmiʿ aḥkām al-ṣighār*, 2 vols., Cairo: Dār al-Faḍīlah, n.d.

Aṭṭafayyish, Muḥammad ibn Yūsuf, *Sharḥ Kitāb al-nīl wa-shifāʾ al-ʿalīl*, in the margin of ʿAbd al-ʿAzīz ibn Ibrāhīm Thamīnī, *Kitāb al-nīl wa-shifāʾ al-ʿalīl*, 16 vols., Jaddah: Maktabat al-Irshād, 1985.

Bājī, Abū al-Walīd Sulaymān ibn Khalaf al-, *al-Muntaqā sharḥ Muwaṭṭaʾ Mālik*, 9 vols., Beirut: Dār al-Kutub al-ʿIlmīyah, 1999.

Baladī, Abū al-ʿAbbās Aḥmad ibn Muḥammad al-, *Tadbīr al-ḥabālā wa-al-aṭfāl wa-al-ṣibyān wa-ḥifẓ ṣiḥḥatihim wa-mudāwāt al-amrāḍ al-ʿāriḍah lahum*, Beirut: Dār al-Kutub al-ʿIlmīyah, 2004.

Barādhiʿī, Abū Saʿīd, *al-Tahdhīb fī ikhtiṣār al-Mudawwanah*, 4 vols., Dubai: Dār al-Buḥūth lil-Dirāsāt al-Islāmīyah wa-Iḥyā al-Turāth, 1999-2002.

Brūsin, "Tadbīr al-manzil," in Martin Plessner, *Der Oikonomikos des Neupythagoreers 'Bryson' und sein Einfluss auf die islamische Wissenschaft*, Heidelberg: Carl Winters Universitätsbuchhandlung, 1928, 144-204.

Bukhārī, ʿAbd al-ʿAzīz ibn Aḥmad al-, *Kashf al-asrār*, 4 vols., Beirut: Dār al-Kitāb al-ʿArabī, 1994.

Burzulī, Abū al-Qāsim ibn Aḥmad al-, *Fatāwā al-Burzulī: Jāmiʿ masāʾil al-aḥkām limā nazala min al-qaḍāyah bi-al-muftīn wa-al-ḥukkām*, 7 vols., Beirut: Dār al-Gharb al-Islāmī, 2002.

Dasūqī, Muḥammad ibn ʿArafah al-, *Ḥāshiyat al-Dasūqī ʿalā al-Sharḥ al-kabīr*, 4 vols., Cairo: Dār al-Iḥyāʾ al-Kutub al-ʿArabīyah, n.d.

Ghazālī, Abū Ḥāmid al-, *al-Wasīṭ fī al-madhhab*, 3 vols., Beirut: Dār al-Kutub al-ʿIlmīyah, 2001.

——, *al-Mustaṣfā fī ʿilm al-uṣūl*, Beirut: Dār al-Kutub al-ʿIlmīyah, 2000.

——, *al-Wajīz fī fiqh al-Imām al-Shāfiʿī*, 2 vols., Beirut: Sharikat Dār al-Arqam ibn Abī Arqam, 1997.

——, *al-Munqidh min al-ḍalāl*, Beirut: Dār al-Andalus, 1981（ガザーリー（中村廣治郎訳）『誤りから救うもの』ちくま文芸文庫, 2003）.

——, *Iḥyāʾ ʿulūm al-dīn*, 4 vols., Beirut: ʿĀlam al-Kutub, n.d.

Ḥattāb, Abū ʿAbd Allāh Muḥammad ibn ʿAbd al-Raḥmān al-Maghribī known as al-, *Kitāb mawāhib al-jalīl li-Sharḥ al-Mukhtaṣar al-Khalīl*, 6 vols., Beirut: Dār al-Fikr, 1978.

Ḥillī, Jaʿfar ibn al-Ḥasan al-Muḥaqqiq al-, *Sharāʾiʿ al-Islām fī al-fiqh al-Islāmī al-Jaʿfarī*, 4 vols. in 1, Beirut: Dār al-Kutub al-Ḥayāt, 1986.

Ḥillī, al-Ḥasan ibn Yūsuf al-Muṭahhar al-, *Tabṣirat al-mutaʿallimīn fī aḥkām al-dīn*, Beirut: Muʾassasat al-Aʿlamī, 1984.

Ibn ʿAbd al-Barr, Yūsuf ibn ʿAbd Allāh, *Kitāb ikhtilāf aqwāl Mālik wa-aṣḥābihi*, Beirut: Dār al-Gharb al-Islāmī, 2003.

——, *al-Kāfī fī fiqh ahl al-Madīnah al-Mālikī*, Beirut: Dār al-Kutub al-ʿIlmīyah, n.d.

Ibn ʿAbd al-Rafīʿ, Ibrāhīm ibn Ḥasan, *Muʿīn al-ḥukkām ʿalā al-Qaḍāyā wa-al-aḥkām*, 2 vols., Beirut: Dār al-Gharb al-Islāmī, 1989.

Ibn Abī al-Dunyā, ʿAbd al-Allāh ibn Muḥammad, *Mukḥtaṣar Kitāb al-ʿiyāl*, Beirut: Muʾassasat al-Rayyān, 2006.

Ibn Abī Zayd al-Qayrawānī, Abū Muḥammad ʿAbd Allāh ibn ʿAbd al-Raḥmān, *Fatāwā Ibn Abī Zayd al-Qayrawānī*, Beirut: Dār al-Gharb al-Islāmī, 2004.

——, *al-Nawādir wa-al-ziyādāt ʿalā mā fī al-Mudawwanah min ghayrihā min al-ummahāt*, 15 vols., Beirut: Dār al-Gharb al-Islāmī, 1999.

——, *al-Risālah al-fiqhīyah*, Beirut: Dār al-Gharb al-Islāmī, 1997.

Ibn ʿĀshūr, Muḥammad al-Ṭāhir, *Tafsīr al-taḥrīr wa-al-tanwīr*, 30 vols. in 15, Tunis: Dār Saḥnūn, 1997.

Ibn Azzūm, al-Qāsim ibn Muḥammad, *Kitāb al-ajwibah*, 11 vols., Qarṭāj (Tunisia): Bayt al-Ḥikmah, 2004-2009.

Ibn Ḥabīb, ʿAbd al-Malik, *Kitāb ādāb al-nisāʾ al-mawsūm bi-Kitāb al-ghāyah wa-al-*

nihāyah, Beirut: Dār al-Gharb al-Islāmī, 1992.

Ibn Ḥajar al-Haytamī, "Taḥrīr al-maqāl fī ādāb wa-aḥkām wa-fawā'id yaḥtāj ilayhā mu'addib al-aṭfāl", in Sulaymān Isḥāq Muḥammad ʿAṭīyah, *Ibn Ḥajar al-Haytamī al-mutawaffā 974 H-1587 M wa-khulāṣat risālatihi: Taḥrīr al-maqāl fī ādāb wa-aḥkām wa-fawā'id yaḥtāju ilayhā mu'addibū al-aṭfāl*, Cairo: al-Maktabah al-Anjlū al-Miṣrīyah, 1978, 57-76.

Ibn al-Ḥājib, Jamāl al-Dīn ibn ʿUmar, *Jāmiʿ al-ummahāt*, Damascus: al-Yamāmah, 2000.

——, *Muntahā al-wuṣūl wa-al-amal fī ʿilm al-uṣūl wa-al-jadal*, Beirut: Dār al-Kutub al-ʿIlmīyah, 1985.

Ibn al-Ḥājj al-Abdarī, Muḥammad ibn Muḥammd, *al-Madkhal*, 4 vols., Cairo: al-Maṭmaʿah al-Maṣrīyah bi-al-Azhar, 1929.

Ibn Jamāʿah, Muḥammad ibn Ibrāhīm, *Tadhkirat al-sāmiʿ wa-al-mutakallim fī adab al-ʿālim wa-al-mutaʿallim*, Beirut: Dār al-Kutub al-ʿIlmīyah, 2005.

Ibn Jazzār, Abū Jaʿfar Aḥmad, *Siyāsat al-ṣibyān wa-tadbīrhum*, Tunis: Bayt al-Ḥikmah, 2009.

Ibn Juzayy, Muḥammad ibn Aḥmad, *al-Qawānīn al-fiqhīyah*, Beirut: Dār al-Kutub al-ʿIlmīyah, 1998.

Ibn Khaldūn, ʿAbd al-Raḥmān ibn Muḥamamd, *al-Taʿrīf bi-ibn Khaldūn wa-riḥlatihi gharban wa-sharqan*, Tunis: Dār al-Maʿrifah, 2004.

——, *Muqaddimat Ibn Khaldūn wa-hiya al-juz' al-awwal min Kitāb al-ʿIbar wa-dīwān al-mubtada' wa-al-khabar*, 3 vols., reprint of the edition published in Paris 1858 under title Prolégomènes d'Ebn Khaldoun by Quatremère, Beirut: Maktabat Lubnān, 1992 (イブン＝ハルドゥーン（森本公誠訳）『歴史序説』全4巻，岩波文庫，2001).

Ibn Qayyim al-Jawzīyah, *Zād al-maʿād fī hadī khayr al-ʿibād*, 4 vols., Alexandria: Dār Umar Ibn al-Khaṭṭāb, n.d.

——, *Tuḥfat al-mawdūd bi aḥkām al-mawlūd*, Beirut: Dār al-Bashā'i al-Islāmīyah, 1998.

Ibn Qudāmah, Muwaffaq al-Dīn ʿAbd Allāh ibn Aḥmad, *al-Mughnī*, 8 vols., Beirut: Dār al-Kutub al-ʿIlmīyah, 2008.

Ibn Rushd (al-Ḥafīd), Abū al-Walīd Muḥammad ibn Aḥmad ibn Muḥammad, *Bidāyat al-mujtahid wa-nihāyat al-muqtaṣid*, Beirut: Dār al-Kutub al-ʿIlmīyah, 2002.

Ibn Rushd (al-Jadd), Abū al-Walīd Muḥammad ibn Aḥmad, *al-Bayān wa-al-taḥṣīl wa-al-sharḥ wa-al-tawjīh wa-al-taʿlīl fī masā'il al-mustakhrajah*, 20 vols., Beirut: Dār al-Gharb al-Islāmī, 1988.

——, *Fatāwā Ibn Rushd*, 3 vols., Beirut: Dār al-Gharb al-Islāmī, 1987.

——, *al-Muqaddamāt al-mumahhadāt li-bayān mā iqtaḍathu rusūm al-Mudawwanah min al-aḥkām al-shar'īyāt wa-al-taḥṣīlāt al-muḥkamāt li-ummahāt masāʾilihā al-mushkilāt 1-2*, Beirut: Dār al-Ṣādir, n.d.

Ibn Saḥnūn, Muḥammad, "Risālat ādāb al-muʿallimīn," in ʿAbd al-Raḥmān ʿUthmān Ḥijāzī, *al-Madhhab al-tarbawī ʿinda Ibn Saḥnūn*, Beirut: Muʾassasat al-Risālah, 1986.

Ibn Shās, Jalāl al-Dīn ʿAbd Allāh, *ʿIqd al-jawāhir al-thamīnah fī madhhab ʿālim al-Madīnah*, 3 vols., Beirut: Dār al-Gharb al-Islāmī, 2003.

Ibn Sīnā, Abū ʿAlī al-Ḥusayn ibn ʿAlī, *al-Qānūn fī al-ṭibb*, 3 vols., (Cairo): Dār al-Fikr, n.d.（部分訳、塩崎美穂「翻訳　イブン・スィーナー「子育て」――『医学典範』より」『東京大学大学院教育学研究科教育学研究室紀要』27, 2001, 71-78）.

ʿIllaysh, Muḥammad ibn Aḥmad, *Sharḥ Manḥ al-jalīl ʿalā Mukhtaṣar al-ʿallāmah Khalīl*, 4 vols., Beirut: Dār Ṣādir, n.d.

Jaṣṣāṣ, Abū Bakr Aḥmad ibn ʿAlī al-, *Mukhtaṣar Ikhtilāf al-ʿulamāʾ*, 5 vols., Beirut: Dār al-Bashāʾir al-Islāmīyah, 2008.

——, *Aḥkām al-Qurʾān*, 3 vols., Beirut: Dār al-Fikr, 2001.

Jazīrī, ʿAlī ibn Yaḥyā, *al-Maqṣad al-maḥmūd fī talkhīṣ al-'uqūd = Proyecto plausible de compendio de fórmulas notariales*, Madrid: Consejo Superior de Investigaciones Científicas, Agencia Española de Cooperación Internacional, 1998.

Kāsānī, Abū Bakr ibn Masʿūd al-, *Badāʾiʿ ṣanāʾiʿ fī tartīb al-sharāʾiʿ*, 10 vols., Beirut: Dār al-Kutub al-ʿIlmīyah, 1997.

Khalīl ibn Ishāq, *Mukhtaṣar al-ʿallāmah Khalīl*, Beirut: Dār al-Jīl, n.d.

Khallāf, ʿAbd al-Wahhāb, *ʿIlm uṣūl al-fiqh*, Beirut: Dār al-Kutub al-ʿIlmīyah, 2007 (1978)（アブドル＝ワッハーブ・ハッラーフ（中村廣治郎訳）『イスラムの法――法源と理論』東京大学出版会, 1984）.

Khurashī, Muḥammad ibn ʿAbd Allāh al-, *al-Khurashī ʿalā Mukhtaṣar Sayyidī Khalīl*, 8 vols., Beirut: Dār al-Fikr, n.d.

Maḥfūẓ, Muḥammad, *Tarājim al-muʾallifīn al-Tūnisīyīn*, 5 vols., Beirut: Dār al-Gharb al-Islāmī, 1982-1986.

Makhlūf, Muḥammad ibn Muḥammad, *Shajarat al-nūr al-zakīyah fī ṭabaqāt al-Mālikīyah*, Beirut: Dār al-Fikr, n.d.

Mālik ibn Anas, *al-Muwaṭṭaʾ*, 2 vols., n.p.: Dār Iḥyāʾ al-Kutub al-ʿArabī, n.d.

Mālikī, Abū Bakr ibn Muḥammad ʿAbd Allāh al-, *Riyāḍ al-nufūs fī ṭabaqāt ʿulamāʾ al-Qayrawān wa-Ifrīqiyah wa-zuhhādihim*, 2 vols., Beirut: Dār al-Gharb al-Islāmī, 1994.

Marghīnānī, ʿAlī ibn Abū Bakr al-, *al-Hidāyah sharḥ Bidāyat al-mubtadī*, 4 vols. in 2,

Beirut: Dār al-Kutub al-ʿIlmīyah, 2000.

Māwardī, ʿAlī ibn Muḥammad ibn Ḥabīb al-, *al-Aḥkām al-sulṭānīyah wa-al-wilāyāt al-dīnīyah*, Beirut: Dār al-Kutub al-ʿIlmīyah, 2006（アル＝マーワルディー（湯川武訳）『統治の諸規則』慶應義塾大学出版会，2006).

Marwazī, Muḥammad ibn Naṣr al-, *Ikhtilāf al-ʿulamāʾ*, Beirut: ʿĀlam al-Kutub, 1986.

——, *Adab al-dunyā wa-al-dīn*, Beirut: al-Maktabah al-ʿAṣrīyah, 2006.

——, *al-Ḥāwī al-kabīr*, 24 vols., Beirut: Dār al-Fikr, 1994.

Mawsūʿat al-ḥadīth al-sharīf, CD-ROM version 3.0, Riyadh: Harf Information Technology, 2003.

Mawwāq, Abū ʿAbd Allāh Muḥammad ibn Yūsuf al-, *al-Tāj wa-al-iklīl li-Mukhtaṣar Khalīl*, in the margin of Ḥattāb, *Kitāb mawāhib al-jalīl li-Sharḥ al-Mukhtaṣar al-Khalīl*, 6 vols., Beirut: Dār al-Fikr, 1978.

Mayyārah al-Fāsī, Muḥammad ibn Aḥmad, *Sharḥ Mayyārah al-Fāsī ʿalā Tuḥfat al-ḥukkām*, 2 vols., Beirut: Dār al-Fikr, n.d.

Miskawaihi, Aḥmad ibn Muḥammad ibn Yaʿqūb al-Rāzī, *Tahdhīb al-akhlāq wa-tathīr al-aʿrāq*, Beirut: Dār Maktabat al-Ḥayāt, n.d.

Muzanī, al-, "Mukhtaṣar al-Muzanī," in Shāfiʿī, *al-Umm*.

Nafrāwī, Aḥmad ibn Ghunaym al-, *al-Fawāqih al-dawānī*, 2 vols., Beirut: Dār al-Maʿarifah, n.d.

Nawawī, Abū Zakariyā Yaḥyā ibn Sharaf al-, *Minhāj al-ṭālibīn wa-ʿumdat al-muftīn fī fiqh madhhab al-Imām al-Shāfiʿī*, Beirut: Dār al-Kutub al-ʿIlmīyah, 1996.

——, *al-Majmūʿ Sharḥ al-muhadhdhab*, 20 vols., Beirut: Dār al-Fikr, 1925-1930.

Qābisī, Abū al-Ḥasan al-, *Mukhtaṣar Muwaṭṭaʾ al-Imām Mālik*, Beirut: Dār al-Kutub al-ʿIlmīyah, 2008.

——, Aḥmad Khālid(tr.), *al-Risālah al-mufaṣṣalah li-aḥwāl al-mutaʿallimīn wa-aḥkām al-muʿallimīn wa-al-mutaʿallimīn*, Tunis: al-Sharikah al-Tūnisīyah lil-Tawzīʿ, 1986.

——, "al-Risālah al-mufaṣṣalah li-aḥwāl al-muʿallimīn wa-aḥkām al-muʿallimīn wa-al-mutaʿallimīn," in Aḥmad Fuʾād Ahwānī, *al-Tāʿlīm fī raʾy al-Qābisī: min ʿulamāʾ al-qarn al-rābiʿ*, Cairo: Maṭbaʿt Lajnat al-Taʾlīf wa-al-Tarjamah wa-al-Nashr, 1945, 241-318.

Qāḍī ʿIyāḍ, *Tartīb al-madārik wa-taqrīb al-masālik li-maʿrifat aʿlām madhhab Mālik*, 3 vols., Beirut: Dār Maktabat al-Ḥayāt, n.d.

Qāḍī ʿIyād and Muḥammad ibn Qāḍī ʿIyād, *Madhāhib al-ḥukkām fī nawāzil al-aḥkām*, Beirut: Dār al-Gharb al-Islāmī, 1997.

Qafṣī, Abū ʿAbd Allāh Muḥammad al-, *Lubāb al-lubāb*, Tunis: al-Maktabah al-ʿAlmanīyah, 1927or8.

Qaraḍāwī, Yūsuf al-, *al-Ḥalāl wa-al-ḥarām fī al-Islām*, Beirut: al-Maktab al-Islāmī, 1994.

Qarāfī, Badr al-Dīn Muḥammad ibn Yaḥyā al-, *Taḥqīq al-ibānah*, in Jalāl 'Alī al-Qadhdhāfī Jihānī (ed.) *Min khizānat al-madhhab al-Mālikī* , Beirut: Dār Ibn Ḥazm, 2006.

Qarāfī, Shihāb al-Dīn Aḥmad ibn Idrīs al-, *al-Dhakhīrah*, 14 vols., Beirut: Dār al-Gharb al-Islāmī, 1994.

——, *al-Furūq*, 4 vols. in 2, Beirut: ʿĀlam al-Kutub, n.d.

Qurṭubī, Abū ʿAbd Allāh Muḥammad al-, *Tafsīr al-Qurṭubī*, 21 vols., Beirut: Dār al-Kutub al-ʿIlmīyah, 2004.

Qurṭubī, ʿArīb ibn Saʿīd al-, *Kitāb al-khalq al-janīn wa-tadbīr al-ḥabālā wa-al-mawlūdīn*, Alger: Maktabah Farārīs, 1956.

Raṣṣāʿ, Muḥammad al-Anṣārī al-, *Sharḥ Ḥudūd Ibn ʿArafah al-mawsūm al-hidāyah al-kāfiyah al-shāfiyah li-bayān haqāʾiq al-Imām Ibn ʿArafah al-wāfiyah*, 2 vols., Beirut: Dār al-Gharb al-Islāmī, 1993.

Saqqā, Muṣṭafā al- et al. (eds.), *al-Sīrah al-nabawīyah li Ibn Hishām*, 2 vols. in 1, Beirut: Dār al-Maʿrifah, 2006（イブン・イスハーク著、イブン・ヒシャーム編注（後藤明ほか訳）『預言者ムハンマド伝』全 4 巻，岩波書店，2010-2012）.

Saḥnūn ibn Saʿīd al-Tanūkhī, *al-Mudawwanah al-kubrā*, 6 vols., Beirut: Dār al-Fikr, 1998.

Sarakhsī, Shams al-Dīn al-, *Kitāb al-mabsūṭ*, 30 vols. in 15, Beirut: Dār al-Maʿrifah, 1993.

Shāfiʿī, Abū ʿAbd Allāh Muḥammad ibn Idrīs al-, *al-Umm*, 9 vols., Beirut: Dār al-Kutub al-ʿIlmīyah, 1993.

——, *al-Risālah*, Cairo: Markaz al-Ahrām, 1988.

Shaʿrānī, ʿAbd al-Wahhāb al-, *al-Mīzān al-kubrā*, Cairo: Maktabah al-Thaqāfat al-Dīnīyah, 2004.

Shaybānī, Abū ʿAbd Allāh Muḥammad ibn al-Ḥasan al- , *Kitāb al-ḥujjah ʿalā ahl al-Madīnah*, 2 vols., Beirut: ʿĀlam al-kutub, 2006.

——, *Kitāb al-aṣl al-maʿrūf bi al-Mabsūṭ*, 5 vols., Beirut: ʿĀlam al-Kutub.

Shirbīnī, Muḥammad al-, *Mughnī al-muḥtāj ilā maʿrifat maʿānī alfāẓ al-minhāj: sharḥ al-shaykh Muḥammad al-Shirbīnī al-Khaṭīb ʿalā Matn al-minhāj*, 4 vols., Cairo: Muṣṭafā al-Bābī al-Ḥalabī, 1958.

Suhaylī, ʿAbd al-Raḥmān ibn ʿAbd Allāh, *al-Rawḍ al-unuf fī tafsīr al-sīrah al-Nnbawīyah li-Ibn Hishām*, 4 vols. in 2, Cairo: Maktabah al-Kullīyat al-Azharīyah, 1972-73.

Suyūṭī, Jalāl al-Dīn ʿAbd al-Raḥmān al-, *al-Ashbāh wa-al-naẓāʾir fī qawāʿid wa-furūʿ fiqh al-Shāfiʿīyah*, Cairo: Dār Iḥyāʾ al-Kutub al-ʿArabīyah, n.d.

Ṭabarī, Abū Jaʿfar Muḥammad ibn Jarīr al-, *Tafsīr al-Ṭabarī*, 13 vols., Beirut: Dār al-Kutub al-ʾIlmīyah, 1999.

Ṭaḥāwī, Aḥmad ibn Muḥammad, *al-Shurūṭ al-Ṣaghīr*, 2 vols., Baghdad: Riʾāsah Dīwān al-Awqāf, 1974.

Ṭulayṭulī, Aḥmad ibn Mughīth al-, *al-Muqniʿ fī ʿilm al-shurūṭ*, Beirut: Dār al-Kutub al-ʿIlmīyah, 2000.

Ṭūsī, Abū Jaʿfar Naṣīr al-Dīn Muḥammad al-, *Kitāb ādāb al-mutaʿallimīn*, Cairo: Maktabat al-Thaqāfah al-Dīnīyah, 2003.

Wansharīsī, Aḥmad ibn Yaḥyā al-, *al-Miʿyār al-muʿrib wa-al-jāmiʿ al-mughrib ʿan fatāwā ʿulamāʾ Ifrīqiyah wa-al-Andalus wa-al-Maghrib*, 14 vols., Beirut: Dār al-Gharb al-Islāmī, 1990.

——, *'Uddat al-burūq fī jamʿ mā fī al-madhhab min al-jumūʿ wa-al-furūq*, Beirut: Dār al-Gharb al-Islāmī, 1990.

Wazzānī, Abū ʿĪsā Sīdī al-Mahdī al-, *al-Nawāzil al-jadīdah al-kubrā fī-mā li-ahl Fās wa-ghayrihim min al-badw wa-al-qurā al-musammāh bi-al-Miʿyār al-jadīd al-jāmiʿ al-muʿrib ʿan fatāwā al-mutaʾakhkhirīn min ʿulamāʿ al-maghrib*, 12 vols., Rabat: al-Mamlakah al-Maghribīyah, Wizārat al-Awqāf wa-al-Shuʿūn al-Islāmīyah, 1996-2000.

Zarnūjī, Burhān al-Islām al-, *Taʿlīm al-mutaʿllim ṭarīq al-taʿallum*, Beirut: al-Maktab al-Islāmī, 1996.

Ziriklī, Khayr al-Dīn al-, *al-Aʿlām*, 8 vols., Beirut: Dār al-ʿIlm lil-Malāyīn, 1998.

二次資料

ʿAbd al-Amīn, Shams al-Dīn, *al-Fikr al-tarbawī ʿinda Ibn Saḥnūn wa-al-Qābisī*, Beirut: al-Sharikah al-ʿĀlamīyah lil-Kitāb, 1990.

ʿAbd al-Ḥamīd, al-Sayyid Muḥammad ʿAbd al-Ḥamīd, *al-Nikāḥ fī al-jāhilīyah wa-al-Islām*, Cairo: al-Maktabah al-Azharīyah lil-Turāth, 2007.

'Abd al-Raḥmān , 'Abd al-Ra'ūf Yūsuf 'Abd al-Qādir, *Akhlāq al-'ālim wa-al-muta'allim 'inda Abī Bakr al-Ājurī*, Beirut: Dār al-Jīl, 1991.

ʿAbd al-Raḥmān, ʿĀʾishah, *Tarājim sayyidāt bayt al-nubūwah*, Cairo: Dār al-Ḥadīth, 2004.

Abou El Fadl, Khaled, "Legal and Jurisprudential Literature: 9th to 15th Century," in

Suad Joseph et al. (eds.), *Methodologies, Paradigms and Sources* (Encyclopedia of Women & Islamic Cultures vol.1), Leiden: Brill, 2003, 37-41.

Abu-Lughod, Lila (ed.), *Remaking Women: Feminism and Modernity in the Middle East*, Princeton and New Jersey: Princeton University Press, 1998（ライラ・アブールゴド編著（後藤絵美ほか訳）『女性をつくりかえるという思想――中東におけるフェミニズムと近代性（明石ライブラリー 132）』明石書店，2009）.

Abū Zahrah, Muḥammad, *al-Aḥwāl al-shakhṣīyah*, Cairo: Dār al-Fikr al-ʿArabī, 2005 (1972).

Ahmed, Leila, *Women and Gender in Islam, Historical Roots of a Modern Debate*, London: Yale University Press, 1992（ライラ・アハメド（林正雄ほか訳）『イスラームにおける女性とジェンダー――近代論争の歴史的根源』法政大学出版局，2000）.

ʿAlī, Muḥammad ʿAbd al-ʿĀṭī Muḥammad, *al-Taklīf al-sharʿī wa-mā yataʿallaq bihi min aḥkām*, Cairo: Dār al-Ḥadīth, 2007.

Arabi, Oussama, " The Interdiction of the Spendthrift (al-safīh): A Human Rights Debate in Classical Fiqh," *Islamic Law and Society*, 7/3, 2000, 300-324.

Ariès, Philippe, *L'enfant et la vie familiale sous l'Ancien Régime*, Paris: Plon, 1960（フィリップ・アリエス（杉山光信、杉山恵美子訳）『〈子供〉の誕生――アンシャン・レジーム期の子供と家族生活』みすず書房，1992（1980））.

Badinter, Elisabeth, *L'amour en plus: Histoire de l'amour maternal (XVXe-XXe siècle)*, Paris: Flammarion, 1980（エリザベート・バダンテール（鈴木晶訳）『母性という神話』ちくま文芸文庫，1991）.

Bencheikh Hocine Dennouni, Hadjira, "La garde: un attribut de la maternité en droit algérien," *Revue Internationale de Droit Comparé*, 38, 1986, 897-917.

Baron, Beth, *The Women's Awakening in Egypt: Culture, Society, and the Press*, New Haven: Yale University Press, 1994.

Beshir, M.D. Ekram and Mohamed Rida Beshir, *Meeting the Challenge of Parenting in the West: an Islamic Perspective*, Beltsville(Maryland): Amana Publications, 2000.

Berkey, Jonathan, *The Transmission of Knowledge in Medieval Cairo: a Social History of Islamic Education*, Princeton (N.J.): Princeton University Press, 1992.

Bernards, Monique and John Nawas, "The Geographic Distribution of Muslim Jurists during the First Four Centuries AH," *Islamic Law and Society*, 10/2, 2003, 168-181.

Borrmans, Maurice, "Le droit de garde (ḥadāna) et son évolution récente en Tunisie," *IBLA*, 30, 1967, 191-225.

Brunschvig, Robert, "De la filiation maternelle en droit musulman," *Studia Islamica*, 9,

1959, 49-59.

Bulliet, R.W., "The Age Structure of Medieval Islamic Education," *Studia Islamica*, 57, 1983, 105-117.

Būzghaybah, Muḥammad ibn Ibrāhīm, *Ḥarakat taqnīn al-fiqh al-Islāmī bi-al-bilād al-tūnisīyah (1857-1965)*, Tunis: Markaz al-Nashr al-Jāmiʿī, 2003.

Carlier, Jean-Yves and Michel Verwilghen (dir.), *Le statut personnel des musulmans: droit comparé et droit international privé*, Brussels: Bruylant, 1992.

Carmona, Alfonso, "The Introduction of Mālik's Teaching in al-Andalus," in Peri Bearman et al. (eds.), *The Islamic School of Law: Evolution, Devolution, and Progress*, Cambridge: Harvard University Press, 2005, 41-56.

Charif Feller, Dina, *La garde (Ḥadanah) en droit musulman et dans les droits égyptien, syrien et tunisien*, Geneva: Librairie Droz, 1996.

Charrad, Mounira M., *States and Women's Rights: the Making of Postcolonial Tunisia, Algeria, and Morocco*, Berkeley: University of California Press, 2001.

Chehata, Chafik, *Etudes de droit musulman*, Paris: Presses Universitaires de France, 1971.

Cottart, N., "Mālikiyya," *Encyclopaedia of Islam*, CD-ROM edition, 2002.

Coulson, Noel, *A History of Islamic Law*, Edinburgh: Edinburgh University Press, 1997(1964).

——, *Succession in the Muslim Family*, Cambridge: Cambridge University Press, 1971.

Dāwud, ʿAbd al-Bārī Muḥammad, *Ḥuqūq al-ṭifl al-tarbawīyah fī al-sharīʿah al-Islāmīyah*, Alexandria: Maktabat al-Ishʿāʾ, 2003.

Demeerseman, R. P. and G.H. Bousquet, "La garde des enfants dans la famille tunisienne," *IBLA*, 4, 1941, 5-31, 107-130.

Dodge, Bayard, *Muslim Education in Medieval Times*, Washington D.C.: The Middle East Institute, 1962.

Dutton, Yasin, *The Origins of Islamic Law: the Qur'an, the Muwaṭṭaʾ and Madinan ʿAmal*, Richmond: Curzon, 1999.

Encyclopaedia of Islam, CD-ROM edition, v.1.0, Leiden: Brill, 2002.

Fadel, Mohammad, "The Social Logic of *taqlīd* and the Rise of the Mukhtaṣar," *Islamic Law and Society*, 3/2, 1996, 193-233.

Fahd, Toufy and Hammoudi Muhammad, "L'enfant dans le droit islamique," in Société Jean Bodin pour l'Histoire Comparative des Institutions (ed.), *L'enfant: première partie, Antiquité, Afrique, Asie,* Recueils de la Société Jean Bodin pour l'Histoire Comparative des Institutions, tome 35, 1975, 287-346.

Fandī, ʿAbd al-Salām ʿAṭwah al-, *Tarbiyat al-ṭifl fī al-Islām: aṭwārha wa-āthārha wa-thimārha*, Beirut: Dār Ibn Ḥazm, 2008.

Fass, Paula S. (ed.), *Encyclopedia of Children and Childhood: in History and Society A-Z*, 3vols., Farmington Hills (Michigan): Gale, 2003（ポーラ・S・ファス編（北本正章ほか訳）『世界の子ども学大事典』原書房，2016）.

Fernea, Elizabeth Warnock (ed.), *Children in the Muslim Middle East*, Austin: University of Texas Press, 1995.

Ferchiou, Sophie (dir.), *Hasab wa nasab: Parenté, alliance et patrimoine et Tunisie*, Paris: Edition du CNRS, 1992.

Fildes, Valerie, *Wet nursing: A History from Antiquity to the Present*, New York: Basil Blackwell, 1988.

Gerber, Haim, "Law in the Ottoman Empire," in Avner M. Emon and Rumee Ahmed (eds.), *The Oxford Handbook of Islamic Law*, Oxford: Oxford University Press, 2018, 473-491.

Gerrit, Bos and Michael McVaugh (eds. & tr.), *al-Rāzī, on the Treatment of Small Children (De curis puerorum) : the Latin and Hebrew translations*, Leiden and Boston: Brill, 2015

Gil'adi, Avner, *Infants, Parents and Wet Nurses: Medieval Islamic Views on Breastfeeding and Their Social Implications*, Leiden et al.: Brill, 1999.

——, "Gender Differences in Child Rearing and Education: Some Preliminary Observations with Reference to Medieval Muslim Thought," *al-Qantara*, 16, 1995, 291-308.

——, "The Child Was Small... Not So the Grief for Him: Sources, Structure, and Content of Al-Sakhawi's Consolation Treatise for Bereaved Parents, " *Poetics Today*, 14/2, 1993, 367-386.

——, *Children of Islam: Concepts of Childhood in Medieval Muslim Society*, New York: St. Martin's Press, 1992.

Gilissen, Jacqueline and Mimi Bensmaine, "Le statut de l'enfant dans le droit musulman malékite et son évolution dans le Maghreb actuel," *Recueils de la société Jean Bodin pour l'Histoire comparative des institutions,* 35, 1975, 347-375.

Goitein, S.D., *The Family*, A Mediterranean Society: the Jewish Communities of the Arab World as Portrayed in the Documents of the Cairo Geniza, vol.3, Berkeley: University of California Press, 1978.

Günther, Sebastian, "Advice for Teachers: the 9th Century Muslim Scholars Ibn Saḥnūn

and al-Jāḥiẓ on Pedagogy and Didactics," in Sebastian Günther (ed.), *Ideas, Images, and Methods of Portrayal: Insights into Classical Arabic Literature and Islam*, Leiden: Brill, 2005, 89-128.

Gutas, Dimitri, *Greek Thought, Arabic Culture: The Graeco-Arabic Translation Movement in Baghdad and Early ʿAbbasid Society (2nd-4th/5th-10th c.)*, London: Routledge, 1998 (ディミトリ・グタス（山本啓二訳）『ギリシア思想とアラビア文化――初期アッバース朝の翻訳文化』勁草書房, 2002).

Hasan, Noorhaidi, *Laskar Jihad: Islam, Militancy, and the Quest for Identity in Post-New Order Indonesia*, Ithaca (N.Y.): Cornell University, 2006.

Hallaq, Wael B., "Model *shurūṭ* Works and the Dialectic of Doctrine and Practice," *Islamic Law and Society*, 2/2, 1995, 109-134.

Ḥijāzī, ʿAbd al-Raḥmān ʿUthmān, *al-Madhhab al-tarbawī ʿinda Ibn Saḥnūn*, Beirut: Muʾassasat al-Risālah, 1986.

Hrdy, Sarah Blaffer, *Mother Nature: Maternal Institution and How They Share the Human Species*, New York: Ballantine Books, 1999.

Ḥusayn, Ṭāhā, *ʿIlm al-tarbiyah*, Beirut: Dār al-Kitāb al-Lubnānī, 1982.

Ibrahim, Ahmed Fekry, *Child Custody in Islamic Law: Theory and Practice in Egypt since the Sixteenth Century*, New York: Cambridge University Press, 2018.

Idris, H.R., *La Berbérie orientale sous les Zīrīdes Xe-XIIe siècles*, 2 vols., Paris: Adrien-Maisonneuve, 1959.

——, "Deux juristes kairouanais de l'époque zīrīde: Ibn Abī Zaid et al-Qābisī (Xe-XIe siècle)," *Annales de l'Institut d'étude orientales*, 1954, 122-198.

Iʿrāb, Saʿīd, *Maʿa Abī Bakr ibn al-ʿArabī*, Beirut; Dār al-Gharb al-Islāmī, 1987.

Jabbār, Sihām Mahadī, *al-Ṭifl fī al-sharīʿah al-Islāmīyah wa-manhaj al-tarbawīyah al-nabawīyah*, Beirut: al-Maktabah al-ʿAṣrīyah, 1997.

Jackson, Sherman A., "Discipline and Duty in a Medieval Muslim Elementary School: Ibn Ḥajar al-Haytamī's Taqīr al-maqāl," in Joseph E. Lowry et al. (eds.), *Law and Education in Medieval Islam: Studies in Memory of Professor George Makdisi*, Cambridge: E.J.Gibb Memorial Trust, 2004, 18-32.

——, *Islamic Law and the State: Constitutional Jurisprudence of Shihāb al-Dīn al-Qarāfī*, Leiden: E.J. Brill, 1996.

Jones, Jameelah, *The Mothers of Three Prophets*, London: Ta-Ha Publishers, 2007(1994).

Joseph, Suad et al. (eds.), *Family, Law and Politics*, Encyclopedia of Women & Islamic Cultures, vol.2, Leiden: Brill, 2005.

Jundī, Aḥmad Naṣr al-, *al-Nafaqāt wa-al-ḥaḍānah wa-al-wilāyah ʿalā al-māl fī al-fiqh al-Mālikī*, al-Maḥallah al-Kubrā (Egypt): Dār al-Kutub al-Qānūnīyah, 2006.

Kamali, Mohammad Hashim, "The Scope of Diversity and *Ikhtilāf* (Juristic Disagreement) in the Sharīʿah," *Islamic Studies*, 37/3, 1998, 315-337.

Knibiehler, Yvonne and Cathrine Fouquet, *Histoire des mères: au moyen age à no jours*, 1977（イヴォンヌ・クニビレール，カトリーヌ・フーケ（中嶋公子ほか訳）『母親の社会史——中世から現代まで』ちくま書房，1994）.

Lecomte, Gérard, "Le livre des règles de conduite des maitres d'école par Ibn Saḥnūn," *Revue des Etudes Islamiques: année 1953*, 1954, 77-105.

Ladjili-Mouchette, Jeanne, "Le *kuttāb* et le jardin d'enfants en Tunisie," in Hervé Bleuchot (dir.), *Les institutions traditionnelles dans le monde arabe*, Aix-en-Provence: Institut de recherches et d'études sur les mondes arabes et musulmans, 1996, 125-149.

Laḥmar, Hamīd ibn Muḥammad, "Dirāsat al-kitāb *ʿIqd al-jawāhir al-thamīnah* lil-Imām Ibn Shās," in Jalāl al-Dīn ʿAbd Allāh ibn Shās, *ʿIqd al-jawāhir al-thamīnah fī madhhab ʿālim al-Madīnah*, 3 vols., Beirut: Dār al-Gharb al-Islāmī, 2003, 1: 45-54.

Landau, J.M., "Kuttāb," *Encyclopaedia of Islam*, CD-ROM edition, 2002.

Linant de Bellefonds, Y., "Idhn," *Encyclopaedia of Islam*, CD-ROM edition, 2002.

——, *Traité de droit musulman comparé*, tome 3, filiation, incapacité, libéralités entre vifs, Paris: Mouton & Co, 1973.

MacDonald, D.B. "Fiṭra," *Encyclopaedia of Islam*, CD-ROM edition, 2002.

Mahdouli, Abdelkrim, "L'enfant en droit tunisien," *Revue Juridique et Politique: Indépendence et Coopération*, 31, 1977, 443-453.

Maher, Vanessa(ed.), *The Anthropology of Breast-feeding: Natural Law or Social Construct*, Oxford: Berg, 1995(1992).

Maherzi, Hédi, *Sidi Mahrez: Soltane El Médina*, Tunis: Déméter Editions, 2006.

Marin, Manuela and Rachid El Hour, "Captives, Children and Conversion: A Case from late Naṣrid Granada," *Journal of the Economic and Social History of Orient*, 41/4, 1988, 453-473.

Marsot, Afaf Lutfi al-Sayyid, "The Revolutionary Gentlewomen in Egypt," in Lois Beck and Nikki Keddie(eds.), *Women in the Muslim World*, Cambridge: Harvard University Press, 1978, 261-276.

Mawjān, ʿAbd Allāh ibn Ḥusayn, *al-Ḥaḍānah fī al-sharīʿah al-Islāmīyah*, Cairo: Dār al-Iʿtiṣām, 1997.

Melchert, Christopher, *The Formation of the Sunni Schools of Law: 9th -10th Centuries C.E.*, Leiden: Brill, 1997.

Meriwhether, Margalet L., " The Rights of Children and the Responsibilities of Women: Women as *Wasis* in Ottoman Aleppo, 1770-1840," in Amira Sonbol El Azhary (ed.), *Women, the Family, and Divorce Laws in Islamic History*, New York: Syracuse University Press, 1996, 219-235.

Meziou, Kalthoum, " Législation comparée: Tunisie," *Juris-Classeur Droit Comparé*, Aug., 1997, Aug., 2000.

Mitchell, Timothy, *Colonising Egypt*, Cambridge and New York: Cambridge University Press, 1988.（ティモシー・ミッチェル（大塚和夫、赤堀雅幸訳）『エジプトを植民地化する――博覧会世界と規律訓練的権力』法政大学出版局，2014）.

Milliot, Louis and François-Paul Blanc, *Introduction à l'étude du droit musulman*, 2nd edition, Paris: Editions Dalloz, 2001.

Motzki, Harald, "Das Kind und seine Sozialization in der Islamischen Familie des Mittelalters," in J. Martin and A. Nitschke (eds.), *Zur Sozialgeschichte der Kindheit,* Munich: K. Alber, 1986, 391-441.

Murād, Yaḥyā Ḥasan ʿAlī, *Ādāb al-ʿālim wa-al-mutaʿallim ʿinda al-mufakkirīn al-muslimīn: min muntaṣaf al-qarn al-thānī al-Hijrī wa-ḥattā nihāyat al-qarn al-sābiʿ*, Beirut: Dār al-Kutub al-ʿIlmīyah, 2003.

Mūsā, Mutawallī, *Tarbiyat al-aṭfāl fī fitrat al-ḥaḍānah*, Beirut: Dār al-ʿArabīyah lil-ʿUlūm, 1993.

Musallam B.F., *Sex and Society in Islam: Birth Control before the Nineteenth Century*, Cambridge: Cambridge University Press, 1983.

Najmabadi, Afsaneh, "Crafting an Educated Housewife in Iran," in Abu-Lughod (ed.), *Remaking Women*, 1998, 91-125（アフサーネ・ナジュマバーディー「教養ある主婦をつくり出す――イランにおける取組」アブールゴド編著『女性をつくりかえるという思想』2009, 165-229）.

Nasir, Jamal J., *The Islamic Law of Personal Status*, 2nd edition, London: Graham/ Trotman, 1990 (1986).

Niʿamī, ʿAbd Allāh al-Amīn, *Manāhij wa-ṭuruq al-taʿlīm ʿinda al-Qābisī wa-Ibn Khaldūn*, (Lybia): Markaz Jihād al-Lībīyīn lil-Dirāsāt al-Tārīkhīyah, 1980.

Nofal, Mohamed Nabil, "Al-Ghazali (1058-1111)," *Perspectives: revue trimestrielle d'éducation comparée*, 23/3-4, 1993, 531-555.

Omran, Abdel Rahim, *Family Planning in the Legacy of Islam*, London: Routledge, 1992.

‘Oudah, Abdul Qader, *Criminal Law of Islam*, 4 vols., New Delhi: Kitab Bhavan, 2005(1999).

Peters, Rudolph, *Crime and Punishment in Islamic Law: Theory and Practice from the Sixteenth to the Twenty-first Century*, Cambridge: Cambridge University Press, 2005.

Plancke, Gand Mark, “Islamic education in Tunisia (ca.800-1874),” *Humaniora Islamica* 1, 1973, 3-14.

——, “Le Kuttāb en Ifrīqīya du VIIe au XIIe siècle: contribution à l’histoire de l’enseignement élémentaire en Tunisie,” *Paedagogica Historica*, 10/2, 1970, 225-242.

Powers, David, *Law, Society, and Culture in the Maghrib, 1300-1500*, Cambridge: Cambridge University Press, 2002.

——, “Parents and their Minor Children: Familial Politics in the Middle Maghrib in the Eighth/Fourteenth Century,” *Continuity and Change*, 16/2, 2001, 177-200.

——, “The Islamic Inheritance System: A Socio Historical Approach, ” in Chibli Mallat and John Connors (eds.), *Islamic Family Law*, London: Graham & Trorman, 1990, 11-29.

Rapoport, Yossef, “Legal Diversity in the Age of Taqlīd: the Four Chief Qāḍīs under the Mamluks, ” *Islamic Law and Society*, 10/2, 2003, 210-228.

Rosenthal, F., “Child Psychology in Islam,” *Islamic Culture*, 26, 1952, 1-22.

Schacht, Joseph, *An Introduction to Islamic law*, Oxford: Clarendon Press, 1964.

Schacht, J. (J.Burton), “Raḍāʿ or Riḍāʿ,” *Encyclopaedia of Islam,* CD-ROM edition, 2002.

Schleifer, Aliah, *Motherhood in Islam*, Louisville (Kentucky): The Islamic Texts Society, 1996 (1986).

Seddik, Youssef (tr.), Yassine Essid (notes), *Génie du commerce en terre d’islam*, Tunis: MC-Editions, 2008.

Serrano, Delfina, “Legal Practice in an Andalusī-Maghribī Source from the Twelfth Century CE: The Madhāhib al-Ḥukkām fī Nawāzil al-Aḥkām,” *Islamic Law and Society*, 7/2, 2000, 187-234.

Shaban, Muftah Ismail, “Muḥammad ibn Saḥnūn: an Educationalist and a Faqīh,” *Muslim Education Quarterly*, 12/4, 1995, 37-54.

Shablī, Sālim ʿAlī Rāshid al- and Muḥammad Khalīfah Muḥamad al-Rabāḥ, *Aḥkām al-Mawlūd fī al-sunnah al-muṭahharah*, Beirut et al.: al-Maktab al-Islāmī, 1994.

Shahar, Shulamith, *Childhood in the Middle Ages*, London: Routledge, 1992 (1990).

Shalabī, Muḥammad Muṣṭafā, *Aḥkām al-usrah fī al-Islām: dirāsah muqāranah baina fiqh al-madhāhib al-sunnīiyah wa-al-madhhab al-Jaʿafarī wa-al-qānūn*, Beirut: Dār al-

Nahḍah al-ʿArabīyah, 1977 (1952).

Shakry, Omnia, "Schooled Mothers and Structured Play: Child Rearing in Turn-of-the-Century Egypt," in Abu-Lughod(ed.), *Remaking Women*, 1998, 120-170（オムニア・シャクリー「教育を受けた母、構造化された遊び——19 世紀末から 20 世紀初頭のエジプトにおける育児」アブールゴド編著『女性をつくりかえるという思想』2009, 230-316）.

Shatzmiller, Maya, *Her Day in Court: Women's Property Rights in Fifteenth-Century Granada*, Cambridge (Massachusetts): Harvard University Press, 2007.

——, *Labour in the Medieval Islamic World*, Leiden: E.J. Brill, 1994.

Shinar, Pessah, *Modern Islam in the Maghrib*, Jerusalem: The Hebrew University of Jerusalem, 2004.

Smith, Robertson, *Kinship and Marriage in Early Arabia,* new edition with additional notes, Oosterhout: Anthropological Publications, 1966 (1885).

Sonbol El Azhary, Amira (ed.), *Women, the Family, and Divorce Laws in Islamic History*, New York: Syracuse University Press, 1996.

Swain, Simon, *Economy, Family, and Society from Rome to Islam: A Critical Edition, English Translation and Study of Bryson's Management of the Estate*, Cambridge: Cambridge University Press, 2016 (2013).

Talbi, M., " Saḥnūn," *Encyclopaedia of Islam,* CD-ROM edition, 2002.

Ṭawīlī, Aḥmad al-, *Mālik ibn Anas wa-aʾimmat al-sunnah*, Tunis: Aḥmad al-Ṭawīlī, 2007,

Tritton, A. S., *Materials on Muslim Education in the Middle Ages*, London: Luzac & Co., 1957.

Tucker, Judith E., *Women, Family, and Gender in Islamic Law*, Cambridge: Cambridge University Press, 2008.

——, *In the House of the Law: Gender and Islamic Law in Ottoman Syria and Palestine*, Berkeley et al.: University of California Press, 1998.

Turkī, ʿAbd al-Majīd, "Tamhīd," in Abū Muḥammad ʿAbd Allāh ibn ʿAbd al-Raḥmān ibn Abī Zayd al-Qayrawānī, *Kitāb al-Jāmiʿ fī al-sunan wa-al-ādāb wa-al-ḥukum wa-al-maghāzī wa-al-tārīkh wa-ghayr dhālik*, Beirut: Dār al-Gharb al-Islāmī, 1990.

Watt, Montgomery, *Muhammad at Medina,* Oxford: Oxford University Press, 1962.

Wickens, G.M. (tr.), *The Nasirean Ethics by Naṣīr ad-Dīn Ṭūṣī*, London and New York: Routledge, 2011 (1964).

Winter, T.J., *al-Ghazali on Disciplining the Soul: Kitāb Riyāḍat al-Nafs & on Breaking the Two Desires: Kitāb Kasr as-Shahwatayn Books XXII and XXIII of The Rivival of the*

Religious Sciences (Ihyāʾ ʿulūm al-dīn), Cambridge: The Islamic Texts Society, 2001(1995).

Wizārat al-awqāf wa-shuʿūn al-Islām (Kuwait) (ed.), *Mawsūʿah fiqhīyah*, 45 vols., Kuwait: Wizārat al-awqāf wa-shuʿūn al-Islām, 1983-2006.

Zahraa, Mahdi, “The Legal Capacity of Women in Islamic Law,” *Arab Law Quarterly*, 1996, 245-263.

Zarqāʾ, Muṣṭafā Aḥmad al-, *al-Madkhal al-fiqhī al-ʿāmm*, 3 vols., Beirut: Dār al-Fikr, 1968.

Zoja, Luigi, *The Father: Historical, Psychological and Cultural Perspectives*, East Sussex: Brunner-Routledge, 2001.

Zuhaylī, Wahbah al-, *al-Fiqh al-Islāmī wa-adillathu*, 4th edition., 11 vols., 1997.

阿部尚史「ムスリム女性の婚資と相続分――イラン史研究からの視座」永井万里子ほか編『世界史のなかの女性たち（アジア遊学 186)』勉誠出版，2015, 111-118.

池田修「イスラム社会の教育」板垣雄三編『イスラム――価値と象徴（講座イスラム 4)』筑摩書房，1986, 115-139.

磯崎定基「イスラムの教育事情――その初期より中世まで」追手門学院大学編『追手門学院大学創立十周年記念論集　文学部篇』1976, 379-397.

磯崎定基ほか訳『日訳サヒーフムスリム』全 3 巻，日本ムスリム協会，2001.

井筒俊彦訳『コーラン』全 3 巻，岩波文庫，1997.

岩武昭男「公益・福祉制度――ワクフ」後藤明編『文明としてのイスラーム（講座イスラーム世界 2)』栄光教育文化研究所，1994, 219-256.

大河原知樹，堀井聡江『イスラーム法の「変容」――近代との邂逅（イスラームを知る 17)』山川出版社，2014.

大塚和夫『いまを生きる人類学――グローバル化の逆説とイスラーム世界』中央公論新社，2002.

大塚和夫ほか編『岩波イスラーム辞典』岩波書店，2002.

小野仁美「古典イスラーム法の結婚と離婚」森田豊子，小野仁美編『結婚と離婚（イスラーム・ジェンダー・スタディーズ 1)』明石書店，2019, 116-133.

――「『家族』概念と近代的ジェンダー規範――イブン・アーシュールの著作を通して」『ジェンダー研究』21, 2019, 121-131.

――「『法学者間の学説相違の書』――イスラーム法の規範と柔軟性」柳橋博之編『イスラーム　知の遺産』東京大学出版会，2014, 155-189.

ガウ，ムハンマド・イブン・シャハーダ・アル・（中田香織訳）『ブグヤ・イバード・アル＝ラフマーン』ムスリム新聞社，2003.

加藤剛「母系制」大塚和夫ほか編『岩波イスラーム辞典』2002.
――「矛と盾？――ミナンカバウ社会にみるイスラームと母系制の関係について」『東南アジア研究』18/2, 1980, 222-256.
北本正章「序章　子ども観のグローバル・ヒストリーの研究動向」村知ほか編『子ども観のグローバル・ヒストリー』2018, 5-23.
――『子ども観の社会史――近代イギリスの共同体・家族・子ども』新曜社，1995.
久志本裕子『変容するイスラームの学びの文化――マレーシア・ムスリム社会と近代学校教育』ナカニシヤ出版，2014.
後藤明『メッカ――イスラームの都市社会』中公新書，1991.
小山静子『良妻賢母という規範』勁草書房，1991.
真田芳憲・松村明編著『イスラーム身分関係法』中央大学出版部，2000.
沢山美果子『江戸の乳と子ども――いのちをつなぐ（歴史文化ライブラリー 441)』吉川弘文館，2017.
塩尻和子『イスラームの倫理――アブドル・ジャッバール研究』未来社，2001.
首藤美香子『近代的育児観への転換――啓蒙家三田谷啓と 1920 年代』勁草書房，2004.
鷹木恵子「チュニジアの誕生と結婚と死――通過儀礼」大塚和夫編『アラブ（暮らしがわかるアジア読本)』河出書房新社，1998, 91-97.
高橋友子『捨児たちのルネッサンス――15 世紀イタリアの捨児養育院と都市・農村』名古屋大学出版会，2000.
陳姃湲『東アジアの良妻賢母論――創られた伝統』勁草書房，2006.
遠峰四郎「刑罰」日本イスラム協会ほか監修『新イスラム事典』平凡社，2002.
中田考『イスラーム法とは何か？』作品社，2015.
――『イスラーム私法・公法概説　財産法編』日本サウディアラビア協会，2007.
――『イスラーム法の存立構造――ハンバリー派フィクフ神事編』ナカニシヤ出版，2003.
中田考監修『日亜対訳 クルアーン――「付」訳解と正統十読誦注解』作品社，2014.
日本ムスリム協会編訳『日亜対訳・注解　聖クルアーン』日本ムスリム協会，2000.
服部美奈『インドネシアの近代女子教育――イスラーム改革運動のな彼女性』勁草書房，2001.
浜本一典ほか『イスラーム私法・公法概説　家族法編』日本サウディアラビア協会，2009.
ベーレンツ，オッコー（河上正二訳著)『歴史の中の民法――ローマ法との対話』日本評論社，2001.
藤本勝次ほか訳『コーラン（世界の名著 15)』中央公論社，1997.

堀井聡江『イスラーム法通史』山川出版社，2004.
堀内勝「アラブ・イスラム社会の子ども文化」加藤秀俊編『世界の子どもたち——比較子ども学』チャイルド本社，1984, 159-204.
牧野信也訳『ハディース——イスラーム伝承集成』全 6 巻，中公文庫，2001
松田祐子「パリにおける『住み込み乳母』(1865-1914)」『国立女性教育会館研究紀要』8, 2004, 51-60.
松山洋平（中田考監修）『イスラーム私法・公法概説　公法編』日本サウディアラビア協会，2008.
マハッリー，ジャラール・アル＝ディーン・アル＝，ジャラール・アル＝ディーン・アル＝スユーティー（中田香織，中田考訳）『タフスィール・アル＝ジャラーライン（ジャラーラインのクルアーン注釈)』全 3 巻，日本サウディアラビア協会，2002-2006.
マンテ，ウルリッヒ（田中実，瀧澤栄治訳）『ローマ法の歴史』ミネルヴァ出版，2008.
三浦徹ほか編『イスラーム研究ハンドブック（講座イスラーム世界　別巻)』栄光教育文化研究所，1995.
ミッテラウアー，M., R. ジーダー（若尾祐司、若尾典子訳）『ヨーロッパ家族社会史——家父長制からパートナー関係へ』名古屋大学出版会，1993.
本村凌二『薄闇のローマ世界——嬰児遺棄と奴隷制』東京大学出版会，1993.
森伸生「イスラームの刑法——アル＝マクディスィー著『ザード・ル・ムスタクニウ』から」海外事情研究所報告，22, 1988, 301-315.
両角吉晃「刑法」大塚和夫ほか編『岩波イスラーム辞典』2002.
村知稔三ほか編『子ども観のグローバル・ヒストリー』原書房，2018.
柳橋博之『イスラーム財産法』東京大学出版会，2012.
——「シャリーア」佐藤次高編『キーワードで読むイスラーム——歴史と現在』山川出版社，2003.
——「相続」日本イスラム協会ほか監修『新イスラム事典』2002a.
——「刑罰」片倉もとこほか編『イスラーム世界事典』明石書店，2002b.
——『イスラーム家族法——婚姻・親子・親族』創文社，2001.
——『イスラーム財産法の成立と変容』創文社，1998.
柳橋博之編著『現代ムスリム家族法』日本加除出版，2005.
山住正己，中江和恵編注『子育ての書』全 3 巻，平凡社東洋文庫，1976.
山本高治郎『母乳』岩波新書，1983.
湯川武「イブン・ジャマーアの教育論（1）——マムルーク朝時代のウラマーとマドラサの教育」『慶應義塾大学言語文化研究所紀要』22, 1990, 129-145.

——「イブン・ハルドゥーンの教育論」『慶應義塾大学言語文化研究所紀要』11, 1979, 211-226.

注

序論

1　Rosenthal, "Child Psychology in Islam," 1952.

2　Ariès, *L'enfant et la vie familiale sous l'Ancien Régime*, 1960. 同書には日本語訳があり、日本の子ども観研究にも大きな影響を与えている。

3　全 3 巻で出版された同事典は、日本語訳では 1 冊にまとめられている［Fass (ed.), *Encyclopedia of Children and Childhood*, 2003（ファス編『世界の子ども学大事典』2016)］。

4　村知ほか編『子ども観のグローバル・ヒストリー』2018.

5　北本「序章　子ども観のグローバル・ヒストリーの研究動向」2018 を参照。

6　Motzki, "Das Kind und seine Sozialization in der Islamischen Familie des Mittelalters," 1986.

7　Gil'adi, *Children of Islam*, 1992.

8　Fernea (ed.), *Children in the Muslim Middle East*, 1995.

9　Gil'adi, "The Child Was Small," 1993; "Gender Differences in Child Rearing and Education," 1995 など。

10　Jabbār, *al-Ṭifl fī al-sharīʿah al-Islāmīyah*, 1997; Fandī, *Tarbiyat al-ṭifl fī al-Islām*, 2008.

11　たとえば、Abou El Fadl, "Legal and Jurisprudential Literature," 2003, 37。

12　Charrad, *States and Women's Rights*, 2001, 28-50.

13　Smith, *Kinship and Marriage in Early Arabia*, 1966.

14　Watt, *Muhammad at Medina*, 1962, 272-372.

15　Ahmed, *Women and Gender in Islam*, 1992, 128（アハメド『イスラームにおける女性とジェンダー』2000, 60).

16　加藤「母系制」2002, 889. 加藤は、母系社会として有名でありイスラームの信仰も篤いとされるインドネシアのミナンカバウ社会について、父権的イスラームと母権的アダット（慣習法）との二つの相反する価値観が共存していると報告している［加藤「矛と盾？」1980］。

17　Meriwhether, "The Rights of Children and the Resposibilities of Women," 1996.

18　Tucker, *In the House of the Law*, 1998, 115.

19　Knibiehler and Fouquet, *Histoire des mères*, 1977（クニビレール, フーケ『母親の社会史』1994）; Badinter, *L'amour en plus*, 1980（バダンテール『母性という神話』1991）などを参照。

20 小山『良妻賢母という規範』1991などを参照。また、日本の良妻賢母と同様の意味および位置づけをもつ思想が、韓国では賢母良妻、中国では賢妻良母として広がったという［陳『東アジアの良妻賢母論』2006］。

21 首藤『近代的育児観への転換』2004.

22 Najmabadi, “Crafting an Educated Housewife in Iran,” 1998, 91-92（ナジュマバーディー「教養ある主婦をつくり出す」2009, 166-167）.

23 同書は、Wickens (tr.), *The Nasirean Ethics*, 2011に英訳と解説がある。

24 Shakry, “Schooled Mothers and Structured Play,” 1998, 126-127（シャクリー「教育を受けた母、構造化された遊び」2009, 230-231）.

25 Gil'adi, *Infants, Parents and Wet Nurses*, 1999.

26 Fildes, *Wet nursing*, 1988; Maher (ed.), *The Anthoropology of Breast-feeding*, 1995; 本村『薄闇のローマ世界』1993.

27 Fahd and Muhammad, “L'enfant dans le droit islamique,” 1975.

28 1972年には、エジプトの家族法規定を解説したアブー・ザフラの著作［Abū Zahrah, *al-Aḥwāl al-shakhṣīyah*, 2005］、1986年には、中東・北アフリカ各国の現代家族法を扱ったナースィルの著作［Nasir, *The Islamic Law of Personal Status*, 1990］、1992年にはムスリム諸国の家族法を研究した共著［Carlier and Verwilghen (dir.), *Le statut personnel des musulmans*, 1992］が、日本でも、各国現代家族法の翻訳を収録した二つの書籍［真田・松村編著『イスラーム身分関係法』2000；柳橋編著『ムスリム現代家族法』2005］が出版された。

29 1952年には、ハナフィー派の規定を中心としてスンナ派四法学派およびシーア派の規定にも言及したシャラビーの著作［Shalabī, *Aḥkām al-usrah fī al-Islām*, 1977］、1953年には、ミリオとブランによる著作［Milliot and Blanc, *Introduction à l'étude du droit musulman*, 2001］、1965年には、リナン・ド・ベルフォンによるシリーズ［Linant de Bellefonds, *Traité de droit musulman comparé*, 1973］が刊行開始、1968年には、ザルカーによる著作［Zarqā', *al-Madkhal al-fiqhī al-ʿāmm*, 1968］などが出版され、イスラーム家族法の概略をつかむためには今でも有益である。同一学派内における学説の差異や発展を中心的なテーマとした研究はそれほど多くないが、たとえば、シェハータの著作［Chehata, *Etudes de droit musulman*, 1971］がハナフィー派について詳細な研究を提示している。前近代のイスラーム法が現代家族法に与えた影響については、チュニジア「身分関係法」についてのマズィウの研究［Meziou, “Législation compare,” 1997; 2000］や、ブーズガイバの研究［Būzghaybah, *Ḥarakat taqnīn al-fiqh al-Islāmī bi-al-bilād al-Tūnisīyah (1857-1965)*, 2003］がある。

30 柳橋『イスラーム家族法』2001.

31 Ibrahim, *Child Custody in Islamic Law*, 2018.

32 イスラームには、多数派であるスンナ派と少数派のシーア派の二つの宗派があるが、本稿では主にスンナ派の四法学派を比較しつつ、マーリク派の特徴について掘り下げる。

33 マーリク派法学の歴史については、Cottart, “Mālikiyya,” 2002; Melchert, *The Formation of the Sunni Schools of Law*, 1997, 156-177 などを参照。

34 同書の日本語訳は、中田『イスラーム法の存立構造』2003; 中田『イスラーム私法・公法概説　財産法編』2007; 松山『イスラーム私法・公法概説　公法編』2008; 浜本ほか『イスラーム私法・公法概説　家族法編』2009 に収録されている。

35 堀井『イスラーム法通史』2004, 95-98.

36 Kamali, “The Scope of Diversity and *Ikhtilāf* (Juristic Disagreement) in the Sharīʿah,” 1998.

37 Jaṣṣāṣ, *Aḥkām al-Qurʾān* 2: 43-44; Shaʿrānī, *al-Mīzān al-kubrā*, 72.

38 Melchert, *The Formation of the Sunni Schools of Law*, 1997, 198; 堀井『イスラーム法通史』2004, 114-140.

39 Schacht, *An introduction to Islamic law*, 1964, 67; Coulson, *A History of Islamic Law*, 1997, 86-102.

40 法学者間の見解の相違（イフティラーフ）については、小野「『法学者間の学説相違の書』」2014 に詳しい解説がある。

41 歴史家として著名な 14 世紀のマーリク派の法官イブン・ハルドゥーンは、法学者間の見解の相違に関する学問について、「法学派が成立した後には、各自が自身の奉じる学派を擁護するために論争を行った」としている［Ibn Khaldūn, *Muqaddimah*, 3: 23-25］。

42 たとえば、マムルーク朝下において、スンナ派の四学派が等しく公認されたことによって、イスラーム法が極端に硬直することなく社会の変化に柔軟に対応できたとされる［Rapoport, “Legal Diversity in the Age of Taqlīd,” 2003］。

43 同書の主な典拠は、*Kitāb Ibn Mawwāz* (al-Mawwāzīyah), *al-ʿUtubīyah* (al-Mustakhajah), *Kitāb Ibn Saḥnūn*, *Kitāb Ibn Ḥabīb* (al-Wāḍiḥah), *al-Majmūʿah* (Kitāb Ibn Mabdūs), *al-Mukhtaṣar* (li-Muḥamamd ibn ʿAbd al-Ḥakam).

44 同書を資料として、マーリク派内のイフティラーフとアマル（法的慣行）について論じた研究に、Serrano, “Legal Practice in an Andalusī-Maghribī Source from the Twelfth Century CE,” 2000 がある。

45 本書におけるイスラーム法学者についての情報は、Mālikī, *Riyāḍ al-nufūs*; Qāḍī ʿIyāḍ, *Tartīb al-madārik*; Makhlūf, *Shajarat al-nūr*; Maḥfūz, *Tarājim al-muʾallifīn al-Tūnisīyīn* ; Ziriklī, *al-Aʿlām* を参照。

46　マーリクの学説とメディナの法的慣行については、Dutton, *The Origins of Islamic Law*, 1999を参照。

47　マグリブの呼称は、現在のチュニジア、アルジェリア、モロッコ（リビアやモーリタニアを含むことも）の辺りを指す用法が知られているが、とくにモロッコのみを指すこともある。本書においては、イフリーキヤ（チュニジア）とマグリブ（モロッコ）を対比させて使用することとする。

48　イスラーム初期の四世紀において、イスラーム法学者のうち、マーリク派法学者が最も多くの割合を占めていたとされる［Bernards and Nawas, "The Geographic Distribution of Muslim Jurists during the First Four Centuries AH," 2003］。

49　同書は後世のマーリク派において多数の注釈を施されたが、スンナ派においては六大ハディース集に匹敵する信憑性があるとされ、ハディース学者による注釈も多く書かれた。

50　イフリーキヤにおけるマーリク派の発展については、Idris, "Deux juristes kairouanais de l'époque zîrîde," 1954, 688-733、アンダルスにおけるマーリク派の発展については、Carmona, "The Introduction of Mālik's Teaching in al-Andalus," 2005に詳しい解説がある。

51　Abū Marwān ʿAbd al-Malik ibn Ḥabīb, *Kitāb al-wāḍiḥah*. 同書は、完全な形で単独には刊行されていないが、後の多くの著作に引用されている。本論文では、主にIbn Abī Zayd, *al-Nawādir*を参照した。

52　Abū ʿAbd Allāh Muḥammad al-ʿUtubī, *al-Mustakhrajah*. 同書は、Ibn Rushd al-Jadd, *al-Bayān wa-al-taḥṣīl*に所収。

53　この時代のカイラワーンの政治的、宗教的状況について、とくにイスマーイール派との関係については、Turkī, "Tamhīd," 1990, 1 : 733-743に詳しい解説がある。

54　14世期の著名な歴史家・思想家イブン・ハルドゥーンは、同書を教科書としてマーリク派法学を学んだことを自伝において述べている［Ibn Khaldūn, *al-Taʿrīf*, 26］。

55　シュルート文献が、イスラーム法の実践について知る手掛かりとなると考えられるとする立場は、Hallaq, "Model *shurūṭ* Works and the Dialectic of Doctorine and Practice," 1995を参照。

56　ムフタサル（提要）という形式の著作の性格と意義については、Fadel, "The Social Logic of *taqlīd* and the Rise of the Mukhtaṣar," 1996を参照のこと。

57　同じ問題について学派内に複数の学説がある場合に、それらのうち最も信頼度が高いとみなされていた学説。マシュフール説については、Jackson, *Islamic Law and the State*, 1996, 86-89を参照のこと。

58　ファトワーとは、法学者が依頼人の質問に対して与える法的意見のことで、依頼人は君主の場合も、私人の場合も、あるいは法学者の弟子であったりもした［堀井

『イスラーム法通史』2004, 141-145］。

59　日本のイスラーム法学者である中田は、「法」の概念とイスラーム法についての詳細な解説を提示する中で、「伝統的イスラーム学には、行為規範の学としてのフィクフという学問領域はありますが、厳密にいうと「イスラーム法」という概念は存在しません」と述べている［中田『イスラーム法とは何か？』2015, 48］。すでに述べたように、本書における「イスラーム法」の語は、フィクフの意味で使用している。

60　柳橋「シャリーア」2003, 91.

61　オスマン帝国におけるイスラーム法と制定法の関係については、大河原、堀井『イスラーム法の「変容」』2014 を参照。

62　Gutas, *Greek Thought, Arabic Culture*, 1998（グタス『ギリシア思想とアラビア文化』2002）.

63　同書はイブン・スィーナーにも影響を与えて、同様の著作が残されている。ブライソンのアラビア語テキストの別の版とそのフランス語訳およびイブン・スィーナーのテキストとそのフランス語訳が以下に収録されている［Seddik (tr.), *Génie du commerce en terre d'Islam*］。また、ブライソンについての研究および同書の英訳が最近出版されている［Swain, *Economy, Family, and Society from Rome to Islam*, 2016］。

第一章

1　母親の胎内にいる胎児を示す語としてジャニーン（janīn）がある。胎児に関する法規定としては、妊婦に対する傷害によって死亡した胎児の補償をめぐる問題や、被相続人の死亡時に胎内にいた胎児への相続をめぐる問題などが法学書では言及されている［Asrūshinī, *Jāmiʿ aḥkām al-ṣighār*, 1: 159-165, 241-242］。なお、妊娠中絶をめぐる議論には学派による相違があり、胎児の日齢を 40 日まで、40 日後、120 日後に分けて、中絶処置の是非が論じられている［Omran, *Family Planning in the Legacy of Islam*, 1992, 190-193］。

2　マーリク派のサフヌーン（8–9 世紀）、シャーフィイー派の始祖シャーフィイー（8–9 世紀）、ハナフィー派のサラフスィー（11 世紀）などの著作にそうした表現がみられる［Saḥnūn, *al-Mudawwanah*, 3: 1052; Shāfiʿī, *al-Umm*, 2: 153; Sarakhsī, *Kitāb al-mabsūṭ*, 5: 207］。

3　イスラーム法における奴隷については、柳橋『イスラーム財産法』2012, 31-43 に詳しい研究がある。

4　ʿAlī, *al-Taklīf al-sharʿī*, 2007, 98.

5　Khallāf, *ʿIlm uṣūl al-fiqh*, 2007, 81（ハッラーフ『イスラムの法』1984, 138）.

6　同前 103（176-177）.

7　現代の法学書や研究書においては、「子どもの諸権利（ḥuqūq al-awlād）」という分類のもとに、父子関係、授乳、監護、後見、扶養など古典文献では個別の項目として扱われていた規定がまとめられるようになっている［Shalabī, *Aḥkām al-mawlūd*, 1977, 669-863; Abū Zahrah, *al-Aḥwāl al-shakhṣīyah*, 2005, 385-495; Zuhaylī, *al-Fiqh al-Islāmī wa-adillathu*, 1997, 10: 7245-7422 など］。

8　*Sunan Abī Dāwūd* [al-ḥudūd]; *Sunan Ibn Mājah* [al-ṭalāq]; *Sunan al-Nasāʾī* [al-ṭalāq]; *Sunan al-Tilmidhī* [al-ḥudūd]; *Sunan al-Dārimī* [al-ḥudūd]; *Musnad al-Aḥmad* [bāqī musnad al-anṣār]. 同ハディースには使用される単語や順序の違ういくつかのバリエーションがある［Suyūṭī, *al-Ashbāh*, 268-269］。いずれの学派の法学書においても、未成年者が刑事上の責任能力を負わないことの根拠として引用されている［Nafrāwī, *al-Fawāqih al-dawānī*, 2: 71; Ibn Qudāmah, *al-Mughnī*, 7: 281; Bukhārī, *Kashf al-asrār*, 4: 407; Sarakhsī, *Kitāb al-mabsūṭ*, 2:163; Māwardī, *al-Ḥāwī al-kabīr*, 12: 33 など］。

9　イスラーム神学において、タクリーフは重要な概念の一つとして議論が重ねられている［塩尻『イスラームの倫理』2001, 73-84, 153-205］。

10　法理論の書においてムカッラフは、法判断の主体（maḥkūm ʿalayhi）の定義として提示されている［Ghazālī, *al-Mustaṣfā*, 67; Ibn al-Ḥājib, *Muntahā al-wuṣūl*, 43］。

11　なお、クルアーンでは他に、第12章第22節、第22章第5節、第28章第14節においても、未成年者と成年者の区別は明確であるが、詳細な定義がなされることはない。

12　Wizārat al-awqāf (ed.), *Mawsūʿah fiqhīyah* [Bulūgh].

13　ザーヒル派の開祖ダーウード・イブン・ハラフのこと。

14　中田『イスラーム法の存立構造』2003, 29-31.

15　Wizārat al-awqāf (ed.), *Mawsūʿah fiqhīyah* [Ṣalāh].

16　サフヌーンは、同書において交接可能年齢が具体的に何歳ぐらいを示すものなのかを明記していない。アーイシャの伝えたハディースによれば、彼女は6歳のときに預言者ムハンマドに嫁ぎ、9歳のときに床入りを完了したという［*Ṣaḥīḥ al-Bukhārī* [kitāb al-nikāḥ]］。

17　女児の成年は初潮が基準となるが、成年に達することのみでは後見は解除されない。ただし、成年女性が非処女となった場合には、彼女の同意なしには婚姻締結ができなくなる。

18　成年に達することによって単独で離婚を成立させることができるようになるが、婚姻契約締結については熟慮がなければひきつづき後見人の許可を必要とする。これは婚姻契約が扶養債務、婚資債務を発生させる財産行為であるとみなされるためであろう。

19 ただし実際には、未成年者が父の許にいる場合には、未成年者自身の財産という意識は希薄だったのかもしれない。というのは、『ムダウワナ』には父のいる男児の財産後見解除については記述がなく、後世の法学書においてもあまりみられないからである。

20 Peters, *Crime and Punishment in Islamic Law*, 2005, 21.

21 遠峰「刑罰」2002; 柳橋「刑罰」2002b. イスラーム法における刑罰を、同害報復刑、血の代償金（diyah)、ハッド刑、タアズィール刑、贖罪（kaffārah）の五種類とする考え方もある［両角「刑法」2002］。

22 さらに乳児については、何の制裁もないとする見解も伝えられている［Ibn Abī Zayd, *al-Nawādir*, 13: 505-506］。

23 柳橋『イスラーム家族法』2001, 29.

24 サダーク（ṣadāq）は、婚資の意味であるが、ここでは性交の対価のような意味にも受け取れる。

25 ʻOudah, *Criminal Law of Islam*, 2005, 3: 41-43.

26 Zarqāʾ, *al-Madkhal al-fiqhī al-ʿāmm*, 1968, 3: 747-798; Zahraa, "The Legal Capacity of Women in Islamic Law," 1996; Wizārat al-awqāf (ed.), *Mawsūʿah fiqhīyah* [Ahlīyah] など。

27 Fahd, "L'enfant dans le droit islamique," 1975, 322; 柳橋『イスラーム家族法』2001, 30-31; Linant de Bellefonds, *Traité de droit musulman comparé*, 1973, 240; Shalabī, *Aḥkām al-Mawlūd*, 1994, 779-780.

28 Zarqāʾ, *al-Madkhal al-fiqhī al-ʿāmm*, 1968, 3: 759.

29 法学書において通常は、ṣabī mumayyiz と男性形で記述されるが、弁識能力には男女による区別はない。

30 柳橋『イスラーム家族法』2001, 31; Chehata, *Etudes de droit musulman*, 1971, 104; Wizārat al-awqāf, *Mawsūʿah fiqhīyah* [Tamyīz].

31 Milliot, *Introduction à l'étude du droit musulman*, 2001, 222-223.

32 Zarqāʾ, *al-Madkhal al-fiqhī al-ʿāmm*, 1968, 3: 759.

33 ハンバル派のイブン・カイイム・ジャウズィーヤ（1350年没）は、子どもの出生と成長に関する著作を残しているが、ここでは「人間は出生後、段階的に弁識能力と理性を獲得していく。弁識能力獲得の年齢は5歳説、7歳説などがあり、それぞれ異なるハディースを根拠としている」と説明している［Ibn Qayyim al-Jawzīyah, *Tuḥfat al-maudūd*, 184-185］。

34 Zarqāʾ, *al-Madkhal al-fiqhī al-ʿāmm*, 1968, 3: 751-776; Chehata, *Etudes de droit musulman*, 1971, 104-105; Tucker, *In the House of the Law*, 1998, 117-118.

35 なお、法的能力の変化とその具体的年齢については、ローマ法にも類似の規定が

ある［Chehata, *Etudes de droit musulman*, 1971, 86; ベーレンツ、河本『歴史の中の民法』2001, 312］。

36 Chehata, *Etudes de droit musulman*, 1971, 103-104.「弁識能力」の概念に詳細な説明を与えているのはたしかにサラフスィーであるが、ハナフィー派ではこれに先立ってジャッサース（981年没）のクルアーン注釈書には、すでに能力概念としての tamyīz の語が確認できる。ジャッサースは「未成年者は弁識能力が不足している状態である」として、禁治産における成年者と未成年者の区別について述べている［Jaṣṣāṣ, *Aḥkām al-Qur'ān*, 1: 667］。

37 ここでいうマジュヌーンとは、心身喪失に陥ったり治癒したりする断続的な心身喪失者のことをいい、マアトゥーフとは、常に心神喪失の状態にある者をいうと説明されている。

38 イブン・アル＝ハージブと同時代のやはりエジプトで活動したイブン・シャースもまた、「弁識能力者の遺言は、彼が慈善について理性をもって行うのであれば有効」と記述している［Ibn Shās, *'Iqd al-jawāhir*, 3: 1216］。

39「シャーフィイー派のイブン・ジャマーアは言った：ムマイイズの要件は、言説を理解できることであり、しかるべき返答と意図した発言ができることである。それらには個人差があるため年齢は特定されない」［Ḥattāb, *Kitāb mawāhib al-jalīl*, 3: 435］。

40 他にも、［Khalīl, *al-Mukhtaṣar*, 240; Mayyārah, *Sharḥ Mayyārah* 2: 115］など。

41 イブン・シャースはガザーリーの法学書に注釈をほどこしている［Laḥmar, "Dirāsat al-kitāb *'Iqd al-jawāhir al-thamīnah* li al-Imām Ibn Shās," 2003, 1: 45-54］。

42 Jackson, *Islamic Law and the State*, 1996, 53-56.

43 Linant de Bellefonds, "Idhn," *Encyclopaedia of Islam*.

44 ガザーリーは、弁識能力期を人間の成長における最も重要な時期であるとする教育論を展開していったとも言われている［Gil'adi, *Children of Islam*, 1992, 52-54］。

45 人間にはまず食物を求める力が備わり、つぎに人間的な諸行為を求める tamyīz が備わり、これが完成に至って理性的となる、と述べている［Miskawaihi, *Tahdhīb al-akhlāq*, 69］。

46 Winter, *al-Ghazali on Disciplining the Soul*, 2001, LXIV.

47 とくに医学の分野における影響は大きく、イスラーム圏でもギリシア医学を参考にした医学書が多く書かれ、それらには小児医学書も含まれている。そうした小児医学書においては、未成年者が身体的成長に応じて、7歳と14歳で区切られている［Ibn Jazzār, *Siyāsat al-ṣibyān*, 85-87］。

第二章

1 Ahmed, *Women and Gender in Islam*, 1992（アハメド『イスラームにおける女性とジェンダー』2000）; Tucker, *Women, Family, and Gender in Islamic Law*, 2008; Sonbol (ed.), *Women, the Family, and Divorce Laws in Islamic History*, 1996 などの著作を参照。

2 Milliot, *Introduction à l'étude du droit musulman*, 2001, 419-420.

3 イスラーム法の婚姻制度については、小野「古典イスラーム法の結婚と離婚」森田、小野編『結婚と離婚』2019, 116-133 を参照。

4 ʿAbd al-Ḥamīd, *al-Nikāḥ fī al-Jāhilīyah wa-al-Islām*, 2007, 26-36.

5 イスティブラーについてのハンバル派の規定については、浜本ほか『イスラーム私法・公法概説　家族法編』2009, 271-273 を参照のこと。

6 イスラーム法の姦通罪規定については、Peters, *Crime and Punishment in Islamic Law*, 2005, 59-62 を参照。

7 Brunschvig, "De la filiation maternelle en droit musulman," 1959, 49-59.

8 妊娠および授乳を理由とした刑罰の執行猶予については、本書の第三章で述べる。

9 柳橋『イスラーム家族法』2001, 5; Brunschvig, "De la filiation maternelle en droit musulman," 1959, 59.

10 ハッド刑の対象となる罪の立証がほぼ不可能であるため、歴史家たちは、その現実的な適用が目的ではなく、社会への抑止効果を期待し警告するものであったのだろうと推察している［Gerber, "Law in the Ottoman Empire," 2018, 479］。

11 *Ṣaḥīḥ al-Bukhārī* [kitāb al-ḥudūd]; *Ṣaḥīḥ Muslim* [kitāb al-raḍāʿ]; *Sunan Ibn Mājah* [kitāb al-nikāḥ]; *Sunan Abī Dāwud* [kitāb al-ṭalāq].

12 自由人女性と男奴隷との婚姻については、必ずしも無効ではないものの、対等性を欠くという理由から忌避される傾向にあるという［柳橋『イスラーム家族法』2001, 150-158］。

13 奴隷の扶養は所有者の義務であるため、その子の扶養も、母親の所有者の義務となる。

14 *Ṣaḥīḥ al-Bukhārī* [kitāb al-tafsīr]; *Ṣaḥīḥ Muslim* [kitāb al-qadr]; *Sunan al-Tilmidhī* [kitāb al-qadr ʿan Rasūl Allāh]; *Sunan Abī Dāwud* [kitāb al-Sunnah]; *Muwaṭṭaʾ Mālik* [kitāb al-janāʾiz].

15 MacDonald, "Fiṭra," *Encyclopaedia of Islam*.

16 *Sunan Abī Dāwud* [kitāb al-adab]; *Sunan al-Tilmidhī* [kitāb al-aḍāḥī ʿan Rasūl Allāh] に収録。

17 このハディースについては、伝承経路について信憑性が薄いと書かれている。

18 Beshir and Beshir, *Meeting the Challenge of Parenting in the West*, 2000, 24; Mūsā, *Tarbiyat al-aṭfāl*, 1993, 57; Shablī and Rabāḥ, *Aḥkām al-mawlūd*, 1994, 31-34; Dāwud, *Ḥuqūq al-ṭifl al-tarbawīyah*, 2003, 15.

19　本書で使用したマーリク派の法学書には、新生児へのアザーンとイカーマについて書かれたものはあまりみられないが、Ḥattāb, *Kitāb mawāhib al-jalīl*, 2: 85-86 に記述がある。ただし、新生児へのアザーンとイカーマを好ましい行為であるとするマーリク派の法学書もある［Nafrāwī, *al-Fawāqih al-dawānī*, 1: 607］。

20　Gil'adi, *Children of Islam*, 1992, 36-40.

21　*Ṣaḥīḥ al-Bukhārī* [kitāb al-ʿaqīqah]; *Ṣaḥīḥ Muslim* [kitāb al-ādāb].

22　Gil'adi, *Children of Islam*, 1992, 37.

23　Wizārat al-awqāf, *Mawsūʿah fiqhīyah* [Taḥnīk].

24　なお、アキーカに使用する動物が、牛や駱駝、あるいは鳥であってもよいのかについての議論において法学者間のイフティラーフがあるが、マーリクは、家畜のみが許されるとした［Saḥnūn, *al-Mudawwanah*, 2: 768］。

25　「ファーティマがハサンとフサインを産んだとき」あるいは「ファーティマがハサン、フサイン、ザイナブ、ウンム・クルスームを産んだとき」などいくつかのバリエーションがある。

26　同様の記述は法学書にもみられることがある。たとえば、Nafrāwī, *al-Fawāqih al-dawānī*, 1: 606 を参照。

27　大塚『いまを生きる人類学』2002, 241-274.

28　フィトラとは、神によって創造された人間の宗教的性質であるとされるが、ここに挙げられている諸行為は、預言者のスンナであると理解されている［Wizārat al-awqāf, *Mawsūʿah fiqhīyah*, [Fiṭrah]；磯崎定基ほか訳『日訳サヒーフムスリム』2001, 1: 203］。

29　*Ṣaḥīḥ al-Bukhārī* [bāb al-libās] など。

30　たとえば、堀内「アラブ・イスラム社会の子ども文化」1984, 175-176。

31　血族間の扶養についての法学書の記述においては、クルアーンの章句およびハディースから数多くの引用がなされ、それらの解釈をめぐって複雑な細則が生じている。これについてはたとえば、Shalabī, *Aḥkām al-usrah fī al-Islām*, 1977, 821-854 を参照。

32　扶養を請求することができるための条件としての貧窮や、資力、収入を得る能力については、柳橋『イスラーム家族法』2001, 595-597 を参照。

33　婚姻は未成年者であってもできるが、夫の妻に対する扶養義務は、床入りが完了してはじめて生じる［柳橋『イスラーム家族法』2001, 234］。床入りを完了させることができる男性は成年者である。

34　柳橋『イスラーム家族法』2001, 597.

35　女性の財産権については、Shatzmiller, *Her Day in Court*, 1994 が詳細な研究を提示している。

36 イスラーム相続法については、Coulson, *Succession in the Muslim Family*, 1971; Powers, "The Islamic Inheritance system," 1990 に詳しい研究がある。

37 イスラーム法の各法学派のワクフ規定については、柳橋『イスラーム財産法』2012, 637-666 を参照。

38 Ferchiou (dir.), *Hasab wa Nasab*, 1992, 52-53; 岩武「公益・福祉制度」1994, 273. 相続の実際については、文書やファトワーを利用した以下のような研究がある［Shatzmiller, *Her Day in Court*, 2007; Powers, "Parents and their Minor Children," 2001］。

39 最初に割当相続人の相続分を算定し、その残余をアサバの相続人が相続するのであるが、実際に計算してみると、アサバ相続人の取分が割当相続人よりも優遇されていることがわかる。この問題についての詳細およびシーア派とスンナ派の相続規定の違いについては、堀井『イスラーム法通史』2004, 17-22 に解説がある。

40 なお、ハナフィー派の規定にもとづいた簡便な計算方法が、［柳橋「相続」2002a］に収録されている。

41 柳橋『イスラーム家族法』2001, 64.

42 Linant de Bellefonds, *Traité de droit musulman comparé*, 1973, 3: 177-183.

43 柳橋によれば、婚姻後見には以下の四つの側面がある。①イスラーム期以前の、男性父系血族（アサバ）による未成年者や女性に対する人格的支配のなごり、②婚姻と姦通とを明確に区別する機能、③女性の父系血族の保護、④本人の利益の保護［柳橋『イスラーム家族法』2001, 34-35］。なお、婚姻強制の沿革と法源については、同書, 79-82 に解説がある。

44 ただし婚姻後見人となるためには、イスラーム教徒であること、自由人であること、成年、理性を備えているという条件を満たしている必要がある［同前 41-45］。

45 本書においては、rushd の訳語として「熟慮」の語を当てる［同前 32］。ルシュドの語の示す内容は、主に財産を管理する能力であり、日本語訳としては、「財産管理能力」あるいは「管財能力」などが適切であるかもしれない。しかしながら本書では、アラビア語の意味に近い訳語である「熟慮」を採用することとした。

46 safīh の語義と各学派における定義については、［Arabi, "The Interdiction of the Spendthrift (al-safīh)," 2000］。

47 ここで述べられている「成年に達する」の語が、これから成年に達する者（成年前の者）を示すのか、すでに成年に達した成年者であるのかは不明確であるが、『ムダウワナ』の要約であるバラーズィイーによる『タフズィーブ』には、「成年に達した後の」と説明されており、熟慮認定のための試験は、成年者に対して行うとされている［Barādhiʾī, *al-Tahdhīb*, 3: 631-632］。

48 柳橋『イスラーム家族法』2001, 676-677.

49 前述のカラーフィーのほか、17世紀のモロッコのアブドルカーディル・アル＝ファーシーも、「禁治産者による許可なしでの売買は、有効ではあるが、父あるいは遺言指定管財人あるいは裁判官の判断があるまで保留となる」と述べたファトワーを出している［Wazzānī, *al-Nawāzil al-jadīdah*, 6: 216］。

50 Joseph et al. (eds.), *Family, Law and Politics*, 2005, 211-212.

51 クルアーン第6章第140節、151節、第16章第58節、第17章第31節、第81章第8-9節。クルアーン注釈書によれば、ジャーヒリーヤ時代には、女児が生まれるとすぐに土に埋める悪習があったという［Qurṭubī, *Tafsīr al-Qurṭubī*, 19:152］。

52 ハンバル派のイブン・クダーマは、『ムグニー』において同ハディースについて言及しているが、そこには誓言のさいに「私の息子の死にかけて」という言葉を使用することを戒める趣旨の規定が収録されている。同箇所では前述のクルアーンの章句も引用されているが、嬰児殺しの問題はあつかわれていない［Ibn Qudāmah, *al-Mughnī*, 8: 86］。また中世イスラームの嬰児殺し観について、ハディース集、タフスィール、法学文献などの幅広い文献調査を行ったギラディは、14世紀のハンバル派法学者イブン・タイミーヤによるファトワーにおける言及を紹介しているが、これは珍しい例であると思われる［Gil'adi, *Children of Islam*, 1992, 101-155］。

53 各法学派（スンナ派四法学派、シーア派、ザーヒル派、イバード派）のアズルに関する法規定は下記の文献に詳しく調査されている［Omran, *Family Planning in the Legacy of Islam*, 1992, 152-167］。なお、現代において産児制限を目的とした避妊の是非をめぐる議論においては、ガザーリーによるアズルについての記述［Ghazālī, *Iḥyā' 'ulūm al-dīn*, 2: 47］が参照されることが多い［Omran, *Family Planning*, 1992, 160; Musallam, *Sex and Society in Islam*, 1983, 17-18 など］。

54 森「イスラームの刑法」1988, 303; 松山『イスラーム私法・公法概説』2008, 60-62.

55 殺人は、同害報復刑あるいは血の代償金の支払いの対象となる。

56 ハナフィー派については、Shaybānī, *Kitāb al-aṣl*, 4: 440-442、シャーフィイー派については、Shāfi'ī, *al-Umm*, 6: 4、ハンバル派については、Ibn Qudāmah, *al-Mughnī*, 7: 28-29に記述がある。ただし同書においてイブン・クダーマは、イブン・ハンバルによる別の伝承も紹介している。それによれば、クルアーンの章句「あなたがたの子女を殺してはならない」および神の使徒の言葉「口減らしのために子女を殺すのは大罪である」によって父親による子殺しは同害報復刑の対象となりうるとする見解も伝えられているという［同前 7: 37］。

57 'āqilahとは、遺族に血の代償支払いの連帯責任を負う集団で、男性父系血族であるとする学説と、より広い集団を規定する学説とがある。ハンバル派の学説については、松山『イスラーム私法・公法概説』2008, 33-34に説明がある。

58 ベーレンツ『歴史の中の民法』2001, 149; マンテ『ローマ法の歴史』2008, 25-27.
59 Zoja, *The Father*, 2001, 159.
60 息子が未成年者であれば、父親は彼の財産を売却したりする権利をもつ。

第三章

1 クルアーンとハディースにもとづくイスラームの母親観については、Schleifer, *Motherhood in Islam*, 1996 に詳しい研究がある。
2 *Sunan al-Nasāʾī* [kitāb al-jihād]; *Sunan Ibn Mājah* [kitāb al-jihād].
3 *Saḥīḥ Muslim* [kitāb al-barr wa-al-ṣilah wa-al-ādāb]; *Saḥīḥ al-Bukhārī* [kitāb al-adab].
4 諸預言者の母親については、ʿAbd al-Raḥmān, *Tarājim sayyidāt bayt al-Nubūwah*, 2004, 11-49; Jones, *The Mothers of Three Prophets*, 2007 を参照。
5 Baron, *The Women's Awakening in Egypt*, 1994, 158-159.
6 バロンは、Gil'adi, *Children of Islam*, 1992 を参照しているのだが、同書では法学書はほとんど検討されていない。
7 柳橋『イスラーム家族法』2001, 467.
8 イスラームの女性観が、イスラーム法の形成過程とともに男性中心主義へと変遷していったという考え方については、たとえば、Ahmed, *Women and Gender in Islam*, 1992, 39-101（アハメド『イスラームにおける女性とジェンダー』2000, 116-146 を参照。
9 阿部「ムスリム女性の婚資と相続分」2015, 111-118.
10 Ibrahim, *Child Custody in Islamic Law*, 2018.
11 Schacht（Burton）, "Raḍāʿ or Riḍāʿ," *Encyclopaedia of Islam.*
12 柳橋『イスラーム家族法』2001, 114-118.
13 母親の授乳および乳母について（第 2 章第 233 節）、授乳による婚姻障害について（第 4 章第 23 節）、ムーサー（モーセ）と乳母について（第 28 章第 7 節）、授乳報酬と乳母について（第 65 章第 6 節）、最後の審判のときの授乳する女性の描写（第 22 章第 2 節）。
14 同様に中立の解釈を行っているものには、マハッリー、スユーティー『タフスィール・アル＝ジャラーライン』2002, 1: 99 などがある。また、授乳を全うすることを望むのが、父親である場合と母親である場合の両方が想定しうるという見解を紹介したクルアーン注釈書［Ṭabarī, *Tafsīr al-Ṭabarī*, 1999, 2: 505］もある。
15 井筒訳『コーラン（上)』1997, 56-57.
16 藤本訳『コーラン』1997, 85.
17 柳橋『イスラーム家族法』2001, 559-560.
18 本書で参照している古典クルアーン注釈書は、各章句を法学的観点から解釈した

ものであるが、この箇所については授乳を希望するのが父親であるか母親であるかを特定したものはみられなかった。いずれの注釈書においても、主語は特定されず、授乳を希望するのが父親、あるいは母親、あるいは双方の場合それぞれを想定することができるようである［Jaṣṣāṣ, *Aḥkām al-Qur'ān*, 1: 557; Qurṭubī, *Tafsīr al-Qurṭubī*, 3: 107］。

19　柳橋『イスラーム家族法』2001, 560-561.

20　Ibid., 561-565.

21　ハナフィー派の学祖として知られるアブー・ハニーファ、アブー・ユースフ、シャイバーニーの三人の法学者による権威ある学説。

22　母親が初乳を与えるべきであることはシャーフィイーがすでに言及しているが、初期の法学書においては授乳義務の問題として論じられてはおらず、妊婦のハッド刑執行をめぐる問題などにおいて扱われている［Shāfiʿī, *al-Umm*, 5: 347, 9: 239; Māwardī, *al-Ḥāwī al-kabīr*, 13: 214］。

23　柳橋『イスラーム家族法』2001, 562-565.

24　ギラディは、法学者たちが「子の利益」を重視する観点から母親による授乳を推奨していることに言及している［Giladi, *Infants, Parents and Wet Nurses*, 1999, 90-93］。

25　ラーズィーによる小児医学書は、アラビア語原典は紛失し、ラテン語訳とヘブライ語訳のみが現存している［Ibn Jazzār, *Siyāsat al-ṣibyān*, 52-54］。最近、新しい英訳が出版されている［Gerrit and McVaugh(eds. & tr.), *al-Rāzī, on the treatment of small children*, 2015］。

26　他の医学書にもほぼ同様の趣旨の記述がある［Ibn Sīnā, *al-Qānūn fī al-ṭibb*, 1: 151; Baladī, *Tadbīr al-ḥabālā*, 102］。

27　山本『母乳』1983, 182; Giladi, *Infants, Parents and Wet Nurses*, 1999, 52; Hrdy, *Mother Nature*, 1999, 136.

28　沢山『江戸の乳と子ども』2017, 3-4.

29　松田「パリにおける『住み込み乳母』(1865-1914)」2004.

30　Najmabadi, "Crafting an Educated Housewife in Iran," 1998, 104-105（ナジュマバーディー「教養ある主婦をつくり出す」2009, 191).

31　Shakry, "Schooled Mothers and Structured Play", 1998, 135（シャクリー「教育を受けた母、構造化された遊び」2009, 248-249).シャクリーが典拠としているバロンの著書［Baron, *The Women's Awakening in Egypt*, 1994, 160］では、「20世紀初頭のエジプトでは、子どもを乳母に預ける習慣は異なる階層において一般的であり、上流階級では広く行われていた」と述べられているが、さらにバロンが依拠する資料をたどってみると、20世紀初頭のエジプトにおけるハーレムの生活についての聞き取り調査から、「それぞれの子どもは専属の奴隷をもち、それぞれの乳児には乳母がいた」という記述がみ

られたとある［Marsot, "The Revolutionary Gentlewomen in Egypt," 1978, 261-276］。この記述からでは、20 世紀初頭に乳母を雇用する習慣のある人々が存在したことだけはわかるが、それがどの程度一般的であったか、それ以前はどうだったのかなどは明らかではない。

32　マーリクの生年については、708 年から 715 年まで諸説あるが、711 年説が最も有力である。

33　Saqqā, *al-Sīrah al-nabawīyah*, 1: 163-167. 預言者ムハンマドの周囲にいた女性たち（母、乳母、妻たち、娘たち）については、ʿĀishah ʿAbd al-Raḥmān, *Tarājim sayyidāt bayt al-Nubūwah*, 2004 に詳しい研究がある。

34　ギーラについては、マーリク派以外の法学書ではあまり論じられていない。

35　*Sunan Ibn Mājah* [kitāb al-janāʾiz].

36　*Sunan Ibn Mājah* [kitāb al-janāʾiz]; *Ṣaḥīḥ al-Bukḥāī* [kitāb al-adab].

37　*Ṣaḥīḥ Muslim* [kitāb al-faḍāʾil]

38　賃約は、使用利益に対する対価を支払うことを約束する契約である。使用利益の対象が衣服や家屋、耕作地などの物である場合には「賃貸借」、乳母や教師、運搬人、仕立て屋などの人である場合には「雇用」と訳す。

39　授乳者に対する報酬に関わる規定は、ほかにも「扶養の章」や「離婚の章」で扱われるが、その場合の授乳者は、たいてい離別した前妻であり子の実母であって、第三者たる乳母ではない。

40　これはいずれの学派においても同様である［Shāfiʿī, *al-Umm*, 4: 29; Sarakhsī, *Kitāb al-mabsūṭ*, 15: 118; Ibn Rushd al-Jadd, *al-Muqaddamāt*, 621; Ibn Qudāmah, *al-Mughnī*, 4: 405］。だが賃約の合法性そのものを否定する立場もわずかに存在した［Shaʿrānī, *al-Mīzān al-kubrā*, 612］。

41　著作そのものが短い場合に記述が簡素であるのは当然だが、比較的大部の著作においても、乳母の雇用規定が『ムダウワナ』以上に詳細であるものは確認できなかった［Ibn Abī Zayd, *al-Nawādir*, 7: 42-47 など］。13 世紀エジプトのカラーフィーによる『ザヒーラ』は、現存するマーリク派法学書のなかで最も分量が多く、乳母の雇用規定についても多くの頁が割かれているが、権威あるマーリク派法学者の見解を整理しているにすぎず、新しい論点が追加されてはいない［Qarāfī, *al-Dhakhīra*, 5: 36-39］。

42　Gil'adi, *Infants, Parents and Wet Nurses*, 1999, 106-114.

43　ギラディも同書を参照しているが、サラフスィーが人間の乳の売買の許容を述べているとして、契約対象は乳そのものであると解釈している。

44　堀井『イスラーム法通史』2004, 164-165 も参照。

45　クルアーンについては、他に第 28 章第 26 節と第 18 章第 77 節を、賃約にて報酬を

得ることを有効とする典拠としている。スンナについては、「神の使徒とアブー・バクルは、ディール族の男を道案内として雇った」、「神の使徒は言った。至高なる神は言った。最後の審判の日にわれの敵となるのはつぎの三者である。われの名において与えたのにそれを果たさぬ者、自由人を売却して（その利益を）貪る者、人を雇って働かせておいて賃金を支払わぬ者」の二つのハディースを引用し、これら以外にも同様のハディースが多数あるとして、人を雇用することが合法である根拠としている。またイジュマーについては、あらゆる時代のあらゆる地域の知識ある人々は、賃約が有効であることで合意していると述べ、ただしアブドルラフマーン・イブン・アサムは、それがガラルであるため有効でないと言ったと伝えられているという説も紹介している。

46 Gil'adi, *Infants, Parents and Wet Nurses*, 1999, 9, 108-109. ただしギラディは法学書が社会的背景を全く考慮していないとは考えておらず、乳母の重要は十分に発達した都市社会の富裕層や高貴な人々に限られるものであって、一般の人々の間では母親以外授乳は親族や隣人によるものであっただろうとも述べている［同前 118-119］。

47 古代ローマの乳母については、本村『薄闇のローマ世界』1993, 109-110 に、ティベリウス帝治世（紀元26年）に交わされた乳母契約のパピルス文書が紹介されている。高橋『捨児たちのルネッサンス』2000, 127-207 には、15世紀イタリアの乳母についての詳細な記述がある。Shahar, *Childhood in the Middle Ages*, 1992, 55-76 には、中世ヨーロッパにおける乳母に関する史料とその内容が幅広く紹介されている。

48 世界各地の授乳史について述べようとした試みには、Fildes, *Wet Nursing*, 1988, 26-31; Hrdy, *Mother Nature*, 1999, 351-380 などがあるが、イスラーム圏の授乳については、いずれもごく限られた資料による紹介にとどまっている。

49 Shatzmiller, *Labour in the Medieval Islamic World*, 1994, 354.

50 Shatzmiller, *Her Day in Court*, 2007, 53. ゲニザ文書の研究家として著名なゴイテインもまた、乳母契約に関する契約証書はないとしており、授乳に関して言及されるとすれば、すべて実母によるものであるという［Goitein, *The Family*, 1978, 3: 233］。

51 Shatzmiller, *Her Day in Court*, 2007, 155-159.

52 ファトワーを史料とした社会史研究には、たとえば、Marin and El Hour, "Captives, Children and Conversion," 1988; Powers, *Law, Society, and Culture in the Maghrib*, 2002 などがある。

53 前述のイブラーヒーム・アル＝ヤズナーシニーによるファトワーも再録されている［Wazzānī, *al-Nawāzil al-jadīdah*, 4: 452-453］。

54 このファトワーには、Shatzmiller, *Her Day in Court*, 2007, 136-137 に英訳がある。

55 授乳者が授乳を放棄して逃げ、その結果乳児が死亡した場合、彼女に対して賠償

金を請求できるファトワーがあったが、授乳者が乳母であることは特定されていない［Wazzānī, *al-Nawāzil al-jadīdah*, 4: 454］。

56　アラビア語の ḥaḍānah は、英語では custody、フランス語では garde の語が当てられることが多い。

57　数少ない例として、ラッサーウによる記述［Raṣṣāʿ, *Sharḥ Ḥudūd*, 1: 324］がある。

58　Demeerseman and Bousquet, "La garde des enfants dans la famille tunisienne," 1941; Borrmans, "Le droit de garde (ḥadāna) et son évolution récente en Tunisie," 1967; Gilissen and Bensmaine, "Le statut de l'enfant dans le droit musulman malékite," 1975; Mahdouli, "L'enfant en droit tunisien," 1977; Bencheikh, "La garde: un attribut de la maternité en droit algérien," 1986.

59　イスラーム法全体を扱った研究の一部［Schacht, *An introduction to Islamic Law*, 1964, 167 や Linant de Bellefonds, *Traité de droit musulman comparé*, 1973, 150-176、Milliot, *Introduction à l'étude du droit musulman*, 2001, 221-230, 438-474 ; Abū Zahrah, *al-Aḥwāl al-shakhṣīyah*, 2005, 404-413 ; Shalabī, *Aḥkām al-usrah fī al-Islām*, 1977, 731-766］に含まれるほか、監護の規定を取り上げた専論もある［Mawjān, *al-Ḥaḍānah fī al-sharīʿah al-Islāmīyah*; 1997 ; Jundī, *al-Nafaqāt wa-al-ḥaḍānah wa-al-wilāyah*, 2006］。

60　たとえば、Tucker, *Women, Family, and Gender in Islamic Law*, 2008, 29 を参照。

61　Charif Feller, *La garde (Ḥadanah) en droit musulman*, 1996, 58-60 を参照。

62　Wizārat al-awqāf（ed.）, *Mawsūʿah fiqhīyah* [Ḥaḍānah].

63　マーリク派では、以後このバージーによる定義が多くの法学書において引用されている［Raṣṣāʿ, *Sharḥ Ḥudūd*, 1: 324; Mayyārah, *Sharḥ Mayyārah*, 1: 433; Mawwāq, *al-Tāj*, 5: 594; Nafrāwī, *al-Fawāqih*, 2:105; ʿIllaysh, *Sharḥ Manḥ*, 2: 453］。

64　柳橋によれば、監護の定義には最狭義、狭義、広義、すなわち、1）子をその家で保護し、食料・衣類・寝床を供給し、身体を清潔に保つこと、2）弁識能力を備えず、自分のことを自分でできない者の世話をすること、3）子に信仰、学問、貞淑を教えることを含める、という三つのレベルがあるという［柳橋『イスラーム家族法』2001, 566-567］。

65　ほかにも、ʿAdawī, *Ḥāshiyat al-ʿAdawī*, 2:129; ʿIllaysh, *Sharḥ Manḥ*, 2: 453 などマーリク派の法学書や、イブン・カイイムなどシャーフィイー派の法学者も監護における子の利益について述べている［Ibn Qayyim al-Jawzīyah, *Zād al-maʿād*, 4: 181］。

66　それぞれの概略と学派間のイフティラーフについては、Wizārat al-awqāf (ed,), *Mawsūʿah fiqhīyah* [Ḥaḍānah]、柳橋『イスラーム家族法』2001, 566-591、Linant de Bellefonds, *Traité de droit musulman comparé*, 1973, 150-176 を参照。

67　母親による子育てに関わるハディースについては、それらをめぐる各法学者の見

解とともに、ハンバル派のイブン・カイイムによる詳細な紹介がある［Ibn Qayyim al-Jawzīyah, *Zād al-maʿād*, 4:169-173］。

68 原語は ukht。アラビア語では、姉妹のどちらを指す場合もあるが、監護権者の条件の一つに「成年に達していること」があるので、未成年者の妹が監護権者となることはあり得ず、ここでの ukht は姉に限られる。

69 後世の法学書によれば athghara とは、乳歯が永久歯と生え替わり始めることで、7歳ぐらいという説と 10 歳ぐらいという説があるという［Ḥattāb, *Kitāb mawāhib al-jalīl*, 2: 54］。

70 近親婚が禁止される範囲とは、父や母、祖父や祖母、息子や娘、孫などのすべての直系血族、すべての尊属の兄弟姉妹、自身の兄弟姉妹とそのすべての卑属、乳親族、直系血族とかつて婚姻していたことのある者である［柳橋『イスラーム家族法』2001, 112-130］。母親が再婚しても監護権を失わない例としては、再婚した男性が元夫の兄弟であり、被監護者の娘にとっては父方のおじに当たるような場合がある。

71 ただし現在刊本となっている『ムダウワナ』によれば、イブン・アル＝カースィムの伝える二つのマーリクの説のうち一つは、母 → 母方の祖母 → 母方のおば → 父 → 父方の祖母 → 姉 → 父方のおばであり、もう一つは、母 → 母方の祖母 → 母方のおば → 父方の祖母 → 父 → 父方のおばとなっていて、父と姉の前後関係の相違は明らかではない。かわりに父と父方の祖母の順序が逆になっている［Saḥnūn, *al-Mudawwanah*, 3: 1052-1053］。

72 少数説については、バージーが紹介している［Bājī, *al-Muntaqā*, 8:151］。

73 乳歯が抜け始めたら、母子を離してもよいというのは、もともと奴隷の売買についての規定である［Saḥnūn, *al-Mudawwanah*, 4: 1471］。

74 後藤『メッカ』1991, 146-147.

第四章

1 Ḥusayn, *ʿIlm al-tarbiyah*, 1982 を参照。

2 たとえば、Fandī, *Tarbiyat al-ṭifl fī al-Islām*, 2008; 服部『インドネシアの近代女子教育』2001, 76-77; 久志本『変容するイスラームの学びの文化』2014, 160-161 など。

3 Mitchell, *Colonising Egypt*, 1988, 88.

4 Shakry, "Schooled Mothers and Structured Play," 1998, 153（シャクリー「教育を受けた母、構造化された遊び」2009, 282）.

5 たとえばアルジェリアについては、Shinar, *Modern Islam in the Maghrib*, 2004, 403-404、インドネシアについては、Hasan, *Laskar Jihad*, 2006, 31, 163, 266 などを参照。

6 柳橋『イスラーム家族法』2001, 566.

7 イスラーム圏を含む広い地域では、古くから、乳児を布で何度も巻きつける育児法を行っていたことが知られている。ここでいう「結ぶこと」の示す意味は不明であるが、そうした着布に関連することではないかと推察できる。乳児に布を巻くタグミートの習慣については、鷹木「チュニジアの誕生と結婚と死」1998, 92。

8 タルビヤとタアリームの語義の違いについては、Mūsā, *Tarbiyat al-aṭfāl fī fitrat al-ḥaḍānah*, 1993, 15-20 に説明がある。

9 なお、シャーフィイー派においては、ここにみられるように、教育やしつけは両親の義務であるとされることが多い。

10 同書については、Jackson, "Discipline and Duty in a Medieval Muslim Elementary School," 2004 に詳しい紹介がある。

11 *Ṣaḥīḥ al-Bukhārī* [kitāb al-ijārah].

12 *Sunan Ibn Mājah* [kitāb al-tifārāt].

13 本論文で哀歌と訳した nawḥ は、何を示すのか確定できなかったが、後世のマーリク派法学者たちにとっても疑問だったようである。「カーディー・イヤードによれば、それはスーフィーの哀歌である。ある者たちは誤って文法 naḥw と伝えている」と述べる文献も存在する［Burzulī, *Fatāwā al-Burzulī*, 3: 607］。いくつかの法学書においては、naḥw とされ、教育科目の一つとしての文法 naḥw についての言及がなされている。たとえば、Barādhiʿī, *al-Tahdhīb fī ikhtiṣār al-Mudawwanah*, 3: 355。一方で、アンダルスの法学者イブン・ハビーブによって伝えられたマーリクの説では、文法 naḥw についての言及もあることから、これとの混同である可能性もある［Ibn Abi Zayd, *al-Nawādir*, 7: 59］。教育専門書においては、『ムダウワナ』を含むそれまでの教育に関する規定および伝承が網羅的に検討されているにもかかわらず、『ムダウワナ』で言及されている nawḥ についてのみが割愛されているのは不自然であり、どこかで誤ったまま伝えられたものと思われる。

14 他にしばしば登場する例としては、運搬、縫製、家畜の番、小麦の粉砕などの仕事を労務とした雇用がある。これらの類型の意義と解説は以下を参照。柳橋『イスラーム財産法の成立と変容』1998, 582-586.

15 クッターブに関する先行研究については、Landau, "Kuttāb," *Encyclopaedia of Islam* の末尾に掲載されている文献リストを参照。また、日本でもいくつかの文献が、クッターブの歴史や現状を詳しく紹介している［池田「イスラム社会の教育」1986, 120-126; 堀内「アラブ・イスラム社会の子ども文化」1984, 178-187; 磯崎「イスラムの教育事情」1976］。

16 Berkey, *The Transmission of Knowledge in Medeval Cairo*, 1992, 28. クッターブに通い始める時期については、Bulliet, "The Age Structure of Medieval Islamic Education," 1983 を参照。

ただし現代においては、公教育の普及によって伝統的なクッタープは衰退した。かわりに就学前教育あるいは保育所としてのクッタープが注目されているという報告もある［Ladjili-Mouchette, “Le *kuttāb* et le jardin d’enfants en Tunisie,” 1996］。

17　クッタープの歴史に関する情報については、Tritton, *Materials on Muslim Education in the Middle Ages*, 1957 にまとまった紹介がある。

18　教育専門書を一次資料として用いた研究には、以下のようなものがある［Dodge, *Muslim Education in Medieval Times*, 1962; Plancke, “Le Kuttāb en Ifrīqīya du VIIe au XIIe siècle,” 1970; Plancke, “Islamic Education in Tunisia (ca. 800-1874),” 1973］。

19　教育専門書全般については、Murād, *Ādāb al-ʿālim wa-al-mutaʿallim*, 2003 に網羅的な研究がある。また、ʿAbd al-Amīn, *al-Fikr al-tarbawī ʿinda Ibn Saḥnūn wa-al-Qābisī*, 1990, 202-204 には、教育専門書のリストが掲載されている。.

20　Ghazālī, “kitāb al-ʿilm,” *Iḥyāʾ ʿulūm al-dīn*, 1: 5-111.

21　Nawawī, *al-Majmūʿ*, 1: 11-50.

22　Ibn Jamāʿah, *Tadhkirat al-sāmiʿ*. イブン・ジャマーアの教育論については、湯川「イブン・ジャマーアの教育論（1）」1990。

23　ジャーヒズの著作については、Günther “Advice for Teachers,” 2005。

24　アージュリーの著作については、‘Abd al-Raḥmān, *Akhlāq al-‘ālim*, 1991。

25　Zarnūjī, *Taʿlīm al-mutaʿllim ṭarīq al-taʿllum*. ザルヌージーは、ハナフィー派法学を学んだ人物であるが、同書はガザーリーの kitāb al-ʿilm に大きく影響を受けているとされる［Nofal, “Al-Ghazali (1058-1111),” 1993］。

26　Ṭūsī, *Kitāb ādāb al-mutaʿallimīn*. 同書は多くの部分が、ザルヌージーの著作からの引用である。

27　同書のテキストは、Ibn Saḥnūn, “Risālat ādāb al-muʿallimīn,” 113-128 を使用する。また同書のフランス語訳である Lecomte, “Le livre des règles de conduite des maitres d’école par Ibn Saḥnūn,” 1954, 77-105 も参考にした。なお同書のタイトルを、Kitāb ādāb al-muʿallimīn あるいは Ādāb al-muʿallimīn とする資料もあるがすべて同一の著作である。

28　Shaban, “Muḥammad ibn Saḥnūn,” 1995; Ḥijāzī, *al-Madhhab al-tarbawī ʿinda Ibn Saḥnūn*, 1986.

29　クルアーンやハディース、フィフクなどの著作における不明瞭な言葉についての学問。

30　語末の発音に関する文法的規則。

31　クルアーン読誦学における正統七読誦の一つ。メディナのナーフィウ（Nāfiʿ）流は，クーファのアースィム流とならんで後世に至るまで主流となっている読誦法［ガウ『ブグヤ・イバード・アル＝ラフマーン』2003, 19-20］。

32 イブン・アビー・ザイドにも ādāb al-muʿallimīn という教育に関する著作があったとする情報が一部の資料に掲載されているが、イブン・サフヌーンの著作との混同であるとしてその存在を疑う研究者もいる［Idris, "Deux juristes kairouanais de l'époque zîrîde," 1954, 150］。

33 チュニジアで活動した著作家をジャンル別に分類して収録した人名録においては、カービスィーは法学者としてではなくハディース学者として分類されている［ʿAbd al-Wahhāb, *Kitāb al-ʿumr*, 1: 274］。

34 本論文の引用は、Qābisī, "al-Risālah al-mufaṣṣalah" のテキストを使用する。また、Qābisī, Khālid (tr.), *al-Risālah al-mufaṣṣalah* のテキストおよび同書に収録されているフランス語訳も参考にした。

35 教育専門書のほかには、『ムワッター』の要約が刊行されている［Qābisī, *Mukhtaṣar Muwaṭṭaʾ al-Imām Mālik*, 2008］。

36 そのスタイルは，『ムダウワナ』がサフヌーンとその師イブン・アル＝カースィムとの対話で成り立っているのとまったく同じである。

37 多くの『ムフタサル』の注釈書においては、クルアーン教師に関する議論が詳述されている。たとえば、Mawwāq, *al-Tāj wa- 1al-iklīl li-Mukhtaṣar Khalīl*, 7: 534-549。

38 Talbi, "Saḥnūn," *Encyclopaedia of Islam*.

39 イブン・アビー・ザイドとカービスィーの関係については、Idris, "Deux juristes kairouanais de l'époque zîrîde," 1954 を参照。

40 Maherzi, *Sidi Mahrez*, 2006, 22, 99-102.

41 Ibn Abī Zayd, *al-Risālah*, 38; Idris, "Deux juristes kairouanais de l'époque zîrîde," 1954, 139.

42 イブン・アル＝アラビーの教育論については、Iʿrāb, *Maʿa al-Qāḍī Abī Bakr ibn ʿArabī*, 1987, 158-162。

43 イブン・ハルドゥーンの教育論については、湯川「イブン・ハルドゥーンの教育論」1979 を参照。

44 イブン・ハルドゥーンとカービスィーの教育論の比較については、Niʿamī, *Manāhij wa-ṭuruq al-taʿlīm*, 1980。

45 Idris, *La Berbérie orientale*, 1959, 1: 687-769.

結論

1 Powers, "The Islamic Inheritance System, " 1990, 11-12.

2 Ariès, *L'enfant et la vie familiale sous l'Ancien Régime*, 1960, 252-258.

3 Knibiehler, *Histoire des mères*, 1977.

4 北本『子ども観の社会史』1995, 75; ミッテラウアー、ジーダー『ヨーロッパ家族社

会史』1993, 111-114.

5　山住、中江編注『子育ての書』1976, 1: 42-43.

6　イスラーム法と近代的家族概念については、小野「『家族』概念と近代的ジェンダー規範」2019。